GEORG BRANDES · SØREN KIERKEGAARD

W0249593

Reclam Bibliothek

PHILOSOPHIE
GESCHICHTE · KULTURGESCHICHTE

Georg Brandes

SØREN KIERKEGAARD

Eine kritische Darstellung

Reclam-Verlag Leipzig

Aus dem Dänischen
Eine anonyme Übersetzung aus dem Jahre 1879, bearbeitet und mit Anmerkungen versehen von Gisela Perlet

Diese Edition wurde mit Mitteln des Dansk Litteraturinformationscenter gefördert.

ISBN 3-379-01428-1

© Reclam-Verlag Leipzig 1992
Originaltitel: Søren Kierkegaard, Georg Brandes. En kritisk fremstilling i grundrids. Kjøbenhavn 1877

Reclam-Bibliothek Band 1 428
1. Auflage, 1992
Reihengestaltung: Lothar Reher
Printed in Germany
Satz: INTERDRUCK Leipzig GmbH
Druck und Binden: Dresdner Druck- und Verlagshaus GmbH & Co KG
Gesetzt aus Garamond-Antiqua

Was Tarquinius Superbus in seinem Garten mit den Mohnköpfen sprach, verstand der Sohn, aber nicht der Bote.

Hamann – Kierkegaard

Inhalt

Meine früheste Erinnerung, was Kierkegaard betrifft, ist die: Wenn ich als kleiner Junge meine Hosen nicht glatt und sorgfältig über die damals üblichen langen Stiefelschäfte zog, sagte das Kindermädchen warnend zu mir: „Søren Kierkegaard!" Auf solche Art hörte ich zum ersten Mal jenen Namen, der zur selben Zeit den Erwachsenen so laut in den Ohren klang. Die Karikaturzeichnungen im Kopenhagener Witzblatt „Corsaren" hatten Kierkegaards Beine in Kreisen bekanntgemacht, zu denen sein Genie nicht vorgedrungen war. Seine Hosen hatten bei uns eine ebenso große Berühmtheit erlangt wie in Frankreich zehn Jahre zuvor Théophile Gautiers rote Weste.

Der merkwürdige Mann war in Kopenhagen als ein Straßenoriginal bekannt. Die äußere Seite seines Lebens war sonderbar und monoton. Man konnte ihm in früher Morgenstunde auf den abgelegenen Pfaden am Stadtgraben begegnen, für den er sich, humoristisch genug, eine Angelerlaubnis gekauft hatte, um ungestört denken und komponieren zu können. Solche Wanderungen im klammen Morgennebel, im taubedeckten Gras, um jene Zeit, wo durch die Natur der kalte Schauer geht, der den Sonnenaufgang verkündet, hat er in „Die Wiederholung" geschildert. Man konnte ihn allein in seiner gemieteten Kutsche in fliegender Fahrt über die Landstraßen Nordseelands eilen oder in langsamem Trab durch die Wälder Nordseelands fahren sehen, auf einem jener häufigen Ausflüge, die mindestens einen, häufig mehrere Tage dauerten und von denen er in jedem Wintermonat zwei und im Sommer monatlich sechs oder sieben unternahm. Er besuchte abwechselnd das Königswäldchen auf der Insel Amager oder die Orte Lyngby, Frederiksborg, Fredensborg, Hirschholm und Roskilde. Er suchte in Gribskov seinen geliebten „Achtwegewinkel" auf, dessen Name für ihn, den Verschlossenen, den alle kannten und anredeten, schon durch den Widerspruch, der darin bestand, daß acht zusammentreffende Wege einen Winkel bilden sollten, etwas Anziehendes hatte. Dort setzte er sich hin, und es war ihm, als sei auf den acht Wegen eine ganze Völkerschaft davongewandert und habe nur *einen* vergessen, als hätten die acht Wege alle Menschen von ihm fortgeführt, nur um ihm seine eigenen Gedanken zurückzubringen. Er, dem es so schwerfiel, sich selbst zu vergessen, der sich niemals ganz verlieren konnte, nicht in die Natur, deren Studium er geringschätzte, nicht in die Geschichte, für die ihm bei seiner ausgeprägt philosophischen Anlage der Sinn fehlte, kaum in die Musik, in der er nur seine eigenen Ideale aufsuchte, fand ein Gefallen daran, hier in der Einsamkeit sich selbst als Zentrum zu fühlen.

An einem anderen Tag, um die Mittagszeit zwischen zwei und vier, konnte man die schmächtige, dünne Gestalt mit dem gesenkten Kopf, den Regenschirm unter dem Arm, im Menschenschwarm auf der Østergade verfolgen, denn sie war fast unfehlbar hier auf jener „Route" anzutreffen, welche den Korso der halbvornehmen Welt von Kopenhagen darstellt. Er grüßte alle Augenblicke, unterhielt sich bald mit diesem, bald mit jenem, hörte bisweilen einen kleinen Gassenjungen „Entweder – Oder" hinter sich her schreien, ließ sich mit Krethi und Plethi ein, hier auf der Straße ebenso für jeden zugänglich, wie er in seiner Wohnung unzugänglich war, hier mit seiner Person ebenso verschwenderisch, wie er sonst eifersüchtig über sie wachte, hier scheinbar seine Zeit vergeudend, als wollte er gutmachen, daß er sich zu Hause stets hartnäckig verleugnen ließ.

Doch ging man an einem Winterabend an seinem Haus vorüber und sah die lange Reihe erhellter Fenster, welche den Anschein erweckten, als wäre die von ihm bewohnte Etage illuminiert, dann ahnte oder gewahrte man eine Flucht von Zimmern, schön möbliert und alle geheizt, in denen der seltsame Denker auf und ab ging, deren Stille nur durch das Kratzen der Feder auf dem Papier unterbrochen wurde, wenn er stehenblieb, um einen Einfall in sein Manuskript oder eine Notiz in sein

Tagebuch zu schreiben; denn in allen Zimmern gab es Feder, Papier und Tinte.
So lebte er: spazierengehend, fahrend, Gespräche führend und vor allem schreibend, unentwegt schreibend. Er war fleißig wie wenige, und all sein Fleiß bestand im Schreiben. Durch seine Feder sprach er nicht nur mit seinen Zeitgenossen, sondern auch mit sich selbst. Für wenige Existenzen hat die Tinte eine so große Rolle gespielt. Er hat ungefähr dreißig gedruckte Bände hinterlassen, die zusammen fast eine Literatur in der Literatur (wie er sie nannte) ausmachen, und ebenso viele Bände dickleibiger Tagebücher im Manuskript, und fast alles dies wurde im Verlauf seiner letzten zwölf Jahre geschrieben. Solchergestalt, so sonderbar und monoton nahm sich die äußere Seite eines Lebens aus, das innerlich eins der bewegtesten war, das jemals in Dänemark geführt worden ist.

1

Als im Jahre 1813 der reiche Wollwarenhändler Michael Kierkegaard am Neumarkt in Kopenhagen siebenundfünfzig Jahre und seine zweite Frau Anne (geb. Lund), sein früheres Dienstmädchen, fünfundvierzig Jahre alt war, bekam dieses Ehepaar das siebente Kind, einen Sohn mit Namen Søren. Zählt man die Lebensjahre der Eltern zusammen, so erhält man die respektable Zahl 102, die so groß ist, daß sie zwei junge Ehepaare beim Zusammenzählen ihrer Jahre häufig nicht erreichen.
Søren Kierkegaard war das Kind alter Eltern; er wurde alt geboren, er wuchs als ein altkluges Kind heran, das so früh vornehmlich über sich selbst zu grübeln anfing, daß es ihm in seinem späteren Leben vorkam, als wäre er weder Kind noch Jüngling, das heißt weder unwissend noch sorglos gewesen. „Mein Unglück war“, sagt er mit einer der zugespitzten Wendungen, die er liebte, „so gut wie von Geburt an und durch die Erziehung vervollständigt: nicht Mensch zu sein.“ („Der Gesichtspunkt für meine schriftstellerische Tätigkeit“) Er meint damit, daß

er Geist war, ein sehr anspruchsvoller und zu umfassender Ausdruck, um über einen Einzelnen etwas Bestimmendes auszusagen. Indessen ist sicher, daß jener, der ihn für sich gebrauchte, mit schwerem Blut und schwerem Mut auf die Welt kam; in alten barbarischen Zeiten hätte man ein so wenig kindliches Kind vielleicht für einen Wechselbalg gehalten, von den Trollen in die Wiege gelegt.

Er spürt selbst die extremsten Worte der Sprache auf, um seinen ursprünglichen Zustand zu schildern. Er war nach seiner eigenen Aussage („Nachgelassene Papiere") „zart, schmächtig und schwach, fast in jeder Hinsicht der Bedingungen beraubt, um im Vergleich zu anderen auch für einen ganzen Menschen gelten zu können, schwermütig, seelenkrank, auf vielfache Weise tief und absolut mißraten". Solch ein armes Trollkind spielt nicht wie andere Kinder, ist niemals vergnügt oder lustig; es sieht einen mit großen, klugen, mitleiderregenden Augen an, weil es, wie Kierkegaard, „unter einer ursprünglichen Ungleichartigkeit mit diesem Dasein seufzt". Es ist schon im zartesten Alter tiefsinnig und will in aller Stille manch seltene Waffen oder Geschmeide schmieden, doch necke man es nicht, es ist schalkhaft von Natur, spöttisch in seinen Antworten, beißend witzig, wenn es gereizt wird. Es hat eine Seele ohne Sonne, es lebt ein Leben ohne Frühling; doch es sieht scharf, und es vermag vieles.

Der arme Spätling war nicht nur verwachsen, sondern krank, sehr krank. Im Alter von dreiunddreißig Jahren charakterisierte er sich selbst als seit frühester Kindheit von einem „an Wahnsinn grenzenden Leiden" verzehrt, das seinen Grund in einem Mißverhältnis zwischen Leib und Seele haben müsse. („Nachgelassene Papiere") Dies Leiden, das er in seiner biblischen Ausdrucksweise seinen „Pfahl im Fleische" nennt, war es, was die brütende Schwermut erzeugte, deren Nebel seine gesamte Jugend einhüllten. Aber aus diesen Nebeln brachen die Blitze der schalkhaften Ironie und Witzigkeit hervor. Er besaß jene Art von Witz, die man, obgleich in weit geringerem Grad, oft bei Buckligen, bei Hofnarren oder anderen schwachen und häufig verunglimpften Wesen findet, die an einer unheilbaren Melancholie leiden; nur diente bei ihm dieser Witz stets Ideen, war beherrscht, durchsichtig, genial, selbst dort, wo sein Hohn so schneidend war, daß die Welt seit Swifts Tagen kaum etwas Ähnliches gehört hatte. In den Knabenjahren offenbarte sich dieser Witz als jugendlicher Mutwille. Ein paar Anekdoten aus der Schulzeit charakterisieren seine Art. Der Dänischlehrer, Herr Storck, hatte sich verlobt, und der Gegenstand seiner Wahl hieß Charlotte Lund. Die Schüler sollten einen dänischen Aufsatz über ein selbstgewähltes Thema verfassen, und Kierkegaard schrieb nun „Charlottenlund, die Reise dorthin und die Vergnügungen daselbst“, mit Anspielungen auf die Verlobung und den Namen. Der Deutschlehrer, Herr Matthiesen, war so schwach, daß die Knaben sich alles in seinen Stunden erlaubten. Eines Tages trieben sie es so weit, daß sie im Klassenraum eine vollständige Mahlzeit am gedeckten Tisch mit Butterbrot und Bier einnahmen, herumliefen und einander „Wohl bekomm's!“ wünschten. Herr Matthiesen wollte sich in seiner Verzweiflung beim Schulvorsteher beschweren, doch die Knaben umringten ihn und baten ihn, nicht zu ihm zu gehen. Søren Kierkegaard allein blieb auf seinem Platz sitzen und sagte nur: „Würden Sie dem Professor dann bitte auch sagen, daß es in Ihren Stunden *immer* so zugeht.“ Der Lehrer blieb.

2

Es war der Vater, von dem Kierkegaard sowohl seine Schwermut als auch seinen Witz und seine Begabung geerbt hatte. Die Mutter, die er erst in seinem zweiundzwanzigsten Jahr verlor, erwähnt er merkwürdigerweise nie auch nur mit einem einzigen Wort. Beide Eltern waren jütländische Bauersleute. Michael Kierkegaard hatte sich in seiner Kindheit als Hirtenjunge ernähren und auf den jütländischen Heiden Schafe hüten müssen. Er litt körperlich Ungemach und seelischen Mangel: hier gab es weder Schutz noch Schirm noch Bäume noch Menschen, nur eine leere Fläche und die sprachlosen Tiere. So wurde sein Gemüt mit jener Trauer und jenem Verlangen erfüllt, die sich in der Wehmut unsrer Volkslieder spiegeln, auf solche Art sog seine Seele die ganze stumme Melancholie der Heide in sich ein. Er verlor sich in jene Grübeleien und Traumgesichte, wie sie einen Menschen überkommen, der nur mit sich selbst umgeht.

Was uns aus Kierkegaards Schriften entgegenweht, das ist – aus zweiter Hand – eine Erinnerung an die Einsamkeit, Eintönigkeit und Schwermut der jütländischen Heiden. Die Heide ist ihr Naturhintergrund, die dumpfleidenschaftliche Bauernreligiosität, welche in dieser Verlassenheit in der Seele des Vaters erwuchs, ist ihre geistige Voraussetzung.

Doch schon mit zwölf Jahren kam der Vater nach Kopenhagen und wurde bald ein großer Wollwarenhändler, ein großer Kolonialwarenhändler, nach den Verhältnissen damaliger Zeit ein sehr wohlhabender Mann. Daß der jütländische Bauer religiös erweckt ist, schließt bei ihm, wie man weiß, eine beträchtliche Schläue im Handel, eine gewisse solide Knausrigkeit und Sparsamkeit, was das Erworbene betrifft, nicht aus. Das war auch hier der Fall. Tagaus, tagein stand der alte, grauhaarige Wollwarenhändler, der es stets genau nahm, in seinem Laden, in seinem gelben Rock, den samtenen Kniehosen, den sorgsam blankgeputzten Schnallenschuhen oder ungarischen Stiefeln mit Quasten, und legte Taler zu Taler. Ein kleiner Zopf im Nacken ließ ihn noch altmodischer und altväterischer aussehen. Er war ein loyaler Mann, der König Frederik VI., den Landesvater, ehrte, welcher ihm als Kronprinz die Erlaubnis erteilt hatte, nicht allein mit chinesischen und ostindischen Artikeln zu handeln, sondern auch „mit den von Unseren Westindischen Eilanden kommenden Waren, als da sind Zucker, raffiniert und unraffiniert, Sirup und Kaffeebohnen, und selbige in großen und kleinen Partien an all und jeden zu verkaufen", obgleich Michael Kierkegaard Wollwarenhändler war. Er war ein frommer Mann, der fast immer in seiner ärmlichen Behausung lebte, der auf seinem Holzstuhl an dem kleinen weißgestrichenen Tisch saß und in seiner Postille oder in seinen Testamenten las, unangefochten vom Rationalismus der Zeit in die Kirche ging und Mynsters Predigten mit Erbauung und Andacht hörte. Er war ein strenger Mann, der seine Töchter barhaupt, einen gestrickten Schal auf dem Rücken gebunden, zum Markt gehen und für die Wirtschaft einkaufen ließ, der sie die Kleidung ihrer Brüder bürsten und das Haus in Ordnung halten ließ, da man kein Dienstmädchen hatte, und der seinen Söhnen, selbst als sie schon Studenten waren, selten oder niemals Geld für ihre kleinen Bedürfnisse gab. Kurzum: er blickte zum König auf, achtete die Geistlichkeit hoch und ehrte die Polizei. In seinen vier Wänden war er so etwas wie ein Haustyrann, und lange Zeit stellte sich der breite Rükken des Vaters als Hindernis zwischen Søren und die Welt.

Es läßt sich kaum leugnen: ein Hauch der stickigen Luft des Wollwarenladens weht uns aus Kierkegaards Schriften an, die bei all ihrer Tiefe, Scharfsinnigkeit und Wärme einen so engen geistigen Horizont haben. Es ist – im zweiten Glied – der scheue Respekt, den der bei all seiner Begabung unselbständige, gerade erst vom hölzernen Esel emanzipierte gemeine Mann vor der ganzen überirdischen und irdischen Polizei hegt, die uns in der übertriebenen und forcierten Ehrerbietung vor König und Kanzlei, Zensoren und Ministern, Exzellenzen und Bischöfen begegnet, zu der sich Kierkegaard fast sein ganzes Leben hindurch bekennt.

Doch jener alte, ehrwürdige Jeronimus war trotz seines normalen und prosaisch-geschäftsmäßigen Äußeren ein Phantast, ein Dialektiker und ein am Rande des Wahnsinns schwebender Hypochondrist. Hierdurch wurde die Häuslichkeit für den Sohn ebenso beängstigend wie unheimlich anziehend. Zerstreuungen gab es keine. Doch wenn Søren um Erlaubnis zum Ausgehen bat und in der Regel eine ablehnende Antwort erhielt, nahm ihn der Vater bei der Hand und schlug ihm statt dessen einen Spaziergang durch das Zimmer vor, wohin er wolle, nach

Frederiksberg oder den Strandweg entlang.* Da erzählte der Vater alles, was es zu sehen gab. Sie grüßten die Vorübergehenden, die Wagen fuhren lärmend an ihnen vorbei und übertäubten die Stimme des Vaters. Nie hatten die Produkte der Kuchenfrau einladender ausgesehen. Der Vater erzählte alles so genau und lebendig, daß Søren nach Verlauf einer halben Stunde müder und erschöpfter als nach einem wirklichen Spaziergang war. Bald hatte er dem Alten die Kunst abgelernt, und sie unterhielten sich auf ihrer fingierten Wanderung; sie überboten einander, sie wetteiferten im Erfinden und in dem Bemühen, einander auf alles aufmerksam zu machen, was ihnen unterwegs begegnete.

Wenn man davon hört, glaubt man eine Szene aus Schacks „Phantasten" zu erleben. – Es gibt kaum eine unnatürlichere Art und Weise, wie man einem vortrefflich begabten Kind den Wirklichkeitssinn rauben und ihm Reflexionssucht und Phantasterei einprägen kann. Wer von einer solchen kleinen charakteristischen Einzelheit erfahren hat, der wird sich gewiß nicht über das Blutlose, das Hirngespinsthafte wundern, das Kierkegaards erdichteten Persönlichkeiten, wie dem Verführer Johannes und dem Quidam des Frater Taciturnus, eigen ist, auch wenn sie noch so genial erfunden sind. Seine Phantasie war und blieb eine Zimmerluftpflanze.

Es gibt noch andere große Männer als Kierkegaard, deren Erziehung darauf angelegt schien, das Kind in ihnen zu vernichten. Es gibt in unserem Jahrhundert einen zweiten großen Mann, auf den der Vater ebenfalls von frühester Kindheit an einen überwältigenden Einfluß ausübte. Ich denke an John Stuart Mill. Doch welch ein Unterschied zwischen jenen lehrreichen Spaziergängen, die Mill zwischen seinem vierten und siebenten Jahr täglich an der Hand seines Vaters unternahm, von denen er

* Vgl. die Novelle in den „Nachgelassenen Papieren". Diese charakteristischen Einzelheiten waren mir bekannt, bevor jene Papiere erschienen, da sie Kierkegaard als tatsächliche Begebenheiten aus seiner Kindheit dem verstorbenen Professor Brøchner erzählt hatte.

selbst erzählt, daß sich die Erinnerung an sie mit seinen frühesten Erinnerungen an grüne Felder und wilde Blumen verknüpft – und diesen unheimlichen Wanderungen auf Dielenbrettern, bei denen Vater und Sohn wie zwei alte Kinder einander vorgaukelten, daß sie eine wirkliche Natur um sich sähen und Eindrücke von einer Umwelt empfingen. Der junge Mill mußte auf seinen Morgenspaziergängen dem Vater berichten, was er gelesen, und mit Wärme erzählte der kleine, hochherzige Knabe, wie tapfer sich die Malteserritter gegen die Türken wehrten, oder vom Kampf der aufständischen niederländischen Provinzen gegen die spanische Tyrannei – der arme Wollwarenhändlersohn hatte keinen Vater, dessen Hirn das gesamte Wissen seines Zeitalters umfaßte, keinen Vater, der die ganze Wissenschaft jener Zeit für seinen Sohn ordnen und in ihm den Sinn für Recht, für Geschichte und Natur wecken konnte; deshalb gab er nichts wieder, sein eigenes überhitztes Hirn brachte die blutlosen Schatten hervor, welche er an den Augen des Vaters vorübergleiten ließ.
Der Alte war nicht nur ein Phantast, sondern auch ein Dialektiker, versehen mit einer Disputierfertigkeit, die bei einem ungebildeten Mann höchst ungewöhnlich war. Die formale Denkvirtuosität, die bei dem Sohn so blendend hervortreten sollte, scheint schon beim Vater angelegt gewesen zu sein. Er muß etwas von der Gabe eines Erasmus Montanus besessen haben, der alles beliebige beweisen und alles ins Gegenteil verdrehen konnte, etwas von jenem Talent, das man nicht selten bei unsern Politikern aus dem Bauernstand findet, mit einem gewissen ätzenden Scharfsinn eine Frage zu zerlegen und ihre einzelnen Seiten gesondert und auf überlegene Art zu behandeln. Doch war er, aufgrund seiner hervorragenden Gaben durchaus nicht selbstzufrieden, ein Hypochonder, litt besonders in seinen späteren Jahren unter dem Gefühl, zu nichts nütze zu sein, und konnte mit Ausbrüchen aufwarten, welche bewiesen, daß er sich zuzeiten als der Elendeste von allen empfand. So ungefähr, denke ich mir, mag der eine oder andere von Cromwells Soldaten, der eine oder andere „Lebe-du-der-Auferste-

hung-Jerobeam" oder „Den-Herren-preise-Pimpleton" in jenen Stunden geklagt haben, da die Gnade schwach in ihm war. Während der verhältnismäßig glückliche junge Mill an der Hand seines Vaters in Wissenschaften eingeführt wurde, die zu bewältigen es wohl der Geisteskraft eines Mannes bedurfte, aber doch in Wissenschaften, weihte dieser finstere und phantastische Puritaner aus der unteren Volksklasse sein armes Kind in all die Ängste und Kümmernisse ein, mit denen die christliche Orthodoxie ein kindliches Gemüt bedrängen kann, wenn sie von einem in Skrupeln und Anfechtungen hinlebenden, ungebildeten Mann verkündet wird. Im „Gesichtspunkt für meine schriftstellerische Tätigkeit" heißt es: „Als Kind wurde ich streng und ernst im Christentum erzogen, menschlich gesagt: unsinnig erzogen; schon in frühester Kindheit hatte ich mich an Eindrücken überhoben, unter denen der schwermütige Greis, der sie mir auferlegt hatte, selbst zu Boden sank – ein Kind, wahnsinnig kostümiert, um ein schwermütiger Greis zu sein." Wen kann es da wundern, daß Augenblicke kamen, wo der Alte vor seinem Sohn stehenblieb, ihn traurig ansah und jene Worte sprach, die Kierkegaard niemals vergessen konnte und die in dem Tagebuch „Schuldig – Nicht schuldig?" in „Stadien auf dem Lebensweg" ihren Platz gefunden haben: „Armes Kind! Du bist in einer stillen Verzweiflung." Vater und Sohn, jeder der beiden scheint sich für die Schwermut des anderen verantwortlich gemacht zu haben; der Sohn befürchtete, der Vater könne über ihn trauern, und umgekehrt. Doch bei alledem wurde im Gemüt des Kindes ein Gefühl herangezüchtet, das bald das vorherrschende in ihm wurde: die Pietät, die schwermütige Pietät.

3

Daheim lernte der Knabe vor allem gehorchen, phantasieren und disputieren. Hier lernte er, in die christliche Orthodoxie wie in ein Kloster hineingezwungen, beten, Rechenschaft von sich selbst verlangen, sich in Furcht und Zittern zusammenkauern, und es war unvermeidlich, daß ein so aufgeweckter Geist manches Mal begehrliche Blicke über die Klostermauern werfen und sich Sehnsüchten und Wünschen hingeben mußte, wie sie in einem Kloster erzeugt werden. In der Schule lernte das geniale Kind neue Unterwerfung und neuen Gehorsam, durch die Not gezwungen Selbstverteidigung und Verstellung.

Als der Knabe aus jenem unterirdischen Zuhause in der Schule auftauchte, mußte er zwischen den Kameraden zwangsläufig ungewöhnlich und lichtscheu wirken. Sein Wesen war still, sein Gang war lautlos. Er sprach niemals von seinem Elternhaus, nahm niemals einen Kameraden dorthin mit. Seine plumpe, grobe Tracht, die immer gleichblieb (eine Jacke mit kurzem Schoß, Schuhe und wollene Strümpfe), verschaffte ihm einen äußerst treffenden Namen: „der Chorknabe". Er war zu schwach und schmächtig, um eine Neigung zu Leibesübungen zu haben. Er war zu alt und zu furchtsam, um an den Spielen und Balgereien der anderen Knaben teilzunehmen. Versuchte einer ihn zu schlagen, lief er immer davon; doch wenn er bis zum äußersten gereizt war, dann rächte er sich an den großen, starkgliedrigen Jungen, selbst auf die Gefahr hin, eine tüchtige Tracht Prügel zu beziehen, wie Loke sich bei Ägirs Gastmahl an den Göttern rächt. Seine Waffen waren die des körperlich Schwachen: beißender Witz, schneidender Spott, blutige Ironie, welche seinen Gegner dem Gelächter preisgab – jene Waffen, die ihm sein ganzes Leben lang eigen blieben. Keiner seiner Mitschüler ahnte in ihm das Genie. Ich habe dafür das Zeugnis eines seiner Klassenkameraden. Er verschwieg nämlich, was ihn beschäftigte, ja, er nahm fast unwillkürlich zur Verstellung Zuflucht, um seine frühe Schwermut zu verbergen. Diesbezüglich traute er sich eine ganz außerordentliche Fähigkeit zu, seine Umgebung zu betrügen und ihr die Überzeugung beizubringen, er sei voller Munterkeit und Lebenslust, während er sich in Wirklichkeit einsam und unverstanden fühlte. Doch wie groß sein Wille dazu auch gewesen sein mag, so hat er seine Fähigkeit zum Täuschen sicher

zu hoch veranschlagt. Stolz, wie er war, fühlte er, daß er von dem Augenblick an, da er sein Inneres öffnete, als ein Opfer des Mitleids, „ein süßer Geruch in dessen Nase“ (wie es in „Furcht und Zittern“ heißt) ausersehen wäre, und dieser Gedanke war ihm unerträglich. Darum griff er zu Verstellung und Betrug als Notwehr, er griff dazu mit dem ganzen Hang zur Verdopplung seines Wesens, der ihm eigen war, und man irrt sich wohl kaum, wenn man hierin den Keim jener tief verwurzelten Vorliebe für Mystifikation, Selbstverdopplung und Verborgenheit sucht, die sich während seiner ganzen schriftstellerischen Tätigkeit verfolgen läßt. Es gibt eine Art von allgemeinmenschlichem Jesuitismus, die allzuschnell zu verdammen man sich hüten muß und der niemand entrinnt, der wie Kierkegaard an die Zulässigkeit einer „teleologischen Suspension des Ethischen“ glaubt. Ein paar Funken eines solchen Jesuitismus sind schon sehr früh in Kierkegaards Leben zu spüren. Er war – mit seiner Veranlagung zur unbedingten Unterwerfung der Ehrfurcht, mit der tief in seinem Temperament begründeten Neigung, das Religiöse die allgemeine sittliche Sphäre durchbrechen zu lassen – ein geborener Jesuit, ein protestantischer Jesuit, der sein eigener Papst war, der jedoch nie eigentlich daran zweifelte, daß der Zweck das Mittel heiligte, wenn es die höchsten Ziele galt.
Indem der junge Gymnasiast nun vom Elternhaus zur Schule wechselte, vertauschte er in Wirklichkeit nur eine Tyrannei mit der anderen. Schulvorsteher war nämlich der zu seiner Zeit bekannte Rektor Michael Nielsen, ein tüchtiger, jedoch beschränkter Schuldespot ohne tiefere humane Bildung, der sich aber in der lateinischen Grammatik gründlichst auskannte. Er lehrte seine Schüler nur „gehorchen, über das blutigste Unrecht schweigen und lateinische Aufsätze schreiben“. Folglich wurde er für Kierkegaard ein Ideal. Welch Unglück für ein junges Genie wie Kierkegaard, von jenem Vater zu diesem Mann zu kommen, auf den er schon durch die häusliche Erziehung nur allzusehr vorbereitet war! Man hatte ihn schon daheim zu Gehorsam und Respekt dressiert, der Rektor verlangte doppelten Respekt und doppelten Ge-

horsam. Kierkegaard scheint durch seinen gewissenhaften, wenngleich nicht sehr freiwilligen Fleiß einer seiner Lieblinge geworden zu sein. Doch um sich in dieser Gunst zu halten, scheint er manchmal zu Mitteln gegriffen zu haben, die nicht ganz so gehorsame, weniger der Vorschrift entsprechende Knaben vielfach verschmähen; er war bekannt als ein Meister in der Kunst, unter dem Tisch zu lesen und also den Lehrer zu betrügen, wenn er schlecht vorbereitet war.

Es steht für mich außer Zweifel, daß die Äußerungen, die Assessor Wilhelm in „Entweder – Oder" über seine Schulzeit macht, auf Kierkegaards eigenen Erinnerungen beruhen: „Ich kam zu den anderen Jungen, hörte mit Verwunderung, wie sie über ihren Lehrer klagten, sah das Wunderliche geschehen, daß ein Zögling aus der Schule genommen wurde, weil er sich nicht mit dem Lehrer vertragen konnte. Hätte ich nicht in früherer Zeit so tiefe Eindrücke empfangen, dann hätte ein solches Ereignis vielleicht schädlich auf mich gewirkt. Jetzt war das nicht der Fall. Ich wußte, daß es meine Aufgabe war, in die Schule zu gehen, und zwar in jene Schule, der man mich einmal übergeben hatte; selbst wenn alles verändert würde, dies konnte sich nicht verändern. Was mir diese Vorstellung beibrachte, war nicht allein Furcht vor dem Ernst meines Vaters, sondern es war der erhabene Eindruck dessen, was die Pflicht eines Menschen war. Wenn mein Vater gestorben, wenn ich unter die Aufsicht eines anderen geraten wäre, den ich hätte überreden können, mich aus der Schule zu nehmen – ich hätte es niemals gewagt oder ernstlich gewollt, ich hätte dabei das Gefühl gehabt, als wäre der Schatten meines Vaters gekommen und mir in die Schule gefolgt; denn hier wiederum hatte ich einen unendlichen Eindruck dessen gewonnen, was meine Pflicht war, und deshalb wäre zu keiner Zeit die Erinnerung daran ausgelöscht worden, daß ich den Willen meines Vaters verletzt hätte ... Wir trieben zu meiner Zeit lateinische Grammatik mit einem Eifer und einer Gründlichkeit, wie man sie heutzutage nicht kennt. Dieser Unterricht vermittelte mir einen Eindruck, der auf eine andere Weise übereinstimmend hiermit auf meine Seele wirkte. Sofern ich mir die Fähigkeit zutrauen darf, etwas philosophisch zu betrachten, so verdanke ich sie diesen Eindrücken meiner Kindheit. Der unbedingte Respekt, mit dem ich die Regel betrachtete, die Ehrerbietung, die ich für sie hegte, die Verachtung, mit der ich auf das kümmerliche Leben, welches die Ausnahme fristete, herabsah, die in meinen Augen gerechte Weise, wie diese Ausnahme in meinem Aufsatzheft verfolgt und stets gebrandmarkt wurde – was ist dies anderes als jene Distinktion, welche jeder philosophischen Betrachtung zugrunde liegt?"

Für jenen, der selbst in vielerlei Weise als Ausnahme geschaffen ist, mag eine solche frühzeitig eingeimpfte Ehrfurcht vor der Regel als ein vortrefflicher Ballast auf der Reise durchs Leben erscheinen; doch dieser Ballast war zu schwer, er nahm zu viel Platz ein, und er hemmte die freie Bewegung des Schiffes weit mehr, als er es vor dem Kentern schützte. Man stelle sich vor, Kierkegaard wäre in einer der besten englischen Schulen damaliger Zeit erzogen, wo die Selbständigkeit des Individuums behütet, wo keine Lakaien-Tugend verlangt oder verehrt wurde, und es hätte eine Art von Hoffnung dafür gegeben, daß jener erste Druck im Elternhaus vielleicht ausgeglichen worden wäre. So aber hatte jener Unterwerfungs- und Untertänigkeitsgeist kein Gegengewicht und erhob sich in dem Knaben zu einer bedauerlichen Höhe.* Freilich hatte dieser Geist bei ihm stets eine Be-

* In Hinblick auf die moralischen (nicht ihre freien intellektuellen) Prinzipien stand Dänemark damals wie auch heute ganz auf deutschem Boden. Wir sollten uns Herbert Spencers Äußerungen dazu zu Herzen nehmen: „Der unabhängige englische Knabe ist der Vater des unabhängigen englischen Mannes, dieser ist ohne jenen nicht möglich. Deutsche Lehrer behaupten, es werde ihnen leichter, mit einem Dutzend deutscher Knaben als einem einzigen englischen fertig zu werden. Sollten wir deshalb wünschen, daß unsre Knaben die Lenksamkeit der deutschen besäßen, mitsamt dem Untertänigkeitssinn und politischen Vasallentum der deutschen Männer? Oder sollen wir nicht lieber in unseren Knaben jene Gefühle, die sie zu freien Männern machen, dulden und unsere Methoden darnach ein-

ziehung zum Idealen oder doch zu dem, was ihm als ideal erschien, doch selbst die Vasallen- oder Höflings-Ehrerbietung ermangelt ja nicht ihrer Idealität. Als erwachsener Mann läßt Kierkegaard eins seiner Pseudonyme sagen: „Fürwahr, ich habe niemals Napoleon sein wollen, wohl aber einer der beiden Kammerherren, die ihm die Flügeltür öffneten, sich tief verneigten und sagten: ‚Der Kaiser!'" (Johannes Climacus: „Abschließende unwissenschaftliche Nachschrift zu den Philosophischen Brocken") Er war zu geistig, zu schwärmerisch veranlagt, als daß er jemals ein platt-untertäniger Charakter hätte werden können. Selbst wo er in seinem späteren Leben im Sinne der Untertänigkeit dem Schlechten das Wort redet, wie in dem Brief an seinen Bruder Peter, der als Pfarrer seinem Vorgesetzten, Bischof Mynster, wegen einer unmoralischen und unberechtigten Forderung den Gehorsam verweigert hatte und den er zum Nachgeben bewegen will – selbst da wird er von einer höheren Idee geleitet, auch wenn sie ihn in die Irre führt. Es macht unleugbar einen peinlichen Eindruck, wenn man sieht, wie Søren Kierkegaard seinem Bruder, der sich nicht überwinden kann, Baptistenkinder gewaltsam zu taufen, zu bedenken gibt, ob es nicht besser wäre, sich in einen rechten und schlechten Beamten, eine rechte und schlechte Gehorsams-Maschine zu verwandeln.* Doch schon durch die früheste Erziehung im Elternhaus und in der Schule waren alle seine seltenen Anlagen zu Tugenden, seine Schwärmerei, seine Begeisterung in die Irre geleitet worden; nichts davon wurde in den Dienst der Freiheit, alles wurde in den Dienst des kritiklosen Respekts gestellt, und so entwickelte er in unsrer Zeit eine Reihe von unmodernen, vollkommen feudalen Tugenden: die demütige Treue eines Vasallen, die Askese

richten?" („Die Erziehung in geistiger, sittlicher und leiblicher Hinsicht", hrsg. in deutscher Übersetzung von Dr. Fritz Schultze, Jena 1881 [2. Auflage])

* Es heißt in diesem Brief: „Ich für mein Teil bin niemals froher, als wenn mir jemand befehlen will, vor allem wenn es ein wirklicher Vorgesetzter ist; denn ich halte es allemal für leichter, der Gehorchende als der Befehlende zu sein."

eines Mönchs, die Gewandtheit eines Scholastikers, der sein gesamtes Wissen für die Verteidigung von außen aufgestellter Dogmen und Glaubensvorschriften verwendet.

Die schlimmste Folge des Untertänigkeitsgeistes ist indessen der Hochmutsgeist. Diese beiden sind Zwillingsbrüder. Wer große Talente, doch nicht die Gabe hat, mit Haltung aufzutreten, sich ohne viele Bücklinge zu behaupten, der tröstet sich damit, daß er sich im stillen um so bedeutender fühlt. Kierkegaard gebrach es sein Leben lang an jener sicheren Haltung gegenüber Vorgesetzten, die Männer mit geringerem Selbstgefühl als er häufig genug besessen haben. Man beachte zum Beispiel, welche Bocksprünge er macht, um eine persönliche Begegnung mit seinem Gönner Christian VIII. zu vermeiden, und wie er seine Ablehnung motiviert: „Wenn ich an den König schreiben könnte", sagt er in einem Brief, „das wäre etwas für mich. Aber das Unglück ist, daß dies nichts für ihn ist, denn wie sollte er Zeit finden, dergleichen zu lesen? Mir geht es wie einer Hausfrau, die weiß, daß sie den köstlichsten Eierkuchen backen könnte, jedoch keinen Teller hat, um ihn aufzutragen: mein Geist ist gut genug, aber mir fehlt der Teller des Körpers." Die Mischung von Demut und Selbstzufriedenheit, die hinter diesem scheinbaren Humor des erwachsenen Mannes hervorblitzt, war im Gemüt des Kindes schon vorbereitet. Es entwickelte sich bei dem genialen Knaben ein ungeheures Selbstgefühl, er begann frühzeitig sich selbst für den begabtesten aller jüngeren Leute im Lande zu halten; ja, wenn man sich auf seine eigenen kecken Äußerungen verlassen darf, so ist es ihm überhaupt „niemals eingefallen, daß es einen Menschen geben oder daß ein Mensch zu seiner Zeit geboren werden könnte, der ihm überlegen wäre oder sein würde". („Der Gesichtspunkt für meine schriftstellerische Tätigkeit") Die wahre Würde besitzt weder jene Demut noch diesen vergleichenden Stolz.

4

Er wurde Jüngling, wurde Student, trat als der hochbegabte Sohn eines reichen Mannes in die Welt, bezog die Universität von Kopenhagen und machte sich daran, wie nach einer solchen Erziehung zu erwarten, Theologie zu studieren – ein Studium, das nicht dazu geeignet war, jenen Autoritätsglauben zu zerstören, dessen Keime in ihm gelegt waren. Die junge Pflanze geriet von der einen ungünstigen Atmosphäre in die andere. Und nicht nur, daß Kierkegaard Theologe wurde, er lebte sein ganzes Leben lang in einem vollkommen theologischen und theologisierten Dunstkreis, zumindest drei Viertel seiner näheren Bekannten scheinen Theologen, Kapläne, Pfarrer, Bischöfe, Geistliche jeden Grades gewesen zu sein.

Wäre nun Kierkegaard nicht so eigentümlich veranlagt gewesen, dann hätte er Theologie sicher studieren können, ohne sonderlichen Schaden daran zu nehmen. Die höchst zweifelhafte Wissenschaftlichkeit dieses Studiums, das allgemeine geistige Interesse, das es weckt, ohne es zu befriedigen, jene Ausblicke, die es in mannigfacher Art auf die *Humaniora* eröffnet, das alles ist für einen selbständigen und strebenden Geist vielleicht anregender und weniger hemmend als diese oder jene strenge Fachdisziplin. Zudem hatte Kierkegaards Begabung, bei all ihrem Hang zum Respekt, den großen Vorzug, tief polemisch, grundpolemisch angelegt zu sein. Früher oder später war der Zeitpunkt zu erwarten, wo er gegen seinen Unterricht und seine Lehrer revoltieren würde. Aber nun wollte es das Schicksal, daß gerade jetzt in Deutschland die Theologie den Domänen der Hegelschen Philosophie, die das Zeitalter beherrschte, untergeordnet worden war und daß Martensen, als er Professor wurde, die deutsche spekulative Richtung der Theologie an die Kopenhagener Universität verpflanzt hatte. Als Kierkegaard in seiner Entwicklung nun so weit gelangt war, daß jene voraussehbare Opposition gegen den Unterricht zum Ausbruch kam, geriet er durch diese Revolte folglich in eine rein zufällige und schon bald veraltete Polemik hinein, die leider sein gesamtes Schriftstellerleben durchzieht. Wäre an der Kopenhagener Universität damals die orthodoxe Theologie in Mode gewesen, dann hätte eine Art Hoffnung dafür bestanden, daß die Orthodoxie sich ihm in einem ungünstigen Licht dargestellt hätte. Jetzt aber war die Spekulation die Losung des Tages, und so kam es, daß die spekulative Auffassung der Religion als des niederen, der Philosophie als des höheren Stadiums – in ihrem Gehalt gleich, nur in der Form verschieden –, insbesondere der von der Hegelschen Rechten unternommene Versuch, Wissenschaft und Glauben miteinander zu versöhnen, zum Gegenstand seiner endlosen Angriffe wurde. Der spekulative Versuch, durch Umdeutungen eine Übereinstimmung zwischen der Theologie des dritten und den philosophischen Resultaten des neunzehnten Jahrhunderts nachzuweisen, war aus dem Widerwillen unseres Zeitalters gegen die negative Kritik der vorhergehenden Epoche und aus der Neigung zu großen, umfassenden Synthesen entstanden, war sodann mit dem rein politischen Zweck verfochten worden, daß man philosophieren können wollte, ohne durch die Übergriffe von Theologen und Regierungen beunruhigt zu werden, und war von Hegel selbst aufrechterhalten worden, dem es am Ende seines Lebens von Wichtigkeit war, seine Lehre als gut königlich-preußische Staatsphilosophie verbreitet zu sehen. Nichtsdestoweniger wurde diese Doktrin von Kierkegaard ganz treuherzig als die buchstäbliche Meinung der Philosophen aufgefaßt und solcherart Gegenstand seiner entrüsteten Proteste. Nicht gegen einen Strauß, nicht gegen einen Feuerbach führte er seine Schläge, sondern gegen einen Marheineke, einen Martensen und ihre Schüler! Während er auf dem Wall stand und die Festung gegen harmlose Spekulanten verteidigte, gab er nicht darauf acht, daß hinter seinem Rücken die Freidenker eindrangen und den Platz eroberten.

5

In Kierkegaards fünfundzwanzigstem Jahr traf dann ein Ereignis ein, das auf ihn und besonders in ihm einen gewaltigen Eindruck machte. Es hat den Anschein, als ob jene ursprüngliche Schwermut, unter welcher er litt, durch einen Einblick, den er zu dieser Zeit in den Seelenzustand seines Vaters erhielt, ganz besonders konsolidiert und verstärkt wurde. Aus vielen Indizien geht hervor, daß Kierkegaard im Leben seines Vaters irgendeinen dunklen Punkt, irgendeine Schuld entdeckte, die ihm als der Schlüssel zur seelischen Krankheit und zur Religiosität seines Vaters erschien. Auf der ersten Seite der mit Genehmigung seines Bruders herausgegebenen Tagebücher bezeichnet er dies als „das große Erdbeben" in seinem Leben, „die furchtbare Umwälzung", die ihm plötzlich eine neue unfehlbare Auslegung sämtlicher Phänomene aufzwang; das hohe Alter des Vaters war kein Segen, sondern eher „ein Fluch", die Strafe Gottes lag auf der ganzen Familie. An einer anderen Stelle seiner „Nachgelassenen Papiere" heißt es: „Ich könnte vielleicht die Tragödie meiner Kindheit – die entsetzliche Erklärung des Religiösen, die eine bange Ahnung mir in die Hand spielte, die meine Phantasie aushämmerte, meine Entrüstung über das Religiöse – in einer Novelle, betitelt ‚Die rätselhafte Familie', reproduzieren. Sie sollte ganz patriarchalisch-idyllisch beginnen, so daß niemand davon ahnte, bis plötzlich jenes Wort darin ertönte – und alles zum Entsetzen erklärte." In einem Entwurf zu der Abhandlung „Der Begriff Angst", betitelt „Vokalisationen", kommt unter anderem folgendes Beispiel vor: „Ein Verhältnis zwischen Vater und Sohn, wo der Sohn insgeheim alles entdeckt und es doch nicht zu wissen wagt. Der Vater ist ein angesehener Mann, gottesfürchtig und streng; nur ein einziges Mal, im berauschten Zustand, läßt er einige Worte fallen, die das Entsetzlichste ahnen lassen. Anders erfährt es der Sohn nicht und wagt niemals, den Vater oder einen anderen Menschen danach zu fragen."

Welcher Art dieses geheimnisvolle Vergehen nun gewesen sein mag, ist mir natürlich unbekannt. Doch deutet alles darauf hin, daß es sich auf das Verhältnis zwischen den Eltern bezogen hat. Es hat den Anschein, daß der Vater die Mutter durch seine Härte dazu getrieben hat, sich an ihm zu vergehen, und daß er diese Härte später tief bereute. Das eine und andere in der Erzählung von Periander in „Schuldig – Nicht schuldig?", die den bezeichnenden Titel „Aufgabe, im Buch zu lesen" trägt und die offenbar nicht zufällig „den 5. Mai" (Kierkegaards Geburtstag), „Mitternacht" datiert ist, weist in diese Richtung. Und diese Vermutung wird ferner durch eine handschriftliche Notiz eines Zeitgenossen bestätigt, die man mir zur Verfügung gestellt hat und in der es heißt: „Der Vater war außerordentlich streng darin, seine Kinder religiös zu erziehen. Er war ein wunderlicher, schwermütiger Greis. Er konnte sich zu Mynster begeben und sagen: ‚Ach, Herrgott, ich mußte heute so viel an meine selige Frau denken ... ich habe so lange an sie gedacht ... hier sind zweihundert Reichstaler, bitte geben Sie die den Armen.'" Kierkegaard ist des Glaubens gewesen, daß sich die Folgen dieser vermuteten Schuld auf die eine oder andere Weise vererben könnten. Das frühe Einexerzieren des Religiösen hatte seine Seele in einem solchen Grade zum Aberglauben reifen lassen, daß ihm die Vorstellung nahelag, göttlicher Zorn sei über dem ganzen Geschlecht. Noch lange Zeit später dachte er daran, was „an dunklen Gedanken und schwarzen Leidenschaften" in ihm wohnte, in der Schilderung einer ganzen, dem Aussatz verfallenen Familie niederzulegen. Der ergreifende Monolog des Aussätzigen in den „Stadien auf dem Lebensweg" ist offenbar der einzige Überrest von diesem Plan.

Doch als eine direkte Umdichtung jener Begebenheit findet sich ebenfalls in den „Stadien" die meisterliche kleine Skizze „Salomos Traum". Darin wird zu Beginn von jener Qual der Sympathie gesprochen, die es für einen Sohn bedeutet, wenn er sich seines Vaters schämen muß, und Salomo wird als der Glückliche gepriesen, in dessen Los das Entgegengesetzte fiel, nämlich sich für David bis zur Bewunderung zu begeistern.

Doch eines Nachts erwacht Salomo durch ein Geräusch, das er von der Schlafstatt seines Vaters hört. Entsetzen ergreift ihn, er fürchtet, es sei ein Schurke, der David ermorden will. Er schleicht sich näher und hört verzweifelte Schreie. Es ist David, der sich in heimlicher Reue windet. Als Salomo wieder eingeschlafen ist, träumt ihm, daß Gott nicht der Gott der Frommen, sondern der Gottlosen sei; dieser Traum wird der Schrecken in Salomos Leben, und die Skizze schließt mit den bedeutungsvollen Worten: „Und Salomo wurde weise, doch er wurde kein Held, und er wurde ein Denker, doch er wurde kein Beter, und er wurde ein Prediger, doch er wurde kein Glaubender ... und er wurde wollüstig, nicht aber reuig, und er wurde vernichtet, nicht aber erhoben; denn die Kraft des Willens hatte sich an dem überhoben, was über die Kräfte des Jünglings ging ... Doch wenn die Königin des Ostens, von seiner Weisheit angelockt, ihn besuchen kam, dann war seine Seele reich, und die weisen Antworten flossen von seiner Lippe wie die köstliche Myrrhe, die von den Bäumen Arabiens fließt."
Die Tagebücher zeigen, wie früh es Kierkegaard vorgeschwebt hat, diese Szene zu schildern und darzustellen, daß sowohl Salomos Klugheit wie seine Wollust Konsequenzen des Großen in David waren, indem die Ahnung von Davids Schuld die Energie des Sohns erstickt und statt dessen das Verständige und Phantastische in ihm erweckt hat. Doch gleichzeitig beschäftigte er sich mit einer anderen poetischen Einkleidung derselben Katastrophe, und dafür wählte er sich die aus der Tragödie des Sophokles berühmte Gestalt der Antigone aus. Ihr Vater Ödipus hat, ohne seine Herkunft zu kennen, umgarnt vom Schicksal, das beklagenswerte und widerwärtige Verbrechen begangen, seine Mutter Jokaste zu heiraten. Nun denkt sich Kierkegaard, daß sie von der Schuld des Vaters erfahren hat. Er hat sein Phantasiebild in „Entweder – Oder" in jener Abhandlung ausgeführt, welche „Der Reflex des antiken Tragischen im modernen Tragischen" betitelt ist. „Wie sie es erfahren hat, liegt außerhalb des tragischen Interesses ... In einem frühen

Alter, ehe sie noch völlig entwickelt war, haben dunkle Andeutungen auf dieses schreckliche Geheimnis momentan ihre Seele ergriffen, bis die Gewißheit sie mit einem Schlag der Angst in die Arme schleudert. Sie weiht ihr Leben der Trauer um das Schicksal des Vaters, um ihr eigenes."

Für jeden Menschen wäre eine solche Entdeckung ein Leid. Für einen Menschen, der eine so stark entwickelte Pietät wie Kierkegaard besaß, war sie ein Schlag. Wie stellt sich sein Geist nun zu dieser „neuen Erklärung" des Religiösen aus „geheimer Schuld", aus Angst und Schrecken vor unsichtbaren Mächten, die ihm da in die Hände gespielt wurde? Sein Gemüt war von der tiefen Falte, die nichts mehr glätten konnte, schon geprägt. So scheint sich Kierkegaard – durchaus nicht zu psychologischen Grübeleien über den Ursprung der Religiosität veranlaßt und noch weniger von ihr abgeschreckt – um so stärker und unheimlicher von ihr angezogen gefühlt zu haben. Man begreift, daß ihm der Alte, der vorher Gegenstand seines Respekts gewesen war, nun Gegenstand seines Mitleids und dadurch gleichzeitig noch lieber wurde; seine Pietät für den alten Mann blieb unerschüttert, ja sie steigerte sich zu einer an die Chinesen erinnernden Verehrung für den Vater, dessen Andenken er bekanntlich einen Band seiner „Erbaulichen Reden" nach dem anderen zueignete. Doch mit dem Gefühl für den Vater war die Pietät für jene Religion, in welcher der Vater ihn erzogen hatte, aufs engste verbunden. Nicht daß er sich durch sein Verhältnis zu ihr glücklich fühlte, ganz im Gegenteil, der Vater hatte ihn aus Liebe höchst unglücklich gemacht; aber er hatte ihn wieder und wieder zur Treue gegen das Christentum ermahnt.* Es dünkt mir sogar höchst wahrscheinlich, daß

* „So liebte ich das Christentum in gewisser Weise: es war mir das Ehrwürdige – freilich hatte es mich, menschlich gesprochen, höchst unglücklich gemacht. Das hing mit dem Verhältnis zu meinem Vater zusammen, jenem Menschen, den ich am höchsten geliebt habe – und was will das sagen? Dazu gehört eben, daß es derjenige ist, der einen unglücklich gemacht hat – aber aus Liebe."

ein persönliches Erlebnis der in der „Abschließenden Nachschrift“ geschilderten unheimlichen Szene zugrunde liegt, in welcher ein Greis einem Kind den furchtbarsten Eid darauf abverlangt, daß es als Erwachsener am Glauben und an Christi Namen festhalten wolle. Der erste Entwurf dafür ist augenscheinlich eine Tagebuchnotiz, und so abscheulich die Szene auch ist, so hält Kierkegaard, der nur wenige Jahre später kaum starke Worte genug zu finden vermochte, um seine Entrüstung über das Konfirmationsgelübde auszudrücken, hier unter seiner sehr leichten Maske des Pseudonyms das Abfordern des Eides für erhaben schön. Die Gestalt des Greises ist unzweifelhaft nach Kierkegaards eigenem Vater gezeichnet.

6

So war er beim Tod seines Vaters, fünfundzwanzig Jahre alt, trotz eines Denkvermögens, das sich furchtlos an jedes Problem heranwagte und vor keinem zurückschreckte, durch die Pietät an eine Religion genagelt, die ihm bisweilen „als die unmenschlichste Grausamkeit“ erschien. Er war sich nicht sicher, ob er sich ihre vernunftwidrigen Dogmen überhaupt jemals würde aneignen können, und hatte nur die eine Gewißheit, daß er – in welche Richtung ihn seine Entwicklung auch führen würde – aus Pietät seine Zweifel stets verschweigen werde, das heißt, er fühlte sich in einer Weise durch die Pietät gefesselt, daß er die Rücksicht auf sie über die Pflicht zur Offenheit und über die Rücksicht auf das Wahre stellte. Seine Kindheitserinnerungen, seine körperliche Schwäche, seine Schwermut, die Ermahnungen des Vaters und die geahnte Schuld des Vaters waren ebenso viele Nägel, die ihn an die Lehre des Kreuzes festschlugen. Doch gleichzeitig wurde er von dem grenzenlosen Streben, seine Kräfte zu erproben, von der brennenden Genußsucht, die in der Einsperrung entsteht, von dem unbestimmten Gefühl, eine gewaltige Genialität zu besitzen, und endlich von tausend Klosterphantasien in jene Welt hinausgerufen, die ihm mit noch unerkannten Aufgaben winkte. Was er ausrichten sollte, wußte er noch nicht. Er grübelte vergeblich, was seine Bestimmung sei. Er suchte die Wahrheit nicht allgemein, nicht das an sich Wahre, sondern jene Wahrheit, welche die Wahrheit für ihn sein könnte, jene Idee, die alle seine Kräfte elektrisieren könnte. (Vgl. die Aufzeichnungen aus Gilleleje in den „Nachgelassenen Papieren".) Zwar war er noch weit davon entfernt, den schneidenden und sophistischen Satz zu formulieren, mit dem „Entweder – Oder" schließt: „Nur jene Wahrheit, die erbaut, ist Wahrheit für dich." Aber er suchte eine Wahrheit, die für ihn Wahrheit im Sinne jener Idee wäre, für die *er* leben und sterben wollte.

So unfertig seine Lebensanschauung beim Ausgang seiner ersten Jugend auch noch ist, verfügt er doch schon über all jene Eigenschaften, aus denen sich der Charakter formt, und diese lassen sich bei ihm auf zwei Grundtriebe zurückführen: auf einen fast orientalischen Hang, sich der Abhängigkeit der Pietät zu unterwerfen, und auf das tiefste Bedürfnis, eine wache Lust zum Widerspruch, eine überströmende Lust zu Spott und Ironie in den Dienst jener Sache zu stellen, an welche die Pietät ihn fesselt. Die Pietät involviert den freiwilligen Verzicht auf Kritik aus Ehrfurcht vor etwas Ehrwürdigem. Sie kann im Leben eine große und schöne Tugend sein. In der Theorie hat sie nichts zu suchen und ist ohne Wert. Pietät und Frömmigkeit sind höchst verschiedenartig, obschon diese Wörter dem Buchstaben nach dasselbe bedeuten: die Frömmigkeit ist unmittelbar ergriffen, sie faltet vertrauensvoll ihre Hände; die Pietät *will* keine Kritik gebrauchen, sie zerbricht absichtlich ihre kritischen Instrumente. Kierkegaard besaß wenig Frömmigkeit, jedoch viel Pietät. In der Pietät verzichtete er auf einen Teil seiner rechtlichen kritischen Befugnisse. Als Ersatz dafür verlangte er dann, in anderen Beziehungen außerhalb des Gesetzes zu stehen.

7

Im Jahre 1838 erschien Kierkegaards erste Schrift: „Aus den Papieren eines noch Lebenden, wider seinen Willen herausgegeben von S. Kierkegaard". Wer sich von dem anspruchsvollen und zugleich rätselhaften Titel des kleinen Buches anlocken läßt, wird enttäuscht. Während der Titel auf ein Stück pikanter Autobiographie mit Bezug auf einen mißlungenen Selbstmordversuch oder dergleichen hinzudeuten scheint, ist der Inhalt nicht mehr und nicht weniger als der Versuch einer Charakteristik von Hans Christian Andersen als Romandichter, fast ausschließlich begründet auf einer vernichtenden Kritik des damals gerade erschienenen Romans „Nur ein Geiger". Und wer das Büchlein in dem Glauben aufschlägt, daß ein so genau planender und überlegender Schriftsteller wie Kierkegaard damit den ersten Stein zu jenem Gebäude gelegt hätte, das er errichten wollte, wird nicht minder enttäuscht. Wie sein Vorwort andeutet, scheint dieses Buch tatsächlich am ehesten deshalb in die Welt geschickt worden zu sein, um einer Reihe von langwierigen Erwägungen, ob es die Mühe lohne oder nicht lohne, damit als Schriftsteller aufzutreten, ein Ende zu setzen. Ein glänzendes Debüt ist die kleine Schrift in keiner Weise. Vergleicht man sie – ich will nicht sagen mit dem Debüt Oehlenschlägers oder Christian Winthers, deren erste Werke so vollkommen waren, sondern nur mit den ersten Veröffentlichungen Heibergs oder Paludan-Müllers, dann steht sie weit dahinter zurück. Sie verhält sich zu Kierkegaards späterer Produktion etwa wie Andersens „Fußreise" zu dessen Märchen. Trotz der ungewöhnlichen Kräfte, die er verrät, ist dieser kritische Versuch der eines Anfängers, fast unlesbar geschrieben in einer mit gelehrten, vor allem theologischen Reminiszenzen gespickten parenthetischen Sprache, reich geschmückt mit halsbrecherischen hegelianischen Wendungen und Formeln. Der junge Autor steckt bis zum Hals in Hegel. Man denke sich: er findet nicht allein die allgemeine Neigung des Zeitalters, voraussetzungslos zu beginnen, sondern insbesondere den Ausgangspunkt der Hegelschen Logik, die Kategorie „Sein = Nichts", in Frau Gyllembourgs Novellen wieder, weil diese „mit einer Alltagsgeschichte (mit Nichts) beginnen".

Schon darin, daß Kierkegaard einer Buchbesprechung einen so aufreizenden und geschnörkelten Titel gibt, verraten sich seine späteren Eigenheiten. Diese Vorliebe für einen humoristischen Barockstil, der sich bisweilen sogar des Titelblatts bemächtigt, behielt er sein ganzes Leben. Er war ein phantastisch-bizarres Genie. Und vertieft man sich nun kritisch in diese allererste Zelle, die Kierkegaards Produktionstrieb hervorbringt, so findet man schon hier die Grundzüge seines Wesens. Es scheint eine sonderbare Behauptung zu sein, daß Kierkegaards erstes ästhetisch-kritisches Stück und seine letzte Sammlung leidenschaftlicher Angriffe auf Geistlichkeit und Staatsreligion, die den Titel „Der Augenblick" trägt, mehr als stilistische Eigenarten gemein haben; doch sie haben seine zwei Grundleidenschaften gemeinsam: Pietät und Verachtung.

In der Broschüre gilt die Pietät (wie in den allerersten Zeitungsartikeln gegen Orla Lehmann, die zwei Jahre zuvor in „Kjøbenhavns flyvende Post" erschienen) dem Goldenen Zeitalter der dänischen Poesie dieses Jahrhunderts, dessen politische Schwäche nach Ansicht des Autors durch seine ästhetische Stärke reichlich aufgewogen wird, und die Verachtung gilt den Männern der neuen Zeit im allgemeinen, dem jüngeren Geschlecht, den Politikern, den Zeitgenossen.

Im „Augenblick" bezieht sich die Pietät auf das Christentum des Neuen Testaments als die einzige Inkarnation und Norm der Wahrheit, und die Verachtung gilt der Geistlichkeit, der Christenheit, wiederum den Zeitgenossen. So groß die Wandlungen auch erscheinen, die ein Schriftsteller wie Kierkegaard durchgemacht hat, dessen Charakter und Schicksal bewirkten, daß er ständig selbst zertrümmern mußte, was er mehr als irgendein anderer bewundert und vergöttert hatte (zum Beispiel Hegel, Heiberg, Mynster, das Bestehende, die Kirche), so ist seine Geistesform in Wirklichkeit stets dieselbe. Er hat in seiner Seele einen Hang zu demütigem und glühendem Enthusiasmus, daneben und kraft dessen gibt es bei ihm eine ununterbrochene Produktion von beredtem und vernichtendem Spott, um jene „Leidenschaft, die in seiner Seele war: Verachtung" („Der Augenblick", Nr. 1), zu stillen, und er läßt in seiner ersten wie in seiner letzten Schrift dasselbe Geschütz eines verbitterten und weithin treffenden Hohns im Dienst der Pietät agieren. Die Broschüre feuert nur Flintenschüsse ab, „Der Augenblick" wahre Artilleriesalven, aber das Pulver kommt aus demselben Faß.

Es ist erstaunlich, mit welcher Sicherheit der fünfundzwanzigjährige junge Mann das Streben seines ganzen Zeitalters beurteilt und verurteilt. Über die Hauptrichtung der Zeit, das Politische, spricht er, wie zwanzig Jahre zuvor in Frankreich die Anhänger der weißen Fahne sprachen, die das Wort Bourbon elektrisiert hatte. Sein Hohn ist durchaus nicht immer witzig. Anläßlich des alten Liedverses „Die Erde dröhnt von Ruhm, wo Dänenrecken zum Kampfe reiten", bemerkt er, daß das „Surrogat der Gegenwart" – der ganzen Gegenwart! –, „das Trampeln auf der Diele mit langen Beinen", nur wenig bewirkt. Die frühere Periode ist für ihn „die Granitformation", die gegenwärtige die „Flöz- und Torfformation". Kurz gesagt, er präsentiert sich als ein Verherrlicher der jüngstvergangenen Zeit *(laudator temporis acti)*, als ein Verächter seiner eigenen, und hier wie in seinen ersten Zeitungsartikeln ist ihm kein Spottwort zu höhnisch, daß er sich nicht für berechtigt hielte, es wider diejenigen zu richten, als deren Gegner er auftritt. Heiberg und Poul Møller, die Geistesaristokraten jener Zeit, hatten schon diesen Ton angeschlagen – ihr junger Schüler überbietet sie.

Hier wird gleich zu Beginn von Kierkegaards Laufbahn eine Seite seines Charakters sichtbar, die für seine Entwicklungsgeschichte von Bedeutung ist. Er war, trotz all seines Bemühens, sich dem christlichen Liebesideal zu nähern, keine humane Natur, ihm fehlte die allseitige Humanität der großen kritischen Geister, nicht nur die eines Stuart Mill, sondern sogar die eines Sibbern. Bei all

seiner eminenten Virtuosität, über jedes beliebige Thema zu philosophieren, war er keine philosophisch prüfende Natur, war nicht auf der Hut vor Vorurteilen, Unbilligkeit, vorschnellem Verdammen. Zusammen mit der Terminologie hatte er sich ein gut Teil vom Ton des Hegelianismus angeeignet. Hier möchte man abermals ausrufen: Welch ein Unglück, daß er, als Folge unserer ganzen Kulturentwicklung, bei solchen Anlagen von jeder Einwirkung aus England ausgeschlossen und auf lauter deutsche Eindrücke angewiesen war! Nichts wäre für ihn heilsamer gewesen als ein gründliches Untertauchen in die englische empirische Philosophie; denn während die rationalistische Erkenntnislehre zum Vorurteil führt, lenkt die empiristische zu unbefangener Prüfung hin. So ging er von einem großen, vorgefaßten idealen Begriff des Schönen oder Rechten aus, entdeckte mit Leichtigkeit und Schärfe die Abweichungen vom Ideal und metzelte sie lachend und spottend nieder, ohne jeden ernsthaften Versuch, die Sache vom Standpunkt des Gegners zu betrachten.
Nach einer Einleitung mit dem erwähnten polemischen Inhalt kommt Kierkegaard dann zum eigentlichen Gegenstand seiner Schrift, zur Abstrafung des Sünders Andersen, der den Roman „Nur ein Geiger“ verbrochen hat. Es nimmt sich wie ein seltsames Spiel des Schicksals aus, daß sich Kierkegaard solcherart bei seinem Debüt mit einem so ungleichen Repräsentanten derselben Generation auseinandersetzen sollte – der eine der in sich verschlossenste, der andere der naivste Schriftsteller seiner Zeit, dem einen war eine sehr intensive, wenngleich lokale Berühmtheit vorbehalten, dem anderen ein in der alten und neuen Welt weitverbreiteter Ruhm! Welche Lust oder Ehre konnte Kierkegaard wohl darin finden, sich an dem armen, wehrlosen Hans Christian Andersen, der in diesen Jahren noch das gehetzte Tier der dänischen Literatur war, zum Ritter zu schlagen? Was konnte es die listenreiche Spinne freuen, diese arme Fliege in ihrem feingesponnenen Netz zu fangen?
Die Antwort ist, daß Kierkegaard durch den Grundgedanken in Andersens Roman, der etwas von dem Besten

in ihm, seinen nach außen gerichteten Lebensmut, irritiert hatte, an einem entscheidenden Punkt seines Gedankenlebens getroffen und fast persönlich beleidigt worden war. Was ihn empörte, das war die Theorie, die Andersen über das Genie aufgestellt hatte, eine Passivitätstheorie, derzufolge das Genie Pflege, liebevolle Umgebung, eine gewisse laue Wärme brauche, um Früchte anzusetzen, und daß es ohne diese Unterstützung zugrunde gehen werde oder müsse. Kaum eine Lehre konnte geeigneter dafür sein, den Unwillen jenes Mannes zu erwecken, dem „es niemals eingefallen wäre, daß er, selbst wenn er sich mit dem Tollkühnsten versuchte, nicht siegen würde". („Der Gesichtspunkt für meine schriftstellerische Tätigkeit") Hier stand ein junges Genie, eben im Begriff, ins Leben hinauszutreten, ein Genie, dessen Stirn (ganz zu schweigen davon, daß sie voll reicher und kluger Gedanken war) ständig an einem gewissen sonderbaren Kitzel oder Jucken litt, von dem andere Stirnen nichts wissen, dem Bedürfnis, gegen eine Wand zu rennen, und das fest davon überzeugt war, daß dieser Prozeß nicht der Stirn, sondern der Wand zum Verderben geraten würde. Hier stand ein junges Genie, dessen Seele ein ständig gespannter Bogen war und das sich nicht nur, wie Andersen, nach einem glänzenden Ruhm, nach der Glorie der Ehre sehnte, sondern das erfüllt war von unendlichem Begehren nach der weit feineren Wollust, der Wollust des Schmerzes, dem Genuß, verkannt, mißverstanden, gehaßt zu werden, Wunden zu spüren, die nicht schmerzen, weil sie einem in der Hitze der Schlacht oder der Begeisterung geschlagen werden, jene Wunden, die zwar weh tun, nicht aber töten, weil der Held, der sie empfängt, zum Sieg vorherbestimmt ist und sich gar nicht fällen läßt; ein Genie schließlich, das noch bedeutend mehr vom passiven Mut des halluzinierenden Märtyrers als von der männlichen und sonnenhellen Kampfeslust des Soldaten in sich hatte – und dieser junge Mann sollte ungerührt mitanhören, wie ein Mitglied seiner eigenen Generation in einem Buch nach dem anderen die schlaffe Lehre verkündete, wie notwendig dem Genie weibliche Gönnerschaft sei, er, der

Titan, der in sich die Kräfte gären fühlte, welche bald darauf, inmitten der Gleichgültigkeit einer Mitwelt, den zweiten Teil von „Entweder – Oder“ auf den ersten, die „Stadien“ auf „Entweder – Oder“, die kolossale „Nachschrift“ auf die „Stadien“, den Pelion auf den Ossa türmen sollte! Nein, das war eine Herausforderung, jener Generation, der er angehörte, ins Gesicht geschleudert, und voller Leidenschaft kam die erste energische Replik von seinen Lippen:

Was in Andersens Roman zugrunde geht, ist nicht „ein Genie in seinem Kampf, sondern ein Flenner, von welchem versichert wird, daß er ein Genie sei, und welcher nur das mit einem Genie gemeinsam hat, daß er einige wenige Widerwärtigkeiten erleidet, denen es ... sogar unterliegt“.

Nein, was als ein feierliches Erbteil von Geschlecht zu Geschlecht überkommen ist, jene Vorstellung, daß das Genie auf jegliche Verhätschelung verzichten könne, daß es zum Kampf geboren sei und unter allen Umständen siegen müsse, diese Idee soll kein Engel, kein Teufel und kein larmoyanter Romanschriftsteller uns jemals rauben können.

8

„Wüßte ich nicht von mir“, sagt Kierkegaard an einer Stelle in seinen „Nachgelassenen Papieren“, „daß ich ein echter Däne bin, so könnte ich zur Erklärung der Gegensätze, die in mir tätig sind, fast zu der Annahme versucht sein, daß ich ein Irländer sei. Diese Leute bringen es nämlich nicht übers Herz, ihre Kinder ganz zu taufen, sie wollen doch noch etwas vom Heidentum behalten, und während man sonst das Kind ganz unter Wasser taucht, lassen sie ihm den rechten Arm frei, so daß es später damit das Schwert schwingen und die Mädchen umarmen kann.“

Es versteht sich von selbst, daß Kierkegaard in seinen reiferen Jahren mit Mißfallen und Reue auf sein Jugendleben zurückblickte. Was er sich genauer vorzuwerfen gehabt haben mag, ist mir unbekannt. Andeutungen liegen jedoch vor. Zuerst Anflüge starker Zweifel an der Wahrheit des Christentums, namentlich in den Tagebüchern aus seinem zweiundzwanzigsten Jahr. Hier wird vom Christen gesagt, daß er geistig taub sei für die Stimme der Vernunft; die Gefühle, mit denen er dem Tod ins Auge blickt, werden mit dem Zustand des Sehschwachen verglichen, der wegen eines Funkens, den er ständig vor sich sieht, nicht erkennen kann, was wirklich um ihn ist, und werden als eine Art „glücklicher Tollheit" behandelt. „Zwar", heißt es weiter, „wird man auf die vielen großen Scharfsinnigen und Tiefsinnigen verweisen, die Christen gewesen sind, doch zum einen muß ich mir die eine oder andere kleine Ketzerei gegenüber diesen bedeutenden Namen vorbehalten, zum anderen haben wir doch schon zuvor Leute gesehen, die in einer fixen Idee einen unvergleichlichen Scharfsinn bewiesen haben." Es unterliegt kaum einem Zweifel, daß Kierkegaard auf Gedanken wie diese anspielt, wenn er davon spricht, daß er sich in seiner Jugend leider auf „den Weg des Verderbens" verirrt habe. („Der Gesichtspunkt für meine schriftstellerische Tätigkeit")

Sodann ist es durchaus nicht unmöglich, daß die unsinnig strenge, klösterliche Erziehung, die ihm zuteil geworden war, in seinen ersten Jünglingsjahren zu einzelnen Ausschweifungen führte, die er später bitter bereut und bedauert hat. Daß diese aber deutliche äußere Konturen hatten, ist kaum wahrscheinlich. Er war viel zu geistig angelegt und viel zu sehr daran gewöhnt, jede nach außen gerichtete Handlung durch einen Gedanken aufzuhalten, als daß nicht das, was er sich zum Vorwurf machte, weit eher eine Sünde in Gedanken als in der Tat gewesen sein sollte. Die *Vorstellung* von einer Sache war ihm in den meisten Fällen genug. Er „dichtete sich" in jede Existenz „hinein". So verbrachte er acht Tage nur damit, wie ein Geizhals zu fühlen und zu denken, und führte dies bis zur äußersten Konsequenz durch. Ein andermal erklärte er, er habe eine ungeheure Lust, einen richtigen Diebstahl zu begehen und dann mit seinem schlechten Gewissen und seiner Furcht vor der Entdek-

kung zu leben. Die Aufzeichnungen des Jahres 1834 zur Psychologie eines Meisterdiebs zeigen, wie früh dieser Gedanke ihn schon beschäftigt hat. So kreisen seine Gedanken in der Jugend auch ständig um das Verhältnis der Geschlechter; doch obgleich dämonische Triebe in seiner Seele brannten, war sein Leben streng. In Gilleleje auf Seeland, wo er eine Zeitlang wohnte und unter dem Namen „der tolle Student" bekannt war, verwirrte und erschreckte er junge Mädchen durch die Art, wie er sie anblickte, wenn sie in sein Zimmer kamen. Aber kein unziemliches Wort folgte diesem Blick.
Wer an Kierkegaards superlativische Ausdrucksweise gewöhnt ist, wird sich durch den Wortlaut seiner Bekenntnisse nicht zu der Annahme verleiten lassen, daß er jemals ein verderbter Mensch gewesen sein könnte. Wenn er im „Gesichtspunkt für meine schriftstellerische Tätigkeit" sagt, daß all die vielen von ihm geschriebenen Bücher „die redlichen Versuche eines Bußfertigen waren, als Entgelt für das Verbrochene, wenn möglich, ein wenig Gutes zu tun" – was er schon so früh wie im Juli 1839 als sechsundzwanzigjähriger junger Mann mit der Äußerung andeutet, daß es kaum ausreichen könnte, würde er sein ganzes Leben in den Dienst Gottes stellen, um für seine Jugendjahre zu sühnen –, so überzeugt mich das keineswegs davon, daß Kierkegaard in theoretischer Hinsicht in seiner frühen Jugend auf einem weniger guten Weg als im entwickelten Mannesalter gewesen wäre. Dennoch muß man sich klarmachen, welche praktischen Mängel, welche Charakterschwächen es gewesen sein mögen, die er später so hart an sich verurteilt hat. Die Tagebuchäußerungen geben uns Hinweise; sie bezeichnen als eine Eigenschaft des jungen Kierkegaard „Wankelmut", „glänzenden Wankelmut" und gehen in ihrem zumeist superlativischen Stil so weit, ihn „den wankelmütigsten aller Menschen" zu nennen; sie deuten mit einem Wort auf einen Naturgrund hin, den manch einer bei einem Schriftsteller, dessen Streben so sehr von hartnäckiger Festigkeit geprägt ist, nicht vermuten würde. Mit Hilfe dieser Hinweise kann jeder, der ein feines Ohr für dergleichen hat, aus den Ermahnungen des

Assessors an den jungen Ästhetiker im zweiten Teil von „Entweder – Oder“ Kierkegaards eigenes Wesen und seine Art und Weise als Jüngling heraushören, zumal wenn er diese mit jenem Bild vergleicht, das Kierkegaard in seiner Dissertation von Lebensanschauung und Verhalten des modernen romantischen Ironikers gibt.
„Es war einmal“, heißt es im Tagebuch unter der Überschrift „Mein Urteil über ‚Entweder – Oder‘“, „ein junger Mann, reich ausgerüstet wie ein Alkibiades; er suchte unter seinen Zeitgenossen vergeblich nach einem Sokrates, der ihn erziehen könnte. Da erhörten die Götter sein Gebet, und er wurde selbst in einen Sokrates verwandelt.“
Also ein Alkibiades von Anfang an, wenn nicht an Schönheit, so doch an Geist. Er ging durchs Leben als Zuschauer des Lebens. Er genoß es wie ein Drama, an dem er nicht teilnahm. Wollte ihn jemand mithineinziehen, dann dachte oder sagte er wie der Ästhetiker in „Entweder – Oder“: Hochverehrte Zeitgenossen! Sie vergessen, daß ich draußen bin, draußen „wie ein winzigkleines spanisches s“! – Ein Mensch, der das Leben als Zuschauer ansieht, betrachtet es nach seiner Schönheit. Er hat nichts wider das Böse, es muß nur ausgeprägt und charakteristisch sein; er ist ein Freund der Tugend, wohlgemerkt, wenn sie nicht fade ist, sondern groß in ihrem Stil und eigentümlich in ihrem Ausdruck. Er ist ihr strenger Kritiker, weil ihn der Anblick eines verdorbenen Typus ärgert. Wie jener, der kalt und ohne helfen zu wollen, vor einer Feuersbrunst steht – nicht eben weil er gefühllos ist, sondern weil er den Augenblick nutzt, um Beleuchtungseffekte auf den Gesichtern zu studieren, und auch das nicht wie ein Maler, der sich im Ernst einen Beruf daraus macht, sondern wie ein Nero, der zu ewigem Dilettantismus verurteilt ist – so, denke ich mir, ist er hin und wieder *versucht* gewesen, das Elend des Lebens und den Jammer der Menschen zu betrachten, und da ist es wahrscheinlich, daß er sich in Augenblicken der Selbstprüfung und Selbstanklage unsicher gewesen ist, ob er die Lebensgeschicke nicht *wirklich* auf solche Art betrachtet habe. Möglicherweise ist

ihm im Grunde seines Herzens nur *angst* davor gewesen, daß er solcherart seinen Nächsten und das Leben betrachten könnte. Aber die Angst ist ja, nach seiner eigenen meisterhaften Entwicklung in seinem Buch „Der Begriff Angst", für ihren Gegenstand „eine sympathetische Antipathie und eine antipathetische Sympathie". Sie ist ein Schwindelzustand, in dem die Selbstbeherrschung versagt, und es ist kein großer Unterschied, ob man ständig in Furcht davor lebt, daß man ein reines Phantasieleben und die von Kierkegaard so sehr gescheute „Dichterexistenz" führen könnte, oder ob man eine solche tatsächlich führt. Ihm selbst war als Jüngling jede Handlung, jeder Beruf, jede endliche Aufgabe fern, wonach er mit Verwunderung die anderen greifen sah. Konnte man sich etwas Lächerlicheres denken, als sich die Seele aus dem Leib zu rennen, um Leutnant der Infanterie oder Justizrat in einem Ministerium oder eine der tausend anderen Endlichkeiten zu werden, von denen das Leben eine schlechte Unendlichkeit darbietet! Um nicht zu sein wie jene Frau, die aus dem brennenden Haus nur die Feuerzange rettete, um nicht zu sein wie die praktischen Menschen, die nach dem bekannten Ausdruck in „Entweder – Oder" aus der großen Feuersbrunst des *Lebens* genausowenig retten, hielt er sich überhaupt aus jedem Rettungsversuch heraus. Außerdem war er nicht dazu erzogen, daß er jeden Tag sein Brot verdienen mußte, er fand stets einen gedeckten Tisch, stets Kleider von seinem Schneider, stets einen Wagen von seinem Fuhrmann, stets ein Obdach für seine Person – für das Geld seines Vaters. Keine Aufgabe vermochte ihn länger als ein paar Wochen oder Monate zu reizen. Er füllte seine Papiere mit Plänen: Ich möchte eine Novelle schreiben – man könnte ein Drama verfassen, und führte nichts davon aus. Er ärgerte sich, wenn er einen Pfarrer hörte – heißt das Pfarrer sein, heißt das Glaubensbegeisterung? –, er widmete sich nun ein paar Monate lang dem Studium des religiösen Vortrags, er fühlte, daß er als Pfarrer im Vergleich mit jenem anderen wie ein Apostel reden könnte, und brachte es indessen nicht einmal zum theologischen Kandidaten. Er fühlte sich nicht unzufrieden mit diesem Leben, sondern er fühlte sich zufrieden als absoluter Malkontenter: Alles war Eitelkeit. Auf arbeitsame und gedankenreiche Tage folgten solche, deren Stunden ganz von wechselnden Stimmungen verschlungen wurden. Er stand morgens auf und fühlte sich hysterisch vor Melancholie, er versenkte sich in seine Wehmut, bis er darin recht heimisch und verschwunden war und keinen Finger mehr rühren wollte, um sie abzuschütteln. Er mochte gar nichts. Doch dieses stumpfe Wohlbefinden schlug in Verzweiflung um, er war nahe daran, vor Langerweile zu vergehen, empfand jedoch gleichzeitig seine Bedeutung, weil er, der sich selbst langweilte, alle anderen amüsierte. Wenn er in diesem Zustand mit einem Menschen sprach, trat er in tiefem Inkognito auf, war voller Lustigkeit und Witz, satirisierte über alle und alles, sogar über das, was er selbst respektierte: „der Witzteufel" ging mit ihm durch. („Nachgelassene Papiere") Gegen Abend drehte sich der Flügel seiner Stimmung mit einem Ruck, wie sich der Wetterhahn dreht, wenn der Wind umspringt, und gegen Abend war er, der am Morgen ein Sandkorn gewesen war, ein Gott. Er fühlte sich dann, wie es recht nervösen jungen Mädchen zur Abendzeit ergeht, so voller Kraft, als könnte er den Montblanc besteigen; indessen bestieg er nicht den Montblanc, er ging ins Königliche Theater, in den „Don Giovanni", und schwelgte nun in dem Genuß, all jene Kräfte zu hören, welche tief unter der Eiskruste der Schwermut in seiner Seele gärten, all die gebundenen elementaren Mächte seiner Natur, die sich nun entfesselt in der Musik tummelten.

Man denke sich diesen Zustand ästhetischer Betäubung nun ständig durchkreuzt und durchblitzt von seinen religiösen Kindheitseindrücken, die ihn lehren, daß jener Zustand, in dem er lebt, Sünde sei, nämlich die Sünde, nicht tief und innerlich zu wollen; man denke sich die Ermahnungen des Vaters mit schweren Tritten die Treppen zu jenem Traumpalast, den er bewohnt, emporsteigen und an die Tür pochen, wie das Standbild des Komturs pocht! Da bereut er, da bricht er zusammen, um sich durch die Kraft des Beschlusses wieder zu erheben, da wählt er aus der Verzweiflung heraus sich selbst, seine Berufung und da zuallererst die ihm vom Vater vorgeschriebene Aufgabe. Sosehr er auch darunter stöhnt, beschließt er doch, den Wunsch des verstorbenen Vaters zu erfüllen und das theologische Examen abzulegen. Die beiden waren sich in den letzten Lebensjahren Michael Kierkegaards oft uneins gewesen, weil die Zeit verging und Søren nicht Kandidat wurde. In einer gewissen Periode scheint der Alte ihm sogar die Unterstützung verweigert zu haben, um seine Examensstudien zu beschleunigen, bis dann, vor allem durch eifriges Bemühen des Bruders Peter, eine Versöhnung zustande kam, die, nach den Äußerungen eines Zeitgenossen, den Vater einige tausend Taler gekostet haben soll. Jetzt, nach seinem Tod, war sein Wunsch dem Sohn, der mit dem Verstorbenen nicht mehr disputieren konnte, heilig geworden. Kierkegaard verstand die Examensvorbereitung entsprechend seiner Erziehung nicht einfach als eine Pflicht, sondern gewissermaßen religiös: es liegt Gott besonders viel daran, daß er theologischer Kandidat wird. Im Tagebuch vom Mai 1839 heißt es: „Ich muß es doch ganz einfach für Gottes Willen halten, daß ich für das Examen lerne, und glauben, daß es ihm angenehmer ist, wenn ich dies tue, als wenn ich durch Vertiefung in diese oder jene Untersuchung zur Erkenntnis der Wahrheit gelangte. Denn Gehorsam ist ihm lieber als das Fett des Widders.“ Er war es so wenig gewohnt, sich mit einer Pflichtarbeit zu beschäftigen, daß ihm dieses theologische Examen als etwas ganz Entsetzliches erschien. In Anbetracht seines Gejammers darüber, daß er es ablegen muß, kann man sich des Gedankens nicht erwehren, daß auch andere jener Leiden, die ihm als so außerordentlich erschienen, von einer Art gewesen sind, wie sie andere Menschen, die das Schicksal nicht verwöhnt hat, ohne allzuviel Klagen tragen.

9

Er bestand das Examen als Siebenundzwanzigjähriger. Und schon ein Jahr später reichte er zur Erlangung des Magistergrades eine Abhandlung mit dem Titel „Über den Begriff Ironie, mit ständiger Bezugnahme auf Sokrates“ ein, die nicht nur an sich eine hervorragende, verheißungsvolle und von einer selbständig forschenden Individualität geprägte Arbeit ist, sondern auch schon in schwachen Umrissen die Anlage zu „Entweder – Oder“ und damit die ersten Keime zu Kierkegaards späterer Produktion erkennen läßt.

Es war nicht zu erwarten, daß ein so egoistischer Autor wie dieser für seine Dissertation ein Thema wählen würde, das zu seiner Persönlichkeit in einem rein zufälligen Verhältnis stand. Das geschah auch nicht. Ich habe erwähnt, wie tief die Veranlagung zu polemischem Witz in seiner Seele lag, und wir finden auch, daß sein erster Plan für eine Dissertation darin bestand, die Satire bei den Alten zu behandeln. Doch die Satire als offener, direkter Spott besaß nicht die Verstecktheit, die Doppelheit, welche zu seinem Wesen paßten, und auch nicht die Isoliertheit, die seiner Natur entsprach. Dagegen vereinigt die Ironie jene beiden Elemente, die auf dem Grund seines Wesens so dicht beieinanderlagen: die Verstellung und den Witz. Man kann zu zweien gemeinsam satirisieren, doch mit seiner Ironie ist man allein.

Wenn man offen persifliert, dann meint man, was man sagt; doch der Ironiker sagt gerade das, was er nicht meint. Er ist nach innen gekehrt und dadurch isoliert, nach außen ist er abweisend durch Verstellung und Mystifikation. Kierkegaard beschloß nun, die Ironie anhand ihres ältesten berühmten Repräsentanten darzustellen.

Und nicht genug damit, daß ihm durch eine Mischung von Studium und Intuition eine originelle und genaue Darstellung des Sokrates gelang – er machte sich nun auch daran, für sich selbst eine Maske nach der Physiognomie des alten Griechen zu bilden. Der als dänischer

Kandidat der Theologie vermummte Alkibiades verschwand, und an seiner Stelle stand ein Sokrates da.
Doch bei all seinem Sinn für die Griechen und trotz seiner Freude an ihnen war er ein vollkommen ungriechisches Phänomen und in einer anderen Bedeutung ungriechisch, als es Sokrates war, von dem sich partiell sagen läßt, daß er die Selbstauflösung des hellenischen Geistes bezeichnet. Kierkegaards düstere Leidenschaftlichkeit war ungriechisch und unsokratisch, seine überwiegende Lyrik, sein Rokokostil war unsokratisch und ungriechisch. Er war nicht so abgehärtet und kriegstüchtig wie der Soldat von Potidaia; er hatte zuwenig von jener Ruhe, mit der sich der Philosoph während der Aufführung der „Wolken“ des Aristophanes von seinem Sitz im Theater erhob, damit man den Sokrates auf der Bühne leichter mit dem Sokrates unter den Zuschauern vergleichen konnte – er, der dem Schriftsteller Hostrup einen gutmütigen Scherz über die Eigenheiten seines Stils schon so übelnahm. Er glich Sokrates nicht an Selbstbeherrschung, sondern er stimmte mit ihm im Glauben an das Orakel von Delphi überein.
Doch er selbst fühlte nicht die Ungleichheiten, sondern daß er wie Sokrates, freilich in einem ganz anderen Zeitalter, das Naturstudium geringschätzte und sich für nichts anderes als die Moral interessierte. Er fühlte, daß eine Ironie wie die des Sokrates gegen die Sophisten an ihrem Platze und für ihn gegen das viele aufgeblasene und unsolide Wissen, das ihn umgab, notwendig war. Er fühlte das Schöne und Nützliche in Sokrates' mäeutischer Methode, welche die Menschen zum Selbstdenken zwang und alles Nachplappern ausschloß, und empfand selbst den Trieb, eine ähnliche zu benutzen. Endlich hatte er wie Sokrates die Vorliebe, sich auf Straßen und Gassen herumzutreiben und sich mit all und jedem in Gespräche einzulassen, und wie der griechische Philosoph nahm er gern alltägliche und volkstümliche Gegenstände zum Ausgangspunkt, um von dort aus zu den höchsten Problemen zu gelangen. Ich halte letzteres für einen der schönsten und volkstümlichsten Züge seines Charakters und will mir diesen Eindruck nicht durch

seine bekannte Behauptung verderben lassen, daß er sich nur deshalb soviel in der Öffentlichkeit gezeigt habe, um seinem eigenen Ansehen entgegenzuarbeiten und sich zu einem Alltagsphänomen zu machen. Hier liegt gewiß eine Selbsttäuschung vor. Sowenig er es auch vermochte, mit der Feder in der Hand seine Gedanken in einer der Allgemeinheit zugänglichen Sprache zu entwickeln, so hatte er doch ganz sicher ein echt philosophisches und echt sokratisches Bedürfnis, sich in das Menschengewimmel zu mischen, und das nicht nur, wie er im Schlußwort der „Stadien" andeutet, um Sprachstudien zu treiben, sondern um die ganze breite Bevölkerung kennenzulernen und jenen Zirkel zu vergessen, den das Standeswesen um jeden einzelnen schlägt, oder, wie es in der Schrift „Über den Begriff Ironie" heißt, „um hin und wieder Mensch und nicht ewig Kanzleirat zu sein".

Im Schluß der Abhandlung über die Ironie liegt der Grundgedanke zu Kierkegaards epochemachendem Werk „Entweder – Oder": der Gegensatz zwischen der falschen Poesie, die jenem Genußleben und jener Genußphilosophie anhaftete, die damals durch die deutschen Romantiker in Mode gekommen war, und der *wirklichen* Poesie, die ihre Verklärung über das sittlich-gesetzmäßige Leben mit seinem Kreis von Aufgaben und Pflichten verbreitet. Im Abschnitt über jene Form von Ironie, welche die romantische Schule in Deutschland mit sich brachte, wird gezeigt, daß die große Forderung ihrer Anhänger diese war: Man solle *poetisch* leben – eine Losung, die nicht nur als Protest gegen die spießbürgerliche Lebensauffassung nach Art der Dutzendmenschen zu verstehen war, sondern dergestalt, daß der Ironiker kein Ziel haben, ein Nichts sein will. So wird ein Taugenichts (um an Eichendorff zu erinnern) die insonderheit poetische Figur. Das Bild des Ironikers, das jetzt entworfen wird, entspricht genau jenem Schema, dem später der erste Teil von „Entweder – Oder" Fleisch und Blut zu geben suchte. Der Ironiker kostümiert sich verschiedenartig, um sich selbst zu genießen. Er dichtet sich selbst und seine Umwelt; die ganze vorhandene Wirklichkeit hat für ihn nur poetische Geltung; daher suspendiert er Moral und Sittlichkeit. Er verunendlicht sein eigenes Ich, verflüchtigt es ästhetisch und metaphysisch; er lebt vollkommen hypothetisch und konjunktivisch. Aber dies ist ja in einem kurzen Begriff, in der undurchsichtigen Freimaurersprache einiger weniger Fremdwörter ausgedrückt, dasselbe, was auf vielen hundert Seiten durch und über den jungen Ästhetiker entwickelt wird, bei dem sich unmöglich ein redliches Entweder – Oder festmachen läßt, denn er streift jedes Verhältnis zur Wirklichkeit des Lebens von sich ab und zieht es vor, für sich selbst und für andere rätselhaft in einer Art Gedanken-Verzweiflung hinzuleben. Ferner wird dem Ironiker nachgesagt, daß sein Leben jeden eigentlichen Zusammenhang, jede Kontinuität verliert, in Stimmung versinkt, lauter Stimmungen ist, daß er aber, um sich selbst zu behaupten, dichtet, er selbst rufe die Stimmungen hervor. So sagt später der Verführer Johannes in „Entweder – Oder“: „Gewiß ist etwas Königliches in meinem Wesen, liebe Cordelia, aber du ahnst nicht, welches Reich ich beherrsche. Ich herrsche über die Stürme der Stimmungen. Wie Äolus halte ich sie im Berg meiner Persönlichkeit verschlossen.“ Doch die Stimmung selbst hat deshalb für den Ironiker keine Realität; und außer in der Form des Gegensatzes gibt er seiner Stimmung nur selten Luft. Sein Kummer verbirgt sich im vornehmen Inkognito des Scherzes, seine Freude ist in Wehklage eingehüllt. Deshalb lautet der Refrain des Ästhetikers in „Entweder – Oder“, daß das Leben eine Maskerade sei, und deshalb ist es für ihn ein unerschöpflicher Stoff des Vergnügens, daß es keinem gelungen ist, ihn zu erkennen. Einer zärtlichen Hirtin reicht er schmachtend die Hand und ist im selben Moment mit aller erdenklichen Schäfer-Sentimentalität maskiert; einen ehrwürdigen geistlichen Vater betrügt er mit einem Bruderkuß usw., und was schließlich Kummer und Freude betrifft, so lautet sein Lieblingsausdruck, daß der Unglücklichste der Glücklichste sei.

In seiner Dissertation stellt Kierkegaard dar, wie für den Ironiker, dessen Leben sich solcherart in wechselnden

Stimmungen auflöst, die Langeweile zur einzigen Kontinuität wird, die er hat, die Langeweile – „diese inhaltslose Ewigkeit, diese genußlose Seligkeit, diese oberflächliche Tiefe, diese hungrige Übersättigung". Damit stimmt überein, daß der Ästhetiker in „Entweder – Oder", jener ethisch neutrale Asa-Loke, in seiner Abhandlung „Die Wechselwirtschaft" Hausmittel gegen jene Langeweile verabreichen will, mit der nach seiner Auffassung alle Menschen behaftet sind. Es war natürlich, daß sich die romantischen Ironiker so eifrig mit der Langenweile, ihrem Wesen und ihrer Überwindung befaßten, stand sie doch in einem bestimmten Verhältnis zu ihren Idealen. Sie schwärmten für das Schöne, das uns die Zeit vergessen macht, uns nach ihrer Definition in die Ewigkeit versetzt und uns „eine Antizipation des seligen Lebens" (Poul Møller) mitteilt. Der Gegensatz hierzu ist jener Zustand, in dem die Leere der Anschauung so groß wird, daß wir auf die Zeit als Zeit achten, die Inhaltlosigkeit der reinen Zeit empfinden. Das Lieblingsstichwort dieser Ironiker war der ewige Augenblick, das will sagen: die Unendlichkeit im Moment als Fülle aufgefaßt. Der Gegensatz hierzu ist jener Zustand, in dem die Unendlichkeit im Moment als Leere aufgefaßt wird, und das geschieht gerade in der Langenweile, in der unendlichen Langenweile. Gegen diese empfahlen sie, wie der Ästhetiker in „Entweder – Oder", den genialen Müßiggang als Gegengift.*

Als Repräsentanten der Ironie behandelt Kierkegaard insbesondere Friedrich Schlegel und seine „Lucinde". Mit Leidenschaft protestiert er dagegen, daß die weichliche Genußsucht, die reine und echte Passivität, welche in dieser Schrift doziert und geschildert und gepriesen wird, eine Verwirklichung jenes Ziels sein soll, das da heißt: poetisch leben. Der Nachweis, sagt er, daß dergleichen Bücher *unmoralisch* seien, ist oft genug unternommen worden; doch alles Ach- und Wehrufen über

* Vgl. Georg Brandes, „Die Hauptströmungen der Literatur des neunzehnten Jahrhunderts", Bd. II, wo das Verhältnis von „Entweder – Oder" zur romantischen Schule berührt wird.

sie wird vergeblich sein, solange man dem Verfasser zu behaupten und dem Leser in aller Stille zu glauben erlaubt, derartige Schriften und das Leben, das sie ausmalen, seien *poetisch*. Er deutet hier die Aufgabe an, die in dem Beweis besteht, daß jeder Mensch poetisch leben kann, wenn er es ernsthaft will; er skizziert, daß der Ironiker im Falle einer Gleichsetzung von „poetisch leben" und „genießen" des höchsten Genusses, der wahren Seligkeit verlustig geht, wobei das Subjekt nicht träumt, sondern in unendlicher Klarheit sich selbst besitzt. Kurzum, er stellt jene Aufgabe, welche „Entweder – Oder" durch die gesamte Anlage gerade zu lösen sucht und die eine doppelte Aufgabe ist: 1. die derzeitige Form von Frivolität genau dort, wo sie ihre Stärke zu haben glaubte, also auf dem ästhetischen Feld, zu treffen und zu vernichten, indem er sie weniger als unmoralisch denn als unpoetisch schilderte; und 2. das religiöse Leben in einer Weise zu verteidigen und zu preisen, die einem in „das Poetische" vernarrten Zeitalter besonders gefallen mußte, indem er es nicht als moralisch, sondern gerade als poetisch schilderte, also mit der gleichen Taktik, die Chateaubriand zu Beginn des Jahrhunderts bei seiner Apologie des dahinsiechenden Katholizismus angewandt hatte.
Es ist nicht zuviel gesagt, wenn man feststellt, daß der ganze erste Teil von „Entweder – Oder" andeutungsweise in der Explikation der „Lucinde" und der ganze zweite Teil gleichsam zusammengerollt in der Widerlegung dieses Buches liegt. Ich habe an anderem Ort („Hauptströmungen", Bd. II, S. 76) zu zeigen versucht, daß Kierkegaard den eigentlichen springenden Punkt der Schlegelschen Schrift in Wirklichkeit nur höchst unvollkommen verstanden hat; doch hatte sie augenscheinlich sein persönliches Seelenleben getroffen, hatte ihn erschreckt und dadurch empört, und je mehr er befürchtete, daß er von der hier skizzierten Lebensanschauung angezogen werden könnte, um so weniger bemühte er sich, sie mit der abstrakten Sympathie eines Kritikers zu verstehen, und um so schöner und verlockender kam ihm die Aufgabe vor, sie definitiv zu widerlegen und aus

der Welt zu schaffen. Er hatte diese Lebensanschauung in seinem eigenen Inneren durchlebt und war solcherart im Besitz der Voraussetzungen, um sie weiterzuentwickeln und mit viel mehr Geist und Glanz auszustatten, als sie in der „Lucinde" aufwies, und er besaß, nachdem er sich innerlich von ihr befreit hatte, all jene Begeisterung und Leidenschaft, welche erforderlich war, um sie, unbestochen durch ihre blendende Überlegenheit, zum Tode zu verurteilen und zu pfählen. So ging es zu, daß Kierkegaard das Motiv für die am sorgfältigsten ausgeführte Figur in „Entweder – Oder", den Verführer Johannes, vom Helden der „Lucinde", Julius, nahm. In der Abhandlung „Über den Begriff Ironie" ist der später so reich entwickelte Gegensatz zwischen Mozarts Don Juan und dem reflektierenden Verführer bereits angedeutet. „Der Held der ‚Lucinde'", sagt Kierkegaard hier, „ist kein Don Juan (der mit seiner sinnlichen Genialität wie ein Zauberer alles verzaubert; der mit einer unmittelbaren Macht auftritt, welche zeigt, daß er Herr und König ist, einer Macht, die Worte nicht beschreiben, von der jedoch ein paar absolut gebietende Bogenstriche Mozarts eine Vorstellung geben können; der nicht verführt, sondern von dem alle verführt werden wollen und sehnlichst wünschten, noch einmal verführt zu werden, bekämen sie ihre Unschuld zurück; ein Dämon, der keine Vergangenheit, keine Entwicklungsgeschichte hat ..., sondern eine *in der Reflexion befangene Persönlichkeit*, die sich erst sukzessive entwickelt." Genau dasselbe läßt sich Wort für Wort über den Johannes in „Entweder – Oder" sagen, und selbst die lange, unbeholfene Parenthese der Dissertation taucht in dem späteren Werk als das künstlerisch vollendete Wortfeuerwerk über Mozarts Don Juan auf, welches den Titel „Das Musikalisch-Erotische" trägt. Zu eben jener Zeit, als er an seiner Abhandlung „Über den Begriff Ironie" schrieb, geschah es auch (nach dem Zeugnis des einzigen, einigermaßen vertrauten Freundes, den Kierkegaard damals besaß), daß er zur Klarheit darüber gelangte, was er in der Welt wollte und vermochte.

Es kann daher auch nicht verwundern, daß man in die-

ser Abhandlung so manche Stelle findet, wo sich der Verfasser sein eigenes Horoskop zu stellen scheint. Wenn er über die berechtigte und zulässige Ironie spricht, macht er unter anderem auf jene aufmerksam, die in der Pseudonymität liegt. Eine solche Mystifikation, sagt er, sei bisweilen nötig in der Literatur, „wo einen überall eine Menge von wachsamen Literatussen umringt, die Autoren entdecken, wie man sich einen Kuppelpelz verdient. Je weniger man nun durch einen äußeren Grund (Rücksichten auf die Familie, auf die Beförderung, Ängstlichkeit usw.) zum Versteckspielen veranlaßt wird, je mehr es eine *innere Unendlichkeit* ist, die ihr Werk von jedem endlichen Verhältnis zu sich selbst frei zu machen, sich von jeder Beileidsbezeugung der Unglücksgefährten und jeder Gratulation der zärtlichen Bruderschaft der Schriftsteller befreit zu sehen wünscht – um so mehr tritt die Ironie hervor." Hier scheint Kierkegaard seine spätere Selbstverwandlung in die zahlreichen Pseudonyme bereits zu ahnen.
Diesem Beispiel für das Recht des Ironikers, die Umwelt in bezug auf seine Persönlichkeit in die Irre zu führen, hat Kierkegaard jedoch ein anderes, sehr eigentümliches unmittelbar vorangestellt. „In unserer Zeit", sagt er, „wo die bürgerlichen und gesellschaftlichen Verhältnisse jede heimliche Liebesgeschichte fast unmöglich machen, wo das glückliche Paar durch Stadt oder Umgebung zumeist schon viele Male von der Kanzel aufgeboten wurde, bevor der Pfarrer es zum ersten Mal getan hat …, in unsrer Zeit kann es diesem oder jenem wohl manchmal notwendig erscheinen, *ein falsches Spiel zu treiben*, um zu vermeiden, daß die Stadt das ehrenwerte Geschäft übernimmt, für ihn zu freien, so daß er sich selbst nur mit dem gewöhnlichen Freiergesicht in der Art eines Peder Erik Madsen zu zeigen braucht, mit weißen Handschuhen angetan und einer skizzierten Handzeichnung über seine Lebensaussichten in der Hand."

10

Am 10. September 1840 verlobte sich Søren Kierkegaard. Das hört sich unmittelbar seltsam an. Das klingt, als sagte man: In dem und dem Jahr, an dem und dem Tag, stieg der Säulenheilige Symeon Stylites von seiner Säule, bot einer jungen Dame den Arm und forderte sie auf, dort oben mit ihm Platz zu nehmen, so schmal die Wohngelegenheit auch sei. Er verlobte sich mit einem jungen, hübschen Mädchen aus guter Familie, einem Kind im Gemüt, fast noch einem Kind an Jahren. Obgleich es einem merkwürdig erscheinen mag, wenn man seine spätere Vorliebe für entschiedenes, determiniertes Handeln bedenkt, hat er offenbar nicht daran gedacht, rasch zur Hochzeit zu schreiten. Vielleicht konnte man sich im Kopenhagen des Jahres 1840 keine Eheschließung ohne eine mindestens einjährige Verlobung denken. Nur Heiberg hatte geheiratet, ohne es der Öffentlichkeit anzukündigen, doch er hatte auch das Vaudeville „Die Unzertrennlichen" geschrieben. Kierkegaards Verlobungsgeschichte war – wie bei Verlobungen so oft der Fall – eine doppelte Leidensgeschichte. Selbst wenn es gar keine besonderen Umstände gegeben hätte, so war dieses Verhältnis eine praktische Unmöglichkeit!
Er als junger Verlobter! Er, die Sphinx, welche wie die ägyptische ein paar tausend Jahre in der Wüste gelegen und über dem Rätsel des Lebens gebrütet hatte, verlobt mit einem hübschen, kleinen, lebenslustigen Mädchen, das, rein und unschuldig wie die Sechzehnjährige in den „Stadien", nichts besaß, woran sie zu denken hatte, „nicht eine Kommode oder einen hohen, schmalen Schrank, sondern die unterste Schublade im Sekretär der Mutter benutzte, um die ganze Herrlichkeit zu verwahren". Er und sie! Es war das alte Märchen: die Schönheit mit dem Tier unter dem Arm, nur daß das Tier so klug, so fesselnd, so unbeschreiblich interessant war, daß die Schönheit nicht müde werden konnte, ihm zu lauschen; denn das Tier war ja wie im Märchen keineswegs ein Tier; das Tier war – der Geist. Selbst wenn es kein anderes Hindernis gegeben hätte – man stelle sich vor, wie

er, der kurz zuvor seine Zeit und seine Freiheit so liebgehabt hatte, daß er vor einem Examen und einer begrenzten Aufgabe im Leben zurückgeschauert war, durch eine Verlobung in die ganze Philisterei des gesellschaftlichen Lebens hineingezogen, seine Gedankenwelt verlassen und an einer Mittagsgesellschaft teilnehmen muß – er, Symeon von der Säule –, wo man einen Trinkspruch auf ihn und seine Liebste und ein Lebehoch für die jungen Verlobten ausbringt!
Sicher war es nur ein geringer Trost, daß sich reiche Gelegenheit zu humoristischen Beobachtungen bot, wiewohl „Entweder – Oder" zeigt, daß er sie genutzt hat. Man kann sich vorstellen, wie er, selbst verlobt, im Hause dieses oder jenes Angehörigen sitzt und zu sich sagt: „Wie sich im Haus der Schneiderzunft lauter Schneider versammeln, so hier lauter Verlobte ... Wenn wir *en masse* versammelt sind, glaube ich, stellen wir zehn Paare, außer den Hilfsbataillonen, die zu den großen Festen in die Hauptstadt kommen." Man stelle sich vor, wie er dort sitzt, mit seiner Veranlagung zum ständigen Spekulieren, Charakterisieren und Distinguieren, und sich aus Mangel an besserem Stoff darauf beschränken muß, die verschiedenen Küsse einzuteilen, die er in den Winkeln hört, wenn es „den ganzen Abend hindurch klingt, als ginge jemand mit einer Fliegenklatsche umher". Und er teilt die Küsse nach dem Klang ein: „Bald ist er schmatzend, bald hohl, bald wie Kattun usw. usw." Glaubt mir, das Lächeln ist rasch der Wehmut gewichen. Oder gesetzt den Fall, seine Verlobte tanzte gern, dann stelle man ihn sich auf einem Ball vor, ihn, der niemals Kind oder Jüngling gewesen war. Wohl mochte er dann mit seinem Lieblingsdichter Poul Møller sagen:

> Mir ist des jungen Krüppels Los gefallen;
> Wie gerne tanzte er im Reigen dort!
> Es schwenkt sein Herz sich mit den Schönen allen,
> Allein sein Körper bleibt am selben Ort.

Er, der durch jene furchtbare Kindheit gebunden war, tanzen – es wäre ein schwerfälligerer Tanz geworden als der des Sivard Snarensvend mit dem Eichbaum am Gürtel. Hätte nichts anderes als dies ein Verständnis verhindert, dann wäre er doch zu bedauern gewesen.
Doch offensichtlich stand noch vieles andere im Wege. Aus zahlreichen Zeugnissen geht hervor, daß er sich zu seinem eigenen Entsetzen inmitten seines neuen Glücks enttäuscht fühlte. Obgleich er sich so sehr nach dem jungen Mädchen sehnte, sobald es abwesend war, war er doch eigentlich glücklicher, wenn er allein an sie dachte. Er brauchte sie nicht, um sie zu lieben; es war ihm ebenso angenehm, sich ihrer zu erinnern; ja zuweilen schien ihm, als ob ihre Gegenwart nur störend auf ihn wirkte. Er schrieb auch lieber an sie, als daß er mit ihr sprach. Er hatte allzu introvertiert, zu geistig gelebt, als daß ihm diese sinnliche Nähe nicht gleichsam zuviel sein mußte.
Oder war da noch etwas anderes? Es gab etwas anderes. Es war nicht mehr und nicht weniger als der Umstand, daß er mit dem Verhältnis fertig war, bevor er es durchlebt hatte, und danach nicht die Kraft verspürte (um einen seiner eigenen Ausdrücke zu gebrauchen), es zu *wiederholen*; denn dieses junge anmutige Mädchen war nur der Anlaß gewesen, den er benötigte, um Dichter zu werden. Daß sie nur der Anlaß war, ist an und für sich dadurch bewiesen, daß ihn das Verhältnis zu ihr zum Dichter machte, soweit er es bei seiner Anlage werden konnte, das heißt, es konzentrierte die produktiven Kräfte in seiner Seele, gab den unbestimmten gestaltenden Tendenzen seiner Phantasie eine Richtung und einen Mittelpunkt. Das ist direkt ausgesprochen im „Gesichtspunkt für meine schriftstellerische Tätigkeit", wo er das „Faktum" erwähnt, das ihn zum Dichter machte. Es wird außerdem aus vielen unfreiwilligen Bekenntnissen deutlich. Er selbst und kein anderer hat jenen Herzensseufzer ausgestoßen, der aus seinem Tagebuch in „Entweder – Oder" übergegangen ist: „Für mich ist nichts gefährlicher als zu erinnern", und jene schwermütige Klage, die sich in „Entweder – Oder" findet und

sich in dem Werk „Die Wiederholung“ wiederfindet und variiert wird: „Nur die Liebe der Erinnerung ist glücklich.“

Er selbst ist es auch, der Poul Møllers tiefen und schönen Vers voll bestätigt hat, in dem sich ein junger Liebender alt träumt, sich in sein eigenes Alter hineinversetzt, um dann „wie durch den Trichter eines ganzen Lebens“ das Glück seiner Jugend einzusaugen:

Da kommt ein Traum aus der Jugend mir
In mein Altersgraun –
Und innige Sehnsucht verzehrt mich nach dir,
Du Sonne der Fraun!

– eine der zutreffendsten Repliken, die man einem Phantasten in den Mund legen kann. Vermag er das junge Mädchen nicht in die Entfernung der Idealität zu rücken, so vermag er die Schönheit ihres Wesens nicht zu genießen. Solcherart vermochten die Romantiker die Schönheit ihres Vaterlands nur durch wirkliches oder erdichtetes Heimweh recht zu empfinden.* Erst wenn er Heimweh nach dem Mädchen empfinden kann, erst dann kann er sie lieben, wie es seinem Bedürfnis nach Liebe entspricht; dafür aber muß das Verhältnis gelöst werden. So erhöht sich auch für den edlen Ritter von la Mancha die Schönheit und Tugend seiner Geliebten mit jeder Meile, die er sich von Toboso entfernt. Nur durch die Erinnerung, zumal in geschickter Illusion, wird ein junges Mädchen die rechte Dulcinea, und was er in seiner Geliebten brauchte und unbewußt suchte, das war keine Gattin, sondern eine Dulcinea, oder mit einem edleren und richtigeren Ausdruck: eine Beatrice. Es besteht nicht der geringste Grund, ihn zu verdammen, dagegen sind wir in jeder Weise zu dem Versuch aufgefordert, ihn zu verstehen. Er war, so wunderlich es auch klingt, in diesem Verhältnis die passive, das junge Mädchen die aktive Kraft. Er näherte sich ihr, und im Nu hat ihr Wesen sein Inneres befruchtet. Von diesem

* G. Brandes, „Hauptströmungen“, Bd. II, S. 290 ff.

Augenblick an kann er nichts dafür, daß sie ihm für sein Leben entbehrlich wird. Es erging ihm wie einer Blume, deren Stempel in einem einzigen Augenblick der Empfängnis vom Blütenstaub einer anderen Pflanze, den ihr der Wind gebracht hatte, befruchtet wurde und die nun beginnt, nach ihren eigenen Gesetzen sich zu verwandeln, anzuschwellen, Frucht anzusetzen, eine ganze Reihe gesetzmäßiger Metamorphosen durchzumachen, ohne daß neuer Staub, und wenn ihn der Wind noch so oft und noch so reichlich heranweht, das geringste für ihr Leben zu bedeuten hat: von dem Augenblick an, da er den entscheidenden Eindruck von dem jungen Mädchen empfangen hatte, wurde sie für ihn überflüssig.

Doch wäre Kierkegaard gewiß auch darüber hinweggekommen, wenn dieses Verhältnis nicht noch eine andere Eigentümlichkeit gehabt hätte. Er wäre dem Mädchen und seinem Vorsatz treu geblieben und hätte wie der junge Mann in der „Wiederholung" seine gesamte Produktivität „der Schere geopfert, hätte alles in Bouquets für sie zerschnitten".

Aber ach! es gab noch einen Stein des Anstoßes, und das war der ernstlichste, jene brütende Schwermut aus den Kinderjahren und das Leiden, das ihr zugrunde lag, ein Leiden, dessen eigentliche Natur Kierkegaard nirgends bezeichnet hat. Der Hospitalbericht über seine letzte Krankheit gibt darüber keine Auskunft, und eine Obduktion hat nicht stattgefunden. Doch es ist auf jeden Fall höchst wahrscheinlich, daß die Rückenmarkentzündung selbst, welche jene Lähmung hervorrief, die als Todesursache angegeben ist, ihn lange, bevor sie ihn hinwegraffte, in einem Zustand ständiger Kränklichkeit und Gequältheit gehalten hatte. Es ist mehr als wahrscheinlich, daß sie zudem noch mit irgendeinem anderen, stark auf das Gemüt wirkenden Übel verbunden gewesen ist. Gegenüber einem solchen ständigen, fast angeborenen Leiden gibt es nur drei Standpunkte: man kann, wenn man leidenschaftlich ist, klagen und sein Geschick verwünschen; man kann, wenn man Philosoph ist, sich mit Resignation wappnen und in das Irreparable und Unabwendbare fügen; und man kann endlich, wenn man religiös ist, glauben, das göttliche Wesen habe einem diese Schwäche mit einer bestimmten Absicht zugefügt, oder kann sie gar als seine „Distinktion“ betrachten. Dies letztere war Kierkegaards Standpunkt, und er gebraucht selbst das erwähnte Wort von jenem „Pfahl im Fleische“. Es ist nicht klar, wie er sich zum Zeitpunkt seiner Verlobung zu diesem seinen Leiden gestellt hat. Doch hat er wahrscheinlich auf die Möglichkeit gehofft, seine Geliebte durch religiöse Einwirkung zu jenem Standpunkt zu bringen, wo er mit ihr über seine Kränklichkeit reden, ihr deren Bedeutung verständlich machen könnte, und daß sie dann, wenn sie ihn liebte, wie er geliebt zu werden hoffte, einwilligen würde, ihn mit seinem Leiden und seiner Schwermut zu heiraten. In dieser Absicht scheint er einen taktischen Plan für eine religiöse Erziehung entworfen zu haben, der sich unter anderem auf ein Arsenal gedruckter oder von ihm selbst verfaßter Erbauungsschriften stützte. Er sagt selbst in seinem Tagebuch: Während es sich bei theologischen Kandidaten gewöhnlich so verhalte, daß sie zu Anfang Religionslehrer des geliebten Gegenstands seien und sich am Ende damit verlobten, sei bei ihm das Umgekehrte der Fall. Er beginne als Liebhaber und ende als Seelsorger.

Allein seine Verlobte scheint allzu jung und lebensfroh gewesen zu sein, als daß eine Vorlesung von Mynsters „Betrachtungen“ oder ähnlichem die beabsichtigte Wirkung auf sie gehabt hätte. Sie nahm den Eindruck gewiß mit dem besten Willen auf, doch er glitt von dem jungen Gemüt ab, und als Kierkegaard entdeckte, daß sie „ohne alle religiösen Voraussetzungen war“, da begann für ihn die Periode der schweren Qualen. Von nun an lebte er wie Hernani in Hugos Trauerspiel, der jeden Augenblick erwarten muß, die Töne jenes Horns zu hören, das die Losreißung von seiner Braut verlangt. „Was den ganzen Schritt bestimmte, war Reue über ein früheres Leben und Schwermut.“ („Nachgelassene Papiere“)

Sie war nicht diejenige, welche das Schweigen seiner Schwermut brechen konnte; sie ahnte nicht einmal, was in ihm kämpfte. Er konnte nicht sprechen; doch ohne zu sprechen, wagte er sie nicht zu besitzen; es blieb also nichts anderes übrig als ein Bruch, ein Bruch zu traurigen, demütigenden Bedingungen. Der Ordnung halber ging er noch zu seinem Arzt und fragte ihn, ob jenes Mißverhältnis zwischen dem Körperlichen und dem Seelischen in seiner Konstitution sich beheben ließe, „so daß er das Allgemeine realisieren könne“ (was in seinem Sprachgebrauch sagen will: sich verheiraten). Als der Arzt eine sehr zweifelnde Antwort gab, war seine Wahl getroffen; er fühlte sich gezwungen, jene Verbindung abzubrechen, der lebenslange Dauer zu verleihen sein höchster Wunsch gewesen war.* Sie war und blieb „die

* Über die Beschaffenheit seines Leidens selbst gibt es in den Tagebüchern folgenden Hinweis: „Obgleich kein Freund von Mitwissern, obgleich durchaus nicht geneigt, mit anderen über mein Innerstes zu sprechen, bin und war ich doch der Meinung, daß es die Pflicht eines Menschen ist, jene Distanz, die darin besteht, sich bei einem anderen Menschen Rat zu holen, nicht zu überspringen; nur darf es nicht zu einer albernen Vertraulichkeit werden, sondern muß eine ernsthafte und offizielle Mitteilung sein. Ich habe daher mit meinem Arzt gesprochen, ob er meine, daß sich jenes Mißverhältnis zwischen dem Körperlichen und dem Psychischen in meiner Konstitution beheben ließe, so daß ich das Allgemeine realisieren könne. Das hat er bezweifelt. Ich habe ihn gefragt, ob er meine, daß Geist imstande wäre, durch den Willen ein solches Grund-Mißverhältnis umzuformen oder umzuändern; er bezweifelte das; er wollte mir nicht einmal raten, meine ganze Willenskraft in Bewegung zu setzen, da er die Vorstellung hat, ich könnte dadurch das Ganze sprengen. Von diesem Augenblick an habe ich gewählt. Jenes traurige Mißverhältnis mitsamt seinen Leiden (die zweifelsohne die meisten von denen, die wiederum Geist genug gehabt hätten, um das ganze Elend der Qual zu ermessen, zu Selbstmördern gemacht haben würden) habe ich als meinen Pfahl im Fleische, meine Grenze, mein Kreuz angesehen; ich habe gemeint, dies sei der hohe Preis, für den mir Gott im Himmel meine Geisteskraft verkauft hat, die unter Zeitgenossen ihresgleichen sucht.“
Schon in den Tagebüchern von 1843 finden sich unter der Überschrift „Anlage“ einige Worte hingeworfen, die sich offenbar auf dieselbe Sache beziehen: „Ein Genie, ausgestattet mit allen möglichen Gaben, mit der Macht, das ganze Dasein zu beherrschen und die Menschen zum Gehorsam zu zwingen, ent-

Lust seiner Augen und die Begier seines Herzens"; aber „er zog den größeren Schmerz", sie zu verlieren und aufzugeben, dem kleineren „vor", den es bedeutete, sie „zu Unrecht" zu „besitzen". („Nachgelassene Papiere")
Bis zu diesem Punkt ist alles, obgleich betrüblich, so doch noch faßbar und verhältnismäßig einfach. Jetzt aber tritt hervor, was für Kierkegaards Geist und Schriftstellerlaufbahn absolut bestimmend ist.
Er konnte sich nicht überwinden, die wahre Erklärung für den nur scheinbar kränkenden Schritt zu geben, den er zu tun gedachte. Er hielt sich für so sehr geliebt, daß er befürchtete, ein so plötzlicher Bruch würde seiner Geliebten den größten, vielleicht tödlichen Schmerz zufügen.
Um ihr nun über das Schlimmste hinwegzuhelfen, beschloß er, ihr einzureden, daß er sie nicht liebe, daß er treulos sei, obgleich er ihr in seiner Seele so treu wie eh und je war. Zu diesem Zweck, damit sie seiner überdrüssig würde und solcherart sich das Schmerzliche des

deckt in seinem Bewußtsein einen kleinen festen Punkt, eine kleine Verrücktheit. Das erbittert ihn so sehr, daß er beschließt, sich selbst zu töten; denn dieser kleine Punkt ist für ihn alles, er macht ihn zu einem dienenden Geist, einem Menschen. Gleichzeitig ist dieser kleine Punkt nicht etwas nur Äußerliches (zum Beispiel würde ihn so etwas wie lahm, einäugig, häßlich usw. sein nicht beschäftigen), sondern er hat ein Moment von Geist, und man sollte annehmen, daß er sich durch Freiheit aufheben ließe; deshalb erregt er ihn."
Ich mache auf den unfreiwilligen Widerspruch aufmerksam, der zwischen den Ausdrücken „in seinem *Bewußtsein*" und „etwas *nur* Äußerliches" besteht. Kierkegaard hat diesen Mangel zu Anfang offenbar rein abstrakt nur als eine Krankheit des Gemüts auffassen wollen; später hat er gleichsam unbewußt vorausgesetzt, daß dieser Mangel auch von äußerlicher Natur sei.
Dieser Widerspruch, verglichen mit allen vorhergehenden Äußerungen, deutet auf das Sexuelle als das in besonderem Sinne Körperlich-Seelische hin, welches zudem bei der Eheschließung in besonderen Betracht kommen mußte. (Vgl. auch die Notizen über Abailard im ersten Band der „Nachgelassenen Papiere".)

Bruchs in eine Befreiung für sie verwandelte, scheint er ihr monatelang, tagaus, tagein, ein vorsätzlich abgeschmacktes und unliebenswürdiges Betragen vorgeführt zu haben. Es gelang nicht; sei es nun, weil er kein so großer Meister in der Verstellungskunst war, wie er selbst glaubte, und seinen selbstquälerischen Vorsatz nur mittelmäßig ausführte, oder weil das junge Mädchen trotz allem an ihm hing. So löste er die Verlobung und brach damit sein gegebenes Wort, so heftig sein Stolz sich auch dagegen sträubte.

Vergebens erklärte das junge Mädchen, daß es ihr Tod werde, legte, nach Kierkegaards Ausdrucksweise, „einen Mord auf sein Gewissen", vergebens „wiederholte ein bekümmerter Vater feierlich die Versicherung, das werde der Tod des Mädchens sein" – er mußte sich dem Verhältnis entziehen. Er mußte vor ihr wie ein Betrüger dastehen, wie sehr er auch darauf brannte, ihr mitzuteilen, daß der Betrug, die Grausamkeit nur Fürsorge für sie sei.

Mehr als einmal ging ihm der Gedanke durch die Seele, zu ihr zurückzukehren, ihr zu versichern und zu erklären, er habe ihr niemals die Treue gebrochen, und sich dann mit eigener Hand zu töten; denn sein Gefühl sagte ihm: mit ihr leben, „in der ruhigen und vertrauensvollen Bedeutung, welche dieses Wort besitzt", das konnte er nicht. – Er tat es nicht. Denn inmitten aller Qual war er davon beansprucht, daß sich in seiner Seele alle Schleusen des Schaffens öffneten.

Doch in jenem Augenblick, als Kierkegaard seine Verlobung aufhob, kam es, zusätzlich zu der furchtbaren inneren Kollision, auch zu seinem ersten feindlichen Zusammenstoß mit der Umwelt. Zum ersten Mal geriet seine feine, reizbare, nervöse Natur in feindliche Berührung mit dem Gerede der Leute, oder was man die öffentliche Meinung in Kopenhagen zu nennen pflegt. Sie spielte ihm übel mit. Gewisse Züge von Unbilligkeit oder Härte gegen seine Verlobte, die, soweit es sie wirklich gab, alle auf seinem Bestreben beruhten, sich dem jungen Mädchen zu verleiden, sich vor ihr in ein schlechtes Licht zu stellen und ihr solcherart den Bruch zu erleichtern, wurden in der Stadt kolportiert, und die Menge, der ja der Schlüssel für diese Wunderlichkeiten des Betragens fehlte, führte sie auf die schlechtesten Eigenschaften zurück: auf Herzenskälte, den Hang, mit einem Menschenherzen zu spielen, um, wie es hieß, „damit zu experimentieren", und das fanden die Spießbürger um so entsetzlicher, je weniger ihnen klar war, was sie eigentlich damit meinten. Kurz: das innigste Verhältnis seines Lebens wurde auf den Seziertisch gelegt, sein Privatleben zergliedert, seine Verlobte bedauert, beschnüffelt, beurteilt. Er litt darunter. Denn obgleich der Schaden, den bloße Worte anrichten können, gering erscheint, war es hart für ihn, den Namen jener Frau, die ihm kostbar war, einen Namen, den er selbst nicht einmal hören konnte, ohne, wie er sagt, einen elektrischen Stoß durch seinen Körper zu verspüren, in den Stadtklatsch verwikkelt zu wissen, wie er von all diesen schwätzenden, geifernden Lippen in einer Atmosphäre unreinen Atems troff. Und es war hart für ihn, der ehrliebend und streng gegen sich selber war, der unter so manchem Opfer redlich bei jeder Handlung untersuchte, ob sie sich mit jener Regel, die er für sein Leben aufgestellt hatte, vereinbaren, ob sie sich ausführen ließe, ohne den Schild der Ehre zu beflecken – es war hart für ihn, Zeuge dessen zu sein, wie eine ganze Stadt ihre Schmutzkübel über diesen Schild ausleerte. Es war hart, das vulgäre Urteil über sein Verhalten in frechen und neugierigen Blicken zu lesen und das Verstummen zu hören, welches dem Betreffenden andeutet, daß bei seinem Eintreten gerade von seinen intimsten Angelegenheiten gesprochen wurde.

Zerrüttet von inneren Kämpfen, wie er war, hielt er die Situation nicht lange aus. Er reiste kurz nach dem Bruch nach Berlin. Zwar schrieb er von dort, er habe Kopenhagen vierzehn Tage lang auf jede Weise herausgefordert, während keiner ihm ein Wort zu sagen wagte; doch hätte es korrekter geheißen, daß er die Qual nur vierzehn Tage lang ertrug. Überhaupt hat er einen Hang zur Selbstbeschönigung niemals ganz überwunden.

Gleichviel: seine Lage war schwierig und sein Leiden

groß. War er schuldig? Sein Glück hatte er doch so gern mit ihr teilen wollen; an seinem Unglück glaubte er sie nicht beteiligen zu können. Sie verstanden einander nicht.
Wir Hinterbliebenen, die wir in diese rein private Begebenheit so gründlich eingeweiht wurden, sollten uns hüten, diese Sache zu geringschätzig oder kleinlich anzusehen! Betrachten wir sie nach ihrer wahren Bedeutung! Dieses junge Mädchen ist mehr als Kierkegaards Verlobte; betrachtet man sie richtig, wird man erkennen, daß sie seine dänische Mitwelt ist. Er näherte sich ihr anfangs in der besten Absicht, er unterhielt, fesselte, interessierte sie im höchsten Grade, und sie genoß seinen Witz, doch sein Leiden und seine Schwermut verstand sie nicht. Um ihr zu dienen, legte er es dann auf ein Mißverständnis an, er wollte für etwas Geringeres gelten, als er war, und er wurde von ihr mißverstanden wie von dem Mädchen – nicht ganz zu Unrecht; denn er sprach nicht mit der Stimme des rechten Bräutigams und besaß nicht dessen Autorität. Nachdem er der Bewunderte seiner Mitwelt wie seiner Verlobten gewesen war, versuchte er, für sie wie für jene zum Seelsorger zu werden – allein die religiöse Empfänglichkeit fehlte, die Zeitgenossenschaft verstand kaum, worauf er hinauswollte, und man trennte sich ohne Versöhnung. Das Mädchen heiratete bald darauf einen anderen, und die Zeit vergaß ihn rasch über geringeren Geistern.
Doch wie tief bewegt Kierkegaards Leben fortan war, dafür gibt die nun folgende gigantische Produktion das beste Zeugnis. Denn natürlich gibt es kein Gefühl, keine Leidenschaft und kein Leiden darin, das nicht im Herzen des Verfassers gelebt hätte. Der Fluß kann niemals höher steigen, als seine Quelle lag. Und wer in wenigen Jahren einer solchen Fülle von Gefühlen und Gedanken einen so beredten Ausdruck zu geben vermochte, wie muß der nicht damit geladen gewesen sein. Ja, er hat sogar mehr und tiefer gefühlt, als der gewöhnliche Leser ahnt. Denn das tote Papier ist kein williges Sprachrohr; der Schall wird von ihm nicht verstärkt, sondern abgeschwächt. Was auf dem Papier den Eindruck eines Seuf-

zers machen soll, muß in der Seele des Schreibenden ein Schluchzen gewesen sein. So muß der Schauspieler auf der Bühne scharf akzentuieren, damit das Publikum ein Flüstern vernimmt. Überall, wo das Gefühl echt und wahr, nicht übertrieben oder erlogen ist, gibt es eine ganze Kette von Gemütsbewegungen, die in den einzelnen bewegten Satz mündet. Dafür ist diese Bewegung bei jenem, der ihr in einer Kunstform Ausdruck zu geben und sie dadurch zu mildern vermag, zumeist weniger dauerhaft und ergreifend.

Es gibt produzierende Geister, die vieler und großer Schicksale oder Erlebnisse bedürfen, um ein kleines Werk hervorzubringen. Das ist jene Art von Poeten, welche aus hundert Pfund Rosenblättern einen Tropfen Rosenöl gewinnt. Und es gibt andererseits Talente, deren Natur so fruchtbar, deren inneres Klima so tropisch ist, daß sie aus einem ganz einfachen, alltäglichen Verhältnis, das sie mit der höchsten Energie erleben, ganze Reihen von bedeutenden Werken herausholen. Sie gleichen jenen baumlosen Inseln in der Südsee, die wenige Jahre, nachdem Passagiere eines vorübersegelnden Schiffes einige Obstkerne dort vergessen haben, mit mächtigen Wäldern bedeckt sind.

Kierkegaard gehörte zu der letzteren Art. Er war für die große Menge an Lebenseindrücken unempfänglich, denn ihn hatten frühzeitig ganz vereinzelte in einer Weise erschüttert, daß er sie niemals loswerden konnte und sie niemals neuen Platz machten. Er besaß den Drang des Dichters, sich zu vervielfältigen, aus dem verschlossenen Raum seiner Persönlichkeit eine Schar verschiedenartiger Gestalten auszusenden, ohne zugleich die Kraft des Dichters zu besitzen, ihnen durch eine vollständige Umwandlung seiner Lebenseindrücke außerhalb seiner selbst ein selbständiges Leben als Gestalten zu geben und sie mit einer Fülle von seiner Person unabhängigen Formen oder in ihm persönlich fremden, bunten Situationen auftreten zu lassen. So kam es nicht zu einer Umformung, sondern nur zu einer leichteren Umdichtung des Lebenseindrucks; anstatt sich selbst zu verwandeln, vermummte oder maskierte er sich. Er sammelte sich nie so stark wie der ausschließliche Denker, er zersplitterte sich niemals so stark wie der eigentliche Dichter. Das zeigte sich ganz entschieden während jener Produktion, welche auf die Trennung von dem Mädchen folgte, dem er sein Wort gegeben hatte. Man erstaunt über die Größe und Kraft eines Geistes, der ein so vulgäres Ereignis wie eine aufgehobene Kopenhagener Verlobung so weit ausspannen konnte, daß es zum Rahmen einer ganzen Welt von Gedanken, Schwärmereien und Poesien wurde. So verstand Dido, wie die Sage berichtet, mit einer Stierhaut den riesigen Platz zu umgrenzen, auf dem man dann Karthago baute. Immer wieder grübelte er sich in seine Verlobungs- und Leidensgeschichte hinein und dichtete sich aus ihr heraus. Jedes ihrer Momente wird eine Abhandlung oder ein Buch.

Er ergreift den Gram seines Mädchens und dichtet ihn zum Schmerz anderer Frauen um, er findet ihn wieder in dem Unglückslos verlassener und betrogener Mädchen, wie sie von Dichtern und Komponisten geschildert wurden, und aus „Entweder – Oder" schallt uns ein ganzer Chor von klagenden Frauen entgegen.

Er greift in den boshaften Stadtklatsch hinein, der ihn selbst als einen kalten, rücksichtslosen Experimentator und Betrüger schildert, und es vergnügt, es befriedigt ihn, daß er diesen Teufel *etwas* besser an die Wand malen kann, als die Stadt es vermochte – daraus entsteht „Das Tagebuch des Verführers", und es ergötzt ihn, diesen Strohmann der öffentlichen Meinung für ihre Stiche anzubieten.

Er ergreift seine Dichtersehnsucht nach Entfernung von der Geliebten, seinen Hang, sich ihrer zu erinnern, und formt daraus den jungen Poeten in „Die Wiederholung", der die Geliebte fesselte, „wie der an den Felsen geschmiedete Prometheus die Götter durch seine Weissagung fesselt, während der Geier seine Leber zerfleischt".

Er greift nach dem, was zuvor sein höchstes Verlangen gewesen war, was ihm als Ideal vorgeschwebt hatte: sich zu einem musterhaften Ehemann zu entwickeln und das ritterlichste und glücklichste häusliche Leben zu führen – und aus diesem nebelhaften Sehnen entsteht die feste Gestalt des Assessors Wilhelm.*

Er ergreift endlich die Wirklichkeit, den schwermütigen Einsamen, dem die grenzenlose Sorge um die kleine Dame, die er liebte, ein solches Fiasko eingebracht hatte, und er gießt daraus den Helden des Frater Taciturnus – die idealisierte, jedoch ziemlich wirklichkeitsgetreue Darstellung des Geschehenen und Erlebten und des einsamen, ganz einer Idee geweihten Lebens nach dem Bruch.

Aber die Mitwelt soll alles dies nicht als Bekenntnis verstehen können; ihre Neugier soll gereizt, jedoch auf eine völlig falsche Fährte gelenkt werden. Es handelt sich nicht um Bekenntnisse – nennen wir es Experimente oder Schattenrisse oder Abhandlungen oder dialektische Lyrik. Bald sind es alte Papiere, gefunden in einem Sekretär, bald sind es Hefte, in einer Eisenkiste vom Grunde eines Sees gefischt.

Auch ist er nicht der Verfasser dieser Sachen. Sie wurden aufgeschrieben von Assessor Wilhelm, Frater Taciturnus, Johannes *de silentio*.

Er ist nicht einmal ihr Herausgeber. Sie wurden in Druck gegeben von Victor Eremita und Buchbinder Hilarius.

Er entfernt sich von seinem Werk, indem er doppelte Reihen von Palisaden aufstellt. Es geht ihn nichts an, er weiß nichts davon. Wie er in der „Abschließenden Nachschrift" sagt, ist sein Verhältnis dazu ganz anders als das eines Dichters, der die Personen dichtet und doch in der Vorrede selbst der Verfasser ist. Er gleicht vielmehr einem Souffleur, der dichterisch *Schriftsteller* hervorgebracht hat, deren Vorreden, ja deren Namen wiederum ihre Hervorbringung sind. So ist in den pseudonymen Büchern „kein einziges Wort" von ihm selbst, er hat keine andere Meinung über sie als die einer dritten Person, „keine andere Kenntnis von ihrer Bedeutung als die

* „Ganz gewiß ist es gerade mein Ideal gewesen, ein Ehemann zu werden und nur zu leben, um verheiratet zu sein." („Nachgelassene Papiere")

eines Lesers, nicht die entfernteste private Beziehung zu ihnen". Und wo ist er denn? Er steht ganz außerhalb des Werks. Und was ist er als dessen letzter Urheber? Er ist, antwortet er, „das Gleichgültige", das heißt, es ist gleichgültig, was und wie er ist; mit anderen Worten: er ist das Rätsel, das große Rätsel.

11

Es ist im Leben eines Schriftstellers ein großer Augenblick, der Augenblick der Reife, wenn er an Bord eines von ihm selbst konstruierten Schiffes geht, um die Welt zu umsegeln; wenn er die von ihm selbst gebaute Violine ergreift, um eine selbstkomponierte Melodie darauf zu spielen. Das war Kierkegaards Situation, als er sich im Jahre 1842 an die Ausarbeitung von „Entweder – Oder" machte. Von diesem Augenblick an steht er als Autor auf eigenem Grund, ohne Abhängigkeit von irgendeinem fremden Meister, und handhabt die Sprache frei als sein eigenes Instrument.

Seitdem er wußte, daß *sie* verheiratet war, fühlte er sich frei und als sein eigener Herr. Man kann den dithyrambischen Ausbruch des jungen Dichters in gleicher Situation in der „Wiederholung" als ein Zeugnis für Kierkegaards eigene Gefühle ansehen: „Es ist vorbei, meine Jolle ist flott; in der nächsten Minute bin ich wieder dort, wohin sich meine Seele sehnte, dort, wo die Ideen mit elementarischer Wut brausen, wo sich die Gedanken lärmend erheben wie die Nationen bei der Völkerwanderung, dort, wo zu anderer Zeit eine Stille wie das tiefe Schweigen der Südsee herrscht ... Der Idee gehöre ich an. Wenn sie mir winkt, dann folge ich, wenn sie den Termin setzt, warte ich Tage und Nächte, dann ruft mich niemand zum Mittagessen, dann wartet niemand mit dem Abendbrot ... Wieder wird mir der Kelch der Berauschung gereicht, schon atme ich seinen Duft ein, schon vernehme ich die schäumende Musik – doch erst eine Libation für sie, die eine Seele gerettet, welche in der Einsamkeit der Verzweiflung war: gepriesen sei weibliche Großmut! Es lebe der Flug des Gedankens, es lebe die Lebensgefahr im Dienste der Idee, es lebe die Not des Kampfes, es lebe der festliche Jubel des Sieges, es lebe der Tanz im Wirbel des Unendlichen, es lebe der Wellenschlag, der mich im Abgrund verbirgt, es lebe der Wellenschlag, der mich empor über die Sterne schleudert."

Jener Wellenschlag ist nichts anderes als der mächtige Nachhall dessen, was er im Verhältnis zu *ihr* wirklich durchlebt hatte, im Vorstellungsleben der Phantasie. Ich habe dies als Postulat aufgestellt, doch ich nehme es auf mich, den Beweis dafür zu liefern. Bei gewissen jener Gestalten, welche Kierkegaards Pseudonyme schildern, ist das für jeden einsehbar, sobald es einmal gesagt ist, zum Beispiel bei seinen verlassenen Frauen. Hierbei will ich nur auf die feineren Eigenarten aufmerksam machen, die man beim unkritischen Lesen möglicherweise übersieht. Dann aber kommen Gestalten vor, die dem Anschein nach nicht das geringste mit Kierkegaards Verlobungs- und Leidensgeschichte zu tun haben, die jedoch nichtsdestotrotz nur verständlich sind, wenn sie auf diese zurückgeführt werden. Es dürfte sich zeigen, daß diese Geschichte sowohl den rein ästhetischen und leidenschaftslosen Untersuchungen, die allzu wissenschaftlich wirken, um mit dem Privatleben des Verfassers etwas zu tun zu haben, als auch den rein religiösen Stimmungsbildern zugrunde liegt, die allzu ferne, allzu fremde Probleme zu illustrieren scheinen, um in irgendeiner Beziehung zu seiner persönlichen Kollision zu stehen.

Ich nehme zuerst jene Fälle, wo die Sache einfach ist. Wir wollen hier seine Phantasie bei der Arbeit belauern und beobachten, wie die Gestalten vor ihm entstehen und verschwinden. Marie Beaumarchais aus Goethes „Clavigo"! Auch sie war nur verlobt und grämte sich über die Aufhebung der Verlobung zu Tode. Auch ihr Gram hat seinen Grund in einem Betrug. Auch ihre Verwandten und Freunde sind bereit, Clavigo als einen Schurken zu charakterisieren. Allein ihr Herz findet in dieser leeren Erklärung keinen Trost. Das Leid ihrer unglücklichen Liebe besteht darin, daß der Kummer seinen Gegenstand nicht finden kann. Die Frage, ob es ein Betrug war, ist die Unruhe darin. Immer wieder muß sie sich fragen: War er ein Betrüger? War er kein Betrüger? Und ihr Herz wird ihn abwechselnd freisprechen und verurteilen.

So wird er selbst in dieser Beziehung zum Clavigo. Und wie das? Zum ersten durch das Verhältnis zu seiner Umgebung, der er immer verdächtig gewesen ist: „Der Umgebung fällt der Gedanke nicht schwer, daß Clavigo ein Betrüger war; denn sie hat ihn niemals geliebt ..., und sofern sie ihn vielleicht geschätzt hat (was Goethe in Hinblick auf die Schwester andeutet), ist sie durch dieses Interesse gerade gegen ihn gewappnet, und das Wohlwollen, das vielleicht ein wenig mehr als Wohlwollen war, wird ein trefflicher Brennstoff, um die Flamme des Hasses zu unterhalten." (Vgl. „Nachgelassene Papiere", unter dem Titel „Privatissima" usw.) Sodann, weil Clavigo nur die Idee, den Gedanken, seine geistige Macht, kein junges Mädchen liebt. Zwischen Kierkegaard und Clavigo gibt es ganz abstrakte Ähnlichkeitspunkte: das Verdammungsurteil der Umgebung und die Liebe zu Idee und Geist. Doch ansonsten ist Clavigo zu erbärmlich, zu klein – dieses Symbol wird verworfen.

Ein anderes Bild taucht auf. Während seines Aufenthalts in Berlin gleich nach Aufhebung der Verlobung war er, um für sein Schicksal Vergessen zu suchen, ins Theater gegangen und hatte sich „Don Giovanni" angehört, nach seiner eigenen Aussage buchstäblich das einzige Mittel, mit dessen Hilfe er seine Reflexion vergessen konnte. Er hat die Ouvertüre und die ersten Szenen gehört. Dann kommt Elvira, eine Sängerin aus Wien, und siehe da, es ist *sie*, deren Andenken er flieht. In Gang, Größe, Kleidung eine auffallende Ähnlichkeit mit ihr. Dies gibt ihm Anlaß, sie mit Elviras Zügen zu schildern.* Obgleich

* „Sie hat in Gang, Größe, Kleidung (schwarzes Seidenkleid, bloßer Hals, weiße Handschuhe) eine auffallende Ähnlichkeit mit einer jungen Dame, die ich gekannt habe. Das ist doch ein sonderbarer Zufall. Ich mußte mir ordentlich etwas Gewalt an-

sich Elvira sicher genug sein dürfte, daß Don Juan sie betrogen hat, verlangt sie während ihres unruhig umherirrenden Lebens gleichsam ständig einen weiteren Beweis dafür. Der Ansporn der Reflexion läßt sie das Paradox anstarren, daß sie ihn lieben kann, obgleich sie von ihm betrogen wurde. Gerade das hatte er von seiner Geliebten geträumt. Auch sie konnte ihn nicht vergessen, konnte ihn nicht einmal in ihrem Haß verdammen; sie war nur allzu bereit, ihm zu vergeben. – So wird er in diesem Verhältnis selbst zum Don Juan. Wie die ganze Generation junger Dichter in Frankreich, Deutschland und Rußland hatte er mit seinem Gedanken ständig dieses Ideal umkreist. Mussets berühmte Stanzen, Gautiers Jugendpoesien, Grabbes Drama, Lenaus Fragment, Lermontows „Held unserer Zeit" folgten Byrons Spuren und stellten den Typ in moderner Gestalt dar. In der dänischen Literatur hatten sich Heiberg und Paludan-Müller mit dieser Aufgabe befaßt. Zu jener Zeit träumten die Poeten von Don Juan, wie sich heutzutage die Politiker mit Bismarck beschäftigen. Kierkegaard findet zwischen sich und Don Juan eine abstrakte Ähnlichkeit: die Größe, die dämonische Überlegenheit über die Geliebte. Daher die Replik: „Als die Götter auf Erden wanderten und sich in Frauen verliebten, waren sie da ihren Geliebten treu? Nein, und doch fällt es keinem ein zu sagen, sie hätten sie betrogen."

Doch wenn Kierkegaard schon das Moment der geistigen Überlegenheit gegenüber dem jungen Mädchen heranzog, da mußte sein Gedanke natürlich von Don Juan zu Faust übergehen, der so erprobt im Wissen, so erfahren in Kenntnissen war und der nicht nur geliebt, sondern auch gedacht hatte. Doch wenn er zum Faust wurde, dann wurde sie in dem Verhältnis ja Margarete, ein armes kleines Mädchen, das gebrochen und verlassen wird. Eine Ähnlichkeit fand er indes: die religiöse Nichtübereinstimmung, wie sie in jener berühmten Szene sichtbar wird, in der Gretchen Faust nach seinem

tun, um diesen Eindruck zu verscheuchen." („Nachgelassene Papiere")

Glauben fragt. Sie mußte umgedichtet werden. Denn Gretchen ist sich ja fast sicher, daß Faust absolut ungläubig ist, und sie ist in ihrer Religiosität aufrichtig und einfältig. Und er dichtet es um. Er schildert Faust zwar als einen Zweifler, jedoch als einen Kierkegaardschen Zweifler, das heißt als einen, der sich insgeheim vor seinem eignen Zweifel fürchtet und deshalb, was seinen Unglauben betrifft, ein Gelübde ewigen Schweigens abgelegt hat. Weit davon entfernt, Gretchen ihren Glauben nehmen zu wollen, bestärkt er sie darin in jeder Weise. Aber dann ist er ja ein Heuchler? Nein, antwortet der Autor mit einer etwas gezwungenen, jedoch für vieles in seinem eigenen schriftstellerischen Werk bezeichnenden Wendung: Was er als Zweifel vorbringt, das wirkt auf sie wie unverbrüchliche Wahrheit. Und jetzt kommt der Hauptpunkt. Jetzt verliert Gretchen Faust und mit ihm den Glauben, den er ihr eingeprägt hat. Sie vermag nicht an eine Lehre zu glauben, welche jenen, der sie bekennt, zu solchen Schritten veranlaßt. Es könnte wohl scheinen, als ob das, was er lehrte, nichts an Wahrheit einbüßte, weil er selbst nicht daran glaubte und nicht danach handelte. Und doch ist es für sie so. Denn durch ihn hat sie daran geglaubt.

So braucht man nur einen Blick auf die einzelne kleine Abhandlung „Schattenrisse" (in „Entweder – Oder") zu werfen, um zu erkennen, wie Kierkegaard die verschiedenen Momente des bis dahin bedeutungsvollsten Ereignisses in seinem Leben inkarniert. Clavigo – das ist die Idee, welche ihn von dem jungen Mädchen fortreißt; Elvira – das ist die Bewunderung der Betrogenen für ihren Geliebten als den allen Männern Überlegenen; Faust endlich – das ist durch eine künstliche Umdeutung die Furcht davor, daß Gretchen mit ihrem Geliebten nicht allein ihren Seelsorger, sondern den Glauben selbst verlieren wird, in dem er sie zu bestärken suchte.

In all diesen Fällen war die Umsetzung des literarischen Studiums in psychologische Beobachtung leicht. Ich wähle nun einen Fall, wo sich das Bekenntnis im tieferen Inkognito einer wissenschaftlichen Abhandlung verbirgt. Die Abhandlung mit dem Titel „Der Reflex des antiken Tragischen im modernen Tragischen“ ist gewiß einer der am unpersönlichsten gehaltenen Texte in „Entweder – Oder“. Ihre Idee läßt sich in einer rein ästhetischen Diskussion behandeln; ich selbst habe schon im Jahre 1862 einen kleinen Beitrag zur Diskussion in einer Preisschrift über die Schicksalsidee der Griechen geliefert (Ästhetische Studien: Über den Begriff des tragischen Schicksals). Der Grundgedanke in Kierkegaards Abhandlung ist in Kürze der, daß die griechische Tragödie den Helden oder die Heldin unter den Folgen einer Schuld leiden ließ, die mehr auf dem ganzen Geschlecht als auf dem Einzelnen allein ruhte; daß die moderne Tragödie des wahrhaft Tragischen in dem Augenblick verlustig geht, da sie den Einzelnen aus der Verbindung zu Familie und Geschlecht herauslöst und ihn seines eigenen Glückes Schmied und seines eigenen Unglücks Urheber werden läßt; daß aber die Tragödie das in Wahrheit Tragische zurückgewinnen könnte, wenn sie aufs neue das antike Element der *Pietät* aufnehmen würde, das den Charakter zu Gesellschaft und Geschlecht gerade in Beziehung setzt.
Über den wissenschaftlichen Wert der Abhandlung will ich hier nur so viel sagen, daß die gesamte naturwissenschaftliche Auffassung des Individuums in der modernen Welt uns längst dahin gebracht hat, jene Bedeutung, welche der Verfasser nur dem geistig Überkommenen beigelegt haben will, *allem* Ererbten zuzulegen. Wir trennen das Individuum nie mehr vom Geschlecht oder von der Gesellschaft, die es aufgezogen hat, wir sehen das Geschlecht niemals als vollkommen straffrei gegenüber der Untat des Individuums an, sondern messen ihm seinen Teil der Schuld daran zu; wir betrachten das Individuum niemals als absolut für seine Handlung verant-

wortlich, sondern verstehen seine Verantwortlichkeit immer relativ.
Ich habe schon erwähnt, wie sich Kierkegaard in dieser Abhandlung eine neue Antigone konstruierte, deren Busen er seine eigene Seelenqual beim Einblick in das Geheimnis des Vaters umschließen ließ; man sollte nun meinen, daß diese Frauengestalt keinen Platz für das zweite große Grundfaktum seines Lebens mehr übrig hätte. Es gab kaum eine Möglichkeit, auch sie, wie Elvira und Gretchen, zu einer verlassenen und betrogenen Frau zu machen. Doch wenn sie die geliebte Frau nicht werden kann, dann muß sie sich in ihn selbst, den liebenden Mann, verwandeln. Er läßt seine Antigone lieben und mit dem Geliebten brechen, weil sie ihn nicht in das Geheimnis ihres Lebens, das mit dem des Vaters zusammenfällt, einzuweihen wagt, was nach ihrer Ansicht die Bedingung dafür ist, um eine rechte Ehe einzugehen. Antigone spielt hier also die Rolle des Mannes.
Wie richtig diese Auffassung ist, läßt sich an einer Tagebuchaufzeichnung erkennen: „Ich könnte wohl einen Schluß für meine Antigone finden, wenn ich sie zu einer Mannsperson machte. Dieser Mann verließe dann die Geliebte, weil es ihm nicht möglich wäre, sie zusammen mit seinem eigenen Schmerz zu behalten. Um dies in der rechten Art zu tun, müßte er seine ganze Liebe in einen Betrug gegen sie verwandeln; denn sonst hätte sie in einer Weise an seinem Leiden Anteil, die vollkommen unverantwortlich wäre. Diese Kränkung riefe den Zorn der Familie hervor; beispielsweise könnte ein Bruder als Rächer auftreten. Ich würde meinen Helden dann in einem Duell fallen lassen."
Bekanntlich führte er diesen Plan nicht aus, er konnte ihn nicht ausführen, weil daraus abermals die Clavigo-Geschichte mit einem Zusatz von Frater Taciturnus geworden wäre. Doch man braucht nur die Werte auszutauschen und für das geheimnisvolle Schicksal des alten Wollwarenhändlers das Schicksal des Ödipus, Kierkegaard für Antigone und Kierkegaards Geliebte für Antigones Bräutigam zu setzen, dann wird man hinter der

wissenschaftlichen Hülle und hinter dem Tausch der Geschlechter leicht das uns jetzt wohlbekannte Thema entdecken, wieder und wieder variiert.

13

Doch eigentlich interessant wird das Wiederfinden dieses Motivs, das Kierkegaards persönlicher Handlungsweise entnommen ist, erst dann, wenn wir uns der einzigen seiner vier ersten pseudonymen Schriften zuwenden, in der keine Liebes- oder Verlobungsgeschichte vorkommt. Es ist diejenige von ihnen, welche am deutlichsten den Übergang zu seiner religiösen Produktion bildet und die durch ihren alttestamentarischen Schimmer und ihre Verherrlichung Abrahams als Vaters des Glaubens den vornehmen und vorsichtigen Bischof Mynster bewog, sich mit der einzigen Rezension hervorzuwagen, die er jemals über eine Schrift von Kierkegaard geschrieben hat. Betrachten wir „Furcht und Zittern“ kritisch, dann stellt sich heraus, daß dieses Buch zum Alten Testament in einem ähnlichen Verhältnis steht wie die Abhandlung über Antigone zur Antike. Die Mythen Griechenlands und die altchaldäischen Sagen dienen dem Autor nur als wechselnde und reiche Kostüme, in die er seine persönliche Leidenschaft und seinen persönlichen Schmerz hüllt.
„Es war ein früher Morgen, Abraham stand zeitig auf, er ließ die Esel satteln, verließ sein Zelt und Isaak mit ihm, doch Sara blickte ihnen aus dem Fenster nach, das Tal hinunter, bis daß sie sie nicht mehr sah.“
Das klingt biblisch genug, und der Autor hat nach bestem Vermögen den Erzählstil des Alten Testaments nachgeahmt, indem er jenes „bis daß“ verwendet, dessen phantastische Wirkung er, wie in seinen „Nachgelassenen Papieren“ zu lesen, an einer ähnlichen Stelle im Buche Judith so sehr bewundert hat.
„Sie ritten schweigend drei Tage lang, auch am Morgen des vierten Tags sprach Abraham kein Wort, doch er hob die Augen und stieg allein mit Isaak an der Hand auf den Berg.“

Ist hier nun wirklich von Abraham und Isaak die Rede? Sehen wir zu! Abraham versuchte, Isaak das Bevorstehende zu erklären. Doch Isaak vermochte ihn nicht zu verstehen, seine Seele vermochte sich nicht zu erheben, er umfaßte die Knie des Vaters, er fiel ihm flehentlich zu Füßen. – Da war Abraham gezwungen, ihn zu *betrügen*. „Er packte Isaak an der Brust, warf ihn zu Boden und sagte: ‚Dummer Junge! ... Glaubst du, das ist Gottes Befehl? Nein, es ist mein Gelüst!'" Und Isaak schrie in seiner Angst zu Gott um Erbarmen. Abraham aber sagte leise bei sich: „Herr im Himmel, ich danke dir; es ist doch besser, daß er mich für einen Unmenschen hält, als daß er den Glauben an dich verlieren sollte."
Man lese den letzten Teil der „Stadien", und man wird finden, daß es genau dieselbe Geschichte des schmerzlich Bekümmerten ist, der sich seiner Geliebten als ein Unmensch darstellt, um ihr in jenem Leid zu helfen, das er selbst ihr notgedrungen zufügen muß und ihr so unendlich gern erspart hätte. Das ist der Grund für die Worte, die während dieses ersten Stimmungsanlaufs zu Abrahams Preis ertönen und die nun durchsichtig klar sind:
„Wenn das Kind entwöhnt werden soll, dann schwärzt sich die Mutter die Brust; es wäre ja auch schade, wenn die Brust lieblich aussehen sollte und das Kind sie nicht bekommen darf. So glaubt es, daß die Brust sich verändert hat, die Mutter aber ist dieselbe, ihr Blick ist zärtlich und liebevoll wie immer. Wohl dem, der keine schrecklicheren Mittel brauchte, um das Kind zu entwöhnen!"
Und zum zweiten Mal nimmt die Stimmung Anlauf, und der Verfasser beginnt von neuem:
„Es war ein früher Morgen, Abraham stand zeitig auf ... Stumm legte er die Scheite zurecht, fesselte Isaak, stumm zog er das Messer; da gewahrte er den Widder, den Gott ausersehen hatte. Den opferte er und zog heim. – Von dem Tage an wurde Abraham alt, er konnte nicht vergessen, daß Gott dies von ihm verlangt hatte. Isaak gedieh wie zuvor; doch Abrahams Auge war verdunkelt, er sah keine Freude mehr."

Dies ist das Insgerichtgehen des Einsamen mit Gott, nachdem er vergeblich all jene Qualen erduldet hatte; denn er grämte sich, weil er sich eines Mordes schuldig fühlte, und siehe, niemand starb. Gott wünschte gar nicht, daß jemand sterben sollte, Gott verlangte nicht einmal das Opfer eines Widders. Niemand starb, und *sie* heiratete einen anderen.

Und zum dritten Mal nimmt die Stimmung Anlauf:

„Es war ein stiller Abend, da ritt Abraham allein hinaus, und er ritt zum Berg Morija; er warf sich auf sein Angesicht, er bat Gott, ihm seine Sünde zu vergeben, daß er Isaak habe opfern wollen ... Er vermochte nicht zu begreifen, wie es eine Sünde sei, daß er Gott habe das Beste opfern wollen, das er besaß, das, wofür er gern selbst viele Male sein Leben gelassen hätte."

Was ist dies wohl anderes als der Wirbel in Kierkegaards Hirn, wenn jene Augenblicke kamen, wo er selbst das Ganze nicht mehr zu verstehen vermochte, wo er sich abwechselnd der Schuld gegen *sie* anklagte und dann wieder nicht begriff, wie sein Verzicht auf *sie* in irgendeiner Weise Sünde sein konnte, wenn er dies nach der redlichsten und schmerzlichsten Überlegung für seine Pflicht hielt. Es ist, sagt er einmal in den Tagebüchern, „die schwerste Anfechtung, wenn ein Mensch nicht weiß, ob der Grund seines Leidens Geisteskrankheit oder Sünde ist."* Dies ist „Schuldig – Nicht schuldig", das ängstliche Fragen des bekümmerten Schwermütigen, ob er gegen die Geliebte recht oder unrecht gehandelt habe, das nur Ruhe in dem Gedanken findet, den die Schlußpredigt in „Entweder – Oder" behandelt, daß der Mensch gegen Gott immer unrecht hat.

Und zum vierten Mal wird das Gemüt zu Abrahams Preis gestimmt:

* „Allein, in der Sinnlosigkeit eines Daseins, ohne die Möglichkeit, selbst wenn ich es wollte, mich einem Einzigen verständlich zu machen – was sage ich, mich einem Einzigen verständlich machen? Nein, es gab Zeiten, wo es *daran* nicht fehlte, so daß man sagen konnte, ‚das fehlte nur', Zeiten, wo ich mich nicht einmal mir selbst verständlich machen konnte." („Der Gesichtspunkt für meine schriftstellerische Tätigkeit")

„Es war ein früher Morgen, in Abrahams Haus war alles zur Reise gerüstet ... Sie ritten einträchtig zusammen, Abraham und Isaak, bis sie zum Berg Morija kamen. Und Abraham rüstete alles zum Opfer, ruhig und sanft, doch indem er sich umwandte und das Messer zog, sah Isaak, daß sich die Linke seines Vaters verzweiflungsvoll ballte, daß ein Zittern durch seinen Körper ging – aber Abraham zog das Messer.
Da kehrten sie wieder heim ... doch Isaak hatte den Glauben verloren."
Er verlor den Glauben. Was ist dies wohl anderes als dieselbe Furcht der Besorgnis, die in „Entweder – Oder" unter der Überschrift „Margarete" ausgesprochen wird, die Furcht davor, daß Margarete, wenn Faust sie opfert, den Glauben an jene Lehre verlieren wird, deren Bekenner sich so grausam verhält. Und weder Faust noch Abraham sind dazu fähig, dem armen geopferten Kind eine höhere Religiosität zu geben, die es in seiner Krise stärken könnte.
Deshalb folgt nach diesem letzten Stimmungsanlauf als Refrain:
„Wenn das Kind entwöhnt werden soll, dann hat die Mutter die stärkere Nahrung zur Hand, um das Kind nicht umkommen zu lassen. Wohl dem, der die stärkere Nahrung zur Hand hat!"
Und wenn es noch eines weiteren Beweises brauchte, was hinter dieser Darstellung von Isaaks Opferung, Abrahams Prüfung und Abrahams nur gedachtem Betrug liegt, welcher Art Opferung, Prüfung und Betrug, dann reden die Beiträge, welche der Verfasser in „Furcht und Zittern" gibt, um Abrahams Kollision zu erhellen, lautstimmig genug: drei Kollisionen, die vor einer Hochzeit entstehen.
Zuerst eine griechische Anekdote: Der Bräutigam, dem die Auguren ein Unglück prophezeien, das den Ursprung in seiner Heirat haben wird, ändert im entscheidenden Augenblick, als er die Braut abholen kommt, auf einmal seinen Plan.
„Was soll er nun tun?" Schweigen und Hochzeit halten, dann hätte er es zu verantworten, daß er auf das Haupt

seiner Geliebten Unglück bringt. Schweigen und nicht Hochzeit halten? „In solchem Fall muß er sich in eine Mystifikation hineinbegeben, wodurch er sich selbst in seinem Verhältnis zu ihr vernichtet." Oder soll er reden? Ja, das sollte er, falls er es kann. Aber gesetzt den Fall, daß er nicht reden kann, das heißt sich nicht verständlich machen kann, auch wenn er redet? Gesetzt den Fall, daß ihm der Wille des Himmels nicht öffentlich durch einen Auguren verkündet wurde, sondern privat zu seiner Kenntnis gekommen ist? – dann sind wir beim Paradox, bei Abraham, da könnte er nicht reden, selbst wenn er noch so gern wollte.

Der zweite Beitrag ist eine nordische Sage: die Sage von Agnete und dem Meermann. Der Meermann ist ein Verführer, den Agnetes Unschuld besiegt hat. Der Umstand, daß er Meermann ist, „bezeichnet eine menschliche Präexistenz, in deren Konsequenz sein Leben befangen war". Er weiß, daß Agnete ihn liebt. Könnte er ihr diese Liebe entwinden, dann wäre sie in gewisser Weise erlöst. Aber wie? Um damit zu rechnen, daß ein offenherziges Geständnis ihren Abscheu wecken würde, dafür ist der Meermann zu verständig. Er wird nun versuchen, alle finsteren Leidenschaften in ihr zu schüren, sie zu verhöhnen, sie zu verspotten, ihre Liebe lächerlich zu machen, womöglich ihren Stolz zu reizen. Er wird sich selbst keine Qual ersparen. Mit Hilfe des Dämonischen will der Meermann also der Einzelne sein, der das Allgemeine überragt. Daß er außerhalb der allgemeinen Regel der Pflicht steht, martert die Geliebte und ihn selbst, das ist die Analogie oder das Gegenstück zu Abrahams Paradox. Vergleichbarer wäre der Fall, wenn er, wie Abraham, nicht reden könnte, sondern aufs Schweigen angewiesen wäre. Der Unterschied zwischen ihm und Abraham ist der, daß Abraham nicht durch Sünde „der Einzelne" wurde, sondern dadurch, daß er der Auserwählte Gottes war. Doch indem wir den Meermann verstehen, unternehmen wir einen neuen Anlauf zum Verständnis Abrahams.

Der dritte Beitrag ist eine jüdische Legende: die Geschichte von Sara und Tobias im Buch Tobias. Sara ist das junge Mädchen, der man sieben Männer nacheinander gegeben hatte, und alle kamen sie im Brautgemach um. Dies wird umgedichtet: Sie ist ein junges Mädchen, das nie zuvor geliebt hat, jetzt aber Tobias liebt mit ganzem Herzen. Dennoch ist sie unglücklicher als irgendein Mensch, denn sie weiß, daß der böse Dämon, der sie liebt, ihren Bräutigam in der Hochzeitsnacht töten wird. Obgleich der Verfasser hervorhebt, daß ein Dichter das Hauptgewicht gewiß auf den Heldenmut des Tobias legen würde, der in einer so augenscheinlichen Gefahr sein Leben wagte, erscheint ihm Sara durch ihren Glauben daran, daß das Wagestück, sie zu heiraten, gelingen wird, doch als eine Heldin in weit größerem Stil. „Denn welch eine Liebe zu Gott braucht man doch, um sich heilen zu lassen, wenn man solcherart ohne Schuld von Anbeginn an verpfuscht, von Anbeginn an ein verunglücktes Exemplar von einem Menschen ist! Welche ethische Reife, um dem Geliebten ein solches Wagestück zu gestatten! Welche Demut gegenüber einem anderen Menschen!" Hier liegt die Analogie zu Kierkegaards eigener persönlicher Kollision direkt an der Oberfläche. Doch indem wir Saras Glauben bewundern, daß der Geliebte durch die Hochzeit sein Leben nicht einbüßen wird, sind wir so nah daran wie möglich, Abraham zu bewundern, der sich noch im letzten Augenblick nach dem Widder umsah – bereit, Isaak zu opfern, und doch beständig hoffend und glaubend, daß Gott ihn Isaak behalten lasse. Sara befindet sich von Anfang an in jenem Paradox, zu dem Abraham in seinem Alter gelangt. Wollte man zu Naturen wie Sara sagen: „Weshalb entsprichst du nicht dem Allgemeinen und verheiratest dich?", dann wäre das ein Spott; denn solche Naturen befinden sich nach Kierkegaards Definition „von Grund auf im Paradox". Daß sie den Versuch trotzdem wagt, beweist die Stärke ihres Glaubens.

Hier sind wir bei Kierkegaards ursprünglichem Glaubensideal: der Hoffnung auch für dieses Leben. Deshalb heißt es in seinem Tagebuch: „Hätte ich Glauben gehabt, dann wäre ich bei ihr geblieben", und deshalb schreibt er am selben Ort: „Der Glaube hofft auch für dieses Leben, doch wohlgemerkt kraft des Absurden, nicht kraft des menschlichen Verstandes ... Der Glaube ist deshalb, was die Griechen den göttlichen Wahnsinn nannten. Dies ist nicht nur eine geistreiche Bemerkung, sondern etwas, das sich geradezu durchführen läßt." Es ist deutlich, daß es in Kierkegaards Beurteilung seiner eigenen Handlungsweise von Anfang an ein Schwanken und eine Unsicherheit gegeben hat. Bald ist sie ihm wie ein Zeugnis für den wahren Glauben, für das absolute Verhältnis zum Göttlichen vorgekommen, und in diesen Augenblicken hat er sie mit Abrahams Tat verglichen, bald war er der Meinung, daß ihn der rechte Glaube dazu geführt hätte, die Geliebte zu heiraten und nicht mit ihr zu brechen. Doch nach gar nicht langer Zeit scheint die erste dieser Anschauungsweisen die zweite verdrängt zu haben, und immer entschiedener stellte es sich für ihn so dar, als habe er, wie Abraham, Gott das Opfer des Liebsten gebracht, das er besaß.

14

Ich will mich nicht auf die Frage einlassen, ob man mit der Herausgabe von Søren Kierkegaards nachgelassenen Papieren und Tagebüchern eine Indiskretion begangen hat. Übrigens scheint er diese Herausgabe selbst gewünscht zu haben. Ebensowenig will ich hier die Frage allgemein erörtern, ob einem Schriftsteller mit einem solchen Einblick in seine persönliche Lebensführung, wie er hierdurch ermöglicht wird, gedient ist. Nur soviel: ich finde es durchaus berechtigt, durchaus natürlich, daß jeder Schriftsteller, soweit es ihm möglich ist, den Frieden seines Privatlebens zu schützen sucht, daß er rücksichtslos seine eigenen Papiere verbrennt oder sich ihre Verbrennung nach seinem Tode sichert; ich halte es ferner für höchst zweifelhaft, daß man, sobald ein Schriftsteller seine Augen geschlossen hat, dazu berechtigt ist, Briefe von ihm zu veröffentlichen, die einen absolut vertraulichen Charakter haben; doch es kann kein Zweifel darüber bestehen, daß der Kritiker, *wenn* derartige Materialsammlungen einmal gedruckt und von anderer Hand veröffentlicht in der Literatur vorliegen, in seinem Recht ist, sie zu benutzen und zu deuten, ja, daß er eine Unterlassungssünde von unverzeihlicher Art beginge, falls er die nun einmal vorliegenden Dokumente unberücksichtigt ließe. Ganz besonders gilt dies für einen so persönlichen Schriftsteller wie Kierkegaard, dessen dunkle Schriften an vielen Punkten ohne die Winke, welche die Tagebücher geben, unverständlich sind, ja, dessen Pseudonyme „schreiben, um mißverstanden zu werden". („Der Begriff Angst") Wenn ich daher mit Sorgfalt das persönliche Element in diesen Schriften nachweise, dann geschieht das gewiß weder aus Neugier, noch um die Neugier anderer zu befriedigen, sondern weil man bis zu diesem am tiefsten liegenden Punkt vorgedrungen sein muß, um all diese Schriften als Ausstrahlungen von einem Mittelpunkt zu verstehen. Erst wenn man zu der schöpferischen Formel gekommen ist, erst dann kann man alle diese verschiedenen Konstruktionen begreifen. Und wenn man in der Naturwissenschaft nachweist, wie sich die scheinbar unterschiedlichsten organischen Formen wie Fisch, Vogel, Hund, Mensch auf ein und dieselbe Grundform embryonischer Bildung zurückführen lassen, so ist es ebenfalls von Interesse, bei einem großen Schriftsteller wie Kierkegaard zu verfolgen, wie ein und dasselbe Grundthema in großen Teilen von „Entweder – Oder", der „Wiederholung", den „Stadien", „Furcht und Zittern" in einer Weise variiert wird, daß jenes, was im ersten Stadium Don Juan und Elvira ist, in seinem letzten Stadium zu Abraham und Isaak verwandelt wird, ohne deshalb einer anderen Umbildung als einer rein formellen unterworfen zu sein.

Kierkegaard hinterließ bekanntlich nicht nur ein kolossales und nicht leicht überschaubares literarisches Monument, sondern außerdem einen architektonischen Plan für das ganze ausgedehnte Gebäude, mit dessen Hilfe sich jede seiner Einzelheiten an ihren Platz einordnen ließ. Die Frage liegt nahe, ob der Plan wirklich vor dem Gebäude existiert hat; die zweite Frage wurde noch nicht aufgeworfen: ob der Plan wirklich mit dem Gebäude übereinstimmt?

So scharf gestellt, müssen beide Fragen unbedingt mit Nein beantwortet werden, obgleich sich Kierkegaard nach der Beendigung von „Entweder – Oder" sicher sehr bald über seine Absicht und sein Ziel als Schriftsteller im klaren war und seinen Plan aufgestellt hat. Indessen ist für den Kritiker nicht der abstrakte Plan interessant, sondern die Natur der Entwicklung, welche Kierkegaard von dem einen Gedanken und dem einen Werk zum anderen führt. Ich versuche daher nicht so sehr, die logische Idee, um die sich das Werk nach Meinung des Verfassers zusammenschließt, oder die religiöse Idee, in deren Dienst es stehen soll, als vielmehr seine primären, konstituierenden Bestandteile zu erhellen.

Deshalb bin ich auch nicht so sehr an einer Untersuchung interessiert, inwieweit sich die verschiedenen ästhetischen Arbeiten – deren Berechtigung Kierkegaard selbst nur dadurch zu behaupten vermag, daß er sie als „eine notwendige Ergießung", „einen frommen Betrug" bezeichnet – als vorbereitende oder vorsätzlich irreführende Einleitung für das religiöse schriftstellerische Werk verteidigen lassen; sondern es interessiert mich ungemein, die paradox-religiöse Idee von selbst und ganz natürlich aus einer der zahlreichen dichterischen Umschreibungen der Qualen seiner Verlobungsgeschichte hervorbrechen zu sehen, zu denen wir stufenweise von Marie Beaumarchais und Clavigo gelangt sind.

Wie diese Verlobungsgeschichte das entscheidende Ereignis in Kierkegaards Jugendleben ist, so ist darin die Täuschung des jungen Mädchens, das absolute Verschweigen des Geheimnisses und die Gefahr, ihr das Leben zu rauben, der entscheidende, der springende Punkt. Während der zahlreichen Versuche, dies in Umdichtungen auszudrücken, erhebt oder schraubt sich Kierkegaard schließlich zu einer solchen Höhe, daß er sich direkt gegenüber Abraham erblickt, der gleichfalls eine Zeitlang einen Mord auf dem Gewissen hatte, keinem Fremden seine Handlungsweise erklären konnte und jenen, den er am innigsten liebte, beinah getötet hätte. Von seinem einsamen Standort erblickt er Abraham, der ja zu allen Zeiten als Vater des Glaubens gegolten hatte. Auch er hat sich in Glaubensnot befunden, befindet sich noch darin. Verstrickt in ein ganz eigentümlich konstruiertes Unglück und mit dem Hang seiner Natur zur Verborgenheit, hatte er sich selbst in Schweigen eingeschlossen, hatte sich schmerzlicher Verkennung ausgesetzt, hatte am schlimmsten gegen jene gehandelt, der er das Beste wollte, allein, „beinah die menschliche Sprache gegen sich". In diesem Zustand war er zu einem viel tieferen Gefühl von Verantwortung gelangt, als das ihn umgebende Geschlecht besaß. Eine komplizierte Leidenschaft wie die, an der er trug, war wohl geeignet, ihm durch den Vergleich die Augen für die Unpersönlichkeit und Leidenschaftslosigkeit seiner Umgebung zu öffnen. Es war die Zeit der philosophischen Nachplapperer in der Wissenschaft und der politischen Nachplapperer in der Politik. Dänemarks ästhetische Periode war im Begriff, in ihr Grab zu sinken, die politische Periode des Landes war im Begriff, sich aus den Windeln zu wickeln, und diese Kombination erzeugte eine unheimliche Mischung von Senilem und Puerilem, in der Kierkegaard nichts Solides zu entdekken vermochte. Die Menschen waren nach seiner Anschauung unpersönlich geworden: Menge, Bande, Publikum, Generalversammlung, Klub. Er war ein einzelner, isolierter Mensch, allein mit sich selbst und seiner Verantwortung, denkend mit seinem eigenen Hirn, handelnd auf eigene Faust. Er hatte kurz zuvor selbst eine einzelne Lebenssituation, eine von jenen, mit denen andere Menschen am oberflächlichsten und kläglichsten herumzupfuschen pflegen, ein Liebesverhältnis, zutiefst durchlebt und so ernst genommen, daß er glaubte, von daher Altertum und Gegenwart, die großen Hauptgestalten der Poesie und Kunst, das alte Hellas und das alte Palästina zu verstehen. Er hatte gefühlt, was aus einem Leben mit Innerlichkeit zu lernen war.

Indem er seinen Zustand mit dem des Glaubensvaters

vergleicht, fühlt er, daß die entsetzlich aufreibende Krise, in der er gelebt hat, gerade eine Krise des Glaubens ist. Das also ist der Glaube, den seine Zeitgenossen für zu einfältig befunden und deshalb verlassen haben, es ist jener Glaube, den die Philosophen für einen überwundenen Standpunkt halten, nur geeignet für die Entwicklungsstufe gedankenloser und kindlicher Menschen – dieser alle Seelenkräfte anspannende Zustand der äußersten Leidenschaft, der dem Zustand eines Menschen gleicht, der sich über einer Tiefe von 70 000 Faden durch Wassertreten an der Oberfläche halten soll. Er fühlt sich als Entdecker oder vielmehr als Wiederentdecker. Er hat jenen Glauben wiederentdeckt, zu dem seine Zeitgenossen den Weg vergessen haben. Freilich hatte er das Religiöse stets hochgeachtet, er hatte dazu aufgesehen als zu dem Überlieferten, dem Gegebenen, der erhabenen, ehrwürdigen Tradition, und er hatte, seitdem er zum ersten Mal in die Welt hinausgetreten war, aus Pietät gegen den Vater Argumente dafür gesucht. Doch in seiner frühen Jugend hatte er „auf eine rein äußerliche Weise", im Grunde „ganz außerhalb des Christentums stehend, für die Wahrheit des Christentums gekämpft". Nie zuvor hatte er das Religiöse wie jetzt in seiner ganzen primitiven Ursprünglichkeit empfunden. Ihm war, als habe er die Quellen des Glaubens entdeckt. Er, der eigentlich niemals fromm gewesen war, er fühlte nun zu seiner Erleichterung, daß der Glaube für den Intelligenten und Gebildeten eigentlich gar nicht die stille Frömmigkeit bedeutete. Er, der immer leidenschaftlich, ja mehr als das gewesen war, der die Leidenschaft vergöttert hatte, er fühlte mit Berauschung, daß der Glaube eine Leidenschaft, die höchste Leidenschaft, ja, daß dies die Definition des Glaubens war. Er, der immer das Schwerste hatte tragen und das Schwierigste hatte ausrichten wollen, er sah wie ein Sankt Christophorus mit dem Genuß des Schmerzes ein, daß der Glaube das Schwerste war, das Schwierigste von allem. Er hatte auf neuen Wegen das alte Wunderland wiedergefunden.

15

Wenn wir jetzt nur ganz sicher sein könnten, daß es *dieses* Land war, was er gefunden hatte!

Ich will kein Hehl aus meiner Ansicht machen, daß er eine Verwechslung beging. War es auch wirklich das alte Mirakelland der Tradition, zu dem er auf neuen Wegen gekommen war? Es gab bekanntlich eine Zeit, da war die Menschheit mit dem alten Landweg nach Indien, den sie Jahrtausende gekannt, nicht mehr zufrieden, und so begaben sich einzelne kühne Geister auf den großen, unbekannten Ozean mit seiner Tiefe von 70 000 Faden hinaus, in der Hoffnung, den Seeweg dorthin zu finden. Nachdem die Versuche vieler anderer gescheitert waren, ging einer von ihnen, der Kühnste der Kühnen und so verständig wie kühn, an Bord und segelte lange, ohne etwas anderes als das weite Meer zu sehen, aus dem ihm nur der Zweifel entgegenschlug, ob er jemals auf diesem Weg nach Indien gelangen könne. Endlich, nach tausend Gefahren und Sorgen, erscholl der Ruf „Land!". Der Weg schien gefunden. Doch siehe! Es war nicht das Indien der alten Welt, es war die neue Welt, es war Amerika, wohin man gekommen.

Als Kierkegaard die alte naive Landstraße zum Glauben verließ, fand er ihn da mit jenem Schiff, das er selbst gebaut, den ungebahnten Weg der Reflexion dorthin? Nein, in dem Augenblick, als er „Land!" rief, hatte er in Wirklichkeit nicht das Indien der Tradition erreicht, sondern das Amerika der Persönlichkeit, der großen Leidenschaft, der großen Selbständigkeit.

Seine unverkennbare Größe besteht darin, daß er dieses Amerika entdeckte; seine unheilbare Tollheit war die, daß er hartnäckig dabei blieb, es Indien zu nennen. Wie es manchmal der Fall ist, liegen Größe und Tollheit so dicht beieinander, daß es einige Kritik verlangt, um sie zu unterscheiden. Doch Kierkegaard hat seinen Namen auf jeden Fall unter jenen eingeschrieben, die auf urtümliche Art eine der großen elementaren Wahrheiten wiederentdeckt haben, an die das Menschengeschlecht in gewissen zeitlichen Abständen ständig erinnert werden muß, die ständig mit viel Mühe und unter Lebensgefahr aufs neue entdeckt werden müssen und die so einfach erscheinen, daß man sich darüber wundert, wenn man sie sich aufs neue eingeprägt hat, wie sie der Menschheit jemals aus dem Gedächtnis geraten konnten.

Die Entdeckergeister haben stets das Gefühl, daß ihre Mitwelt nur für die eine Seite der Erdkugel Augen hat, sie leiden stets unter der inneren Empfindung, daß in dem allgemeinen Gleichgewicht etwas, ja eine ganze neue Welt fehlt; sie machen sich, wie Victor Hugo in einem Gedicht geschildert hat, auf den Weg, um jenes Gegengewicht zu finden, das niemand kennt noch vermißt, und die Gegenwart beklagt ihre fixe Idee, während sie diese Entdeckergeister aus dem Blickfeld verliert. Da tauchen sie plötzlich abermals auf, und wie ein Taucher, der mit seiner Perle in der Hand aus der Tiefe aufsteigt, tragen sie die neue Welt in ihrer Hand.

Kierkegaards neue Welt war die Idee: der Einzelne; „der Einzelne“ war die kostbare Perle, die er seiner Zeit überbrachte.

Es war gewiß groß und schön, daß er in einer leidenschaftslosen Zeit mit voller Ursprünglichkeit wiederentdeckte, was Leidenschaft wert ist, daß er in einem schlaffen, geschwätzigen Zeitalter die Welt von neuem daran erinnerte, was Innerlichkeit ist, daß er in jener Juste-milieu-Periode, als die Menschen mit noch größerer Selbstzufriedenheit als zuvor in Komitees und auf Generalversammlungen schwatzten, einander nachäfften, sich Schuld und Verantwortung zuwarfen und den Nebenmann vorschoben, wo es galt, seine Haut zu Markte zu tragen – es war groß und schön, daß er in dieser Zeit das Wort „der Einzelne“ aussprach, sich dafür einsetzte und für jeden, der darauf hören, und für jeden, der nicht darauf hören wollte, auf eindringliche Weise die Forderung erhob: die Menschheit müßte durch diesen Engpaß, den man nur einer hinter dem anderen durchwandern konnte, gezwungen und getrieben werden, sollte aus ihr wieder ein aufrichtiger und ernsthafter Menschenschlag entstehen.

Es war eine große und gute Tat, daß er in einer Zeit, als kaum jemand persönlich für seine Überzeugung einstand, als liberale Politiker lieber den Kampf für ihre Politik aufgaben, als soviel wie den Verlust eines Amts zu riskieren, als eine gut besoldete Geistlichkeit, durch keine warnende Stimme beunruhigt, die toten Märtyrer als Leute ihresgleichen vereinnahmte, seine Generation an das Einzigartige erinnerte, das es bedeutete, freiwillig für die Wahrheit zu leiden.

Doch es war eine seltsame Blindheit, eine Krankheit, fast eine Geisteskrankheit, daß er glaubte, jenes Amerika der großen Selbständigkeit sei das alte Wunderland der Tradition, der Einzelne sei identisch mit dem Christen, jene Innerlichkeit sei eine ganz spezifische, die eine spezielle positive Religion gepachtet habe, oder, um zu unserm Ausgangspunkt zurückzukehren, daß er glaubte, seine eigene ethische Kollision habe irgendeine Gleichheit mit der des Patriarchen Abraham im Alten Testament.

Gewiß ist es schön, die kräftige lyrische Begeisterung für den Vater des Glaubens hervorsprudeln, wie einen Springquell aus seinen Werken aufsteigen zu sehen, doch seine Begeisterung für den Glauben ist nicht Glaube selbst, seine Begeisterung für Abraham war nur eine sekundäre, war nur eine jener Formen, in welche der innere Advokat in seiner Brust die Verteidigungsrede in dem Prozeß „Schuldig – Nicht schuldig“ kleidete.

Der unkritische Leser sieht, daß ein großer, ein kluger Schriftsteller in unseren Tagen eine so große, fast hysterische Bewunderung für Abraham hegt, und sagt naiv bei sich selbst: Welch ein Glaube an das Alte Testament noch in unserer Zeit! – und an jenen Teil, der nach Erklärung der Theologen durch die Legende von der Opferung des Sohns das Neue Testament voraussagt und vorwegnimmt! Der kritische Leser sieht, daß Kierkegaard mit seinem Loblied auf Abraham in Wirklichkeit seine eigene Handlungsweise zu einem Zeitpunkt der Krise idealisiert und daß das Alte Testament hier nur eins der vielen Instrumente ist, auf welchen er jene Melodie

spielt, die er zu Beginn seiner Schriftstellertätigkeit wieder und wieder variiert.
Es mag recht gut sein, Abraham zu bewundern. Doch kein redlicher Mensch würde aus Gewohnheit oder Bequemlichkeit bei Abraham als groß bezeichnen, was er mit einem ganz anderen Stempel versehen würde, wenn es in unseren Tagen geschähe, wenn zum Beispiel ein armer, ungebildeter Handwerksbursche so handelte. Das wahrhaft Große ist bei allen gleich groß. Was wir bei einem griechischen Feldherrn wie Leonidas bewundern, die Fähigkeit, mit lächelndem Heldenmut für sein Land zu sterben, das bewundern wir auch bei einem linkischen finnischen Rekruten wie Sven Dufva. Kierkegaard, der auf die Pfarrer nicht gut zu sprechen ist, setzt (in „Furcht und Zittern") voraus, daß dieser oder jener Kirchgänger, der naiv genug wäre, um die schlechten Predigten der Pfarrer für Ernst zu nehmen, „ein Mann, der an Schlaflosigkeit litte", nach Hause ginge und es Abraham nachtäte; er stellt sich die anschließende tragikomische Szene vor, wenn der Redner seine ganze geistliche Würde sammelte und ausriefe: „Abscheulicher Mensch, Abschaum der Gesellschaft, welcher Teufel hat dich solcherart besessen, daß du deinen Sohn ermorden willst!" Kierkegaards eigenes Buch ist alles andere als eine schlechte Predigt. Doch stellen wir das Gedankenexperiment an, daß ein Handwerksbursche – das heißt ein Mitglied jener Klassen, bei denen man noch voraussetzen kann, daß sie etwas Derartiges ausführen könnten, wenn sie es nach einem entsprechenden Traum für das Rechte hielten –, nehmen wir an, daß einem Handwerksburschen „Furcht und Zittern" in die Hände fiele und daß sich seine Gedanken Tag und Nacht mit der Lobpreisung Abrahams als des großen Vorbilds für das Menschengeschlecht beschäftigten. Nehmen wir weiterhin an, daß er eines Nachts träumte, Gott verlange von ihm die Opferung seines Sohns, oder, wie er es in seiner biblischen Sprache ausdrücken würde: gesetzt den Fall, Gott habe sich ihm im Traume offenbart, zu ihm gesprochen und verlangt, er solle seinen Sohn opfern. Nehmen wir ferner an, er würde sich, obgleich widerstrebend,

dazu entschließen, diesem Befehl zu folgen, würde ein Messer schärfen, um seinem Kind die Gurgel durchzuschneiden, Scheitholz stapeln, um den toten Körper zur Ehre Gottes zu verbrennen – und dann würde seine Absicht noch rechtzeitig entdeckt und man sperrte ihn ins Untersuchungsgefängnis. Wie würde wohl das Urteil über ihn lauten? Zuerst das Urteil der Richter? Ja, es besteht wohl kaum ein Zweifel, daß er die Wahl zwischen Irrenanstalt und Zuchthaus bekäme. Sodann das Urteil der öffentlichen Meinung, der Damen, der Großhändler, der Geistlichkeit? Ich denke mir, die Damen würden sagen: „Gott, wie schrecklich!", und die Großhändler: „Er ist ja verrückt!", und die Geistlichkeit: „Es ist ein Unglück und sehr zu beklagen!" Und am nächsten Sonntag würden sie dann in der Kirche aufs neue Abraham bewundern und am Montag sich aufs neue in Wehklagen und Verdammungsurteile und schlechte Witze über Freidenker und Freidenkerei verlieren.

Die Geschichte von Abraham ist eine von mehreren alten schönen Legenden, in welchen das Menschengeschlecht auf seiner Wanderung durch die Historie seine Erinnerung daran niedergelegt hat, wie in ältesten Zeiten der Übergang von Menschenopfern zu Tieropfern erfolgt ist; ist es aber redlich, ist es gesund, ist es ethisch, Abraham als das große ethische Vorbild für die Menschheit und als Vater des Glaubens zu preisen, wenn man ihn doch nur dazu benutzen will, eine leidenschaftslose Mitwelt auszuschelten und seine eigenen inneren Erfahrungen in ein elektrisches Licht zu stellen?

Ein Zweifel ist wohl gestattet.*

* Das norwegische akademische Kollegium hat sich in dem Kommuniqué, das den Zeitungen zugeschickt wurde, um meine Aussperrung von der Universität Christiania zu rechtfertigen, erlaubt, die obenstehende Darstellung und Kritik von Kierkegaards „Furcht und Zittern" (auf der Grundlage eines zufälligen schwedischen Zeitungsreferats) als „eine höchst anstößige Behandlung einer der wichtigsten und schönsten biblischen Erzählungen" zu bezeichnen. Besonders charakteristisch ist darin, daß das geehrte orthodoxe Kollegium bei dieser Gelegenheit das Wort „schön" verwendet. Man könnte kein besseres

Um jedoch zu verstehen, daß Kierkegaard dies tun konnte, ist es notwendig, bei der besonderen Konstruktion seines Verstandes zu verweilen. Es war ein Verstand, der nicht rastete, bis er an seine Grenze kam. Ich habe von seiner Stirn gesagt, daß sie an einem Kitzel litt, den sie nur beheben konnte, indem sie gegen eine Mauer rannte. Auf ähnliche Weise könnte man von seinem Gefühlsleben sagen, daß er die Lust eigentlich erst dann empfand, wenn sie sich dem Schmerz näherte und sich in Schmerz verwandelte – der Schmerz wurde ihm eine Lust. So verhielt es sich auch mit seinem Verstand, er fühlte ihn erst dann recht, wenn er auf das Paradoxe stieß.

Im täglichen, munteren oder scherzenden Gespräch war ihm das Paradox in der leichteren Bedeutung des Wortes eine Art Lebensnotwendigkeit, das Salz oder Gewürz der Unterhaltung. In seiner Betrachtung der allgemeinen Verhältnisse des Lebens war es ihm eine Art Befriedigung, wenn er entdeckte, was man relative Paradoxa nennen könnte, Phänomene, die dieser oder jener Sinnesart ganz unfaßbar erscheinen mußten. (So heißt es im ersten Teil von „Entweder – Oder", daß ein Betrug für die Liebe das absolute Paradox sei.) Denn er teilte die Verachtung der gesamten romantischen Periode für das Zeitalter der Aufklärung und den damit verbundenen Haß auf das Verständliche als trivial. Allein das Wort Pa-

Zeugnis für die sentimentale Haltungslosigkeit der modernen Orthodoxie bekommen als dieses. Mit welchem Recht das Kollegium gegenüber dem inspirierten Gotteswort zwischen wichtigen und unwichtigen Erzählungen zu sondern wagt, lohnte sich schon zu erfahren. Doch vor allem darf man wohl fragen, mit welchem Recht es sich untersteht, diesen ästhetischen Maßstab an das Heilige zu legen, mit welchem Recht es sich erdreistet, von „schöneren" und „weniger schönen" Früchten der göttlichen Inspiration zu sprechen, und den Anschein zu erwecken, daß das Ärgernis, je nachdem, ob man sich an Fakten von größerer oder geringerer Schönheit vergriffe, größer oder kleiner würde. Das Kollegium hat seine eigene Rechtgläubigkeit durch diesen liebäugelnden und ängstlichen Appell an den ästhetischen Sinn des Publikums abgestempelt.

radox wirkt auf sein ganzes Nervensystem belebend, hat in seinen Ohren einen lieblichen Klang. Mit vierundzwanzig Jahren schreibt er in sein Tagebuch, das Paradox sei „das eigentliche Pathos des intellektuellen Lebens", und je abnormer sich sein Leben gestaltet und je mehr es seiner Umgebung eine Außenseite zeigt, die auf Irreführung berechnet ist, um so mehr scheint es seinen Mittelpunkt im Paradoxen zu haben. Deshalb heißt es in seinem Tagebuch: „Das ist einer der schwierigsten ethischen Zweifel: wenn ich einem anderen Menschen einen Schmerz ersparen kann, indem ich ihm etwas verschweige, habe ich dann ein Recht dazu, oder erlaube ich mir damit einen Eingriff in seine menschliche Existenz? An diesem Punkt liegt *das Paradox meines Lebens*; gegen Gott habe ich immer unrecht – aber ist es ein Verbrechen gegen Menschen?"

Anfangs hatte das Paradox, das nach seiner Auffassung das Kennzeichen der großen Denker war, für ihn keine andere Bedeutung als die rein humane, es war der „unausgereifte große Gedanke". Doch in dem Maße, wie sich seine Eigenart entwickelt, erlangt das Paradox für ihn eine immer krassere und buchstäblichere Bedeutung. Einige Jahre später heißt es, das Paradox sei die Leidenschaft des Gedankens, und ein Denker ohne Paradox sei wie ein Liebhaber ohne Leidenschaft: ein jämmerlicher Patron. „Aber", heißt es in den „Philosophischen Brocken" weiter, „die höchste Potenz jeder Leidenschaft ist stets die, daß sie ihren eigenen Untergang will, und so ist es auch die höchste Leidenschaft des Verstandes, den Anstoß zu wollen, ungeachtet der Anstoß auf die eine oder andere Weise ihr Untergang werden muß." Er stellt sich vor, daß der Verstand nicht eher raste, bis er seine eigenen Gesetze verlassen habe und an den Rand „des göttlichen Wahnsinns" gelaufen sei. Das aber gliche der Bewegung eines Mannes, der springt und springt, um seinem eigenen Schatten zu entkommen. So unmöglich dies ist, so unmöglich ist es der menschlichen Vernunft, den Sprung aus ihren eigenen Gesetzen heraus und ins Paradoxe hinein zu tun. Daß sich das Paradox nicht denken läßt, hat am wenigsten zu bedeuten; das Unglück ist, daß es nicht zu begrenzen, nicht von Nonsens und Selbstwiderspruch zu unterscheiden ist. Es läßt sich nicht davon unterscheiden, es läßt sich weder denken noch völlig gedankenlos in krampfhafter Innerlichkeit festhalten, denn es ist antirationell und also mit der Natur des menschlichen Wesens und des menschlichen Gedankens unvereinbar – unter allen Umständen unvereinbar.

Vor nunmehr zehn Jahren habe ich in einer kleinen Broschüre, „Der Dualismus in unserer neuesten Philosophie", versucht, die Lehre vom Paradoxen *ad absurdum* zu führen, wohin sie auch gehört. Ich habe darin die Überzeugung ausgesprochen, daß die Zeit kommen wird, da die Philosophen über das Paradoxe und die Rolle, die es gespielt, in einer Weise sprechen werden, wie heutzutage die Chemiker vom Phlogiston und dem Glauben daran sprechen; ich habe eingestanden, daß ich nur geringen Respekt dafür hegte, wie jene Männer, die später Kierkegaards Worte repetierten, die Kategorie des Paradoxen pflegten. Doch aus Kierkegaards eigenem Mund flößt mir diese Lehre einen Respekt ein, wie ihn Wahrhaftigkeit und Ehrlichkeit einflößen. *Er* mußte, entsprechend der Natur seines Denkens, das Paradoxe überall entdecken. Das Paradoxe ist nicht die Leidenschaft des Gedankens, sondern es war die Leidenschaft *seines* Gedankens. Denn bei all seiner Größe war sein Gedanke nicht normal, er war krank, er litt an einer Krankheit, die ich nur so bezeichnen kann: er war von Lyrik, er war von Enthusiasmus infiltriert. Und Lyrik und Enthusiasmus, obgleich an sich und als Triebkräfte hinter dem Gedankenleben herrliche Dinge, sind für den Gedanken eine Entzündung. Der Gedanke selbst ist kalt, wenn er gesund ist, wie das Gefühl warm, wenn es natürlich ist; doch eine Inflammation des Gedankens ist schlimm. Findet das Feuer den Weg zum Werk selber, welches es antreibt, dann wird es gefährlich, und für das Feuer der Begeisterung gilt dasselbe. In Kierkegaards Gedanken entwickelten sich Selbstmörderinstinkte und Selbstmördertendenzen, er suchte die höchsten Orte auf, um sich hinabzustürzen.

Ein Gedanke, der von Lyrik und Begeisterung infiltriert ist, der hat die Glut einer Entzündung, eine göttliche Raserei, ein Feuer, einen Schwung, einen Flug, eine Schnellkraft, „bald in den Abgrund hinunter, bald über die Sterne empor", wie sie kein anderer menschlicher Gedanke besitzt. Aber er ist nicht das Instrument, mit dem sich die höchste Wahrheit ergreifen ließe; er ist nur das Werkzeug, mit welchem der Geist ein unverstandenes Paradox umfaßt. Er hat seine Rolle in der Weltgeschichte ausgespielt; denn man kann das Paradox zwar die Leidenschaft des Gedankens nennen, jedoch nur, wenn man hinzufügt, daß es nicht die ewige Leidenschaft des Gedankens ist, sondern seine historische Leidenschaft war. Das Paradox ist der Kreuzzug des Gedankens; aber wir leben nicht mehr im Zeitalter der Kreuzzüge, sondern in dem der intellektuellen Kultur.

16

Es ist aber nicht zu vergessen, daß wenige hier in Dänemark soviel zur Förderung und zum Wachstum eben dieser intellektuellen Kultur beigetragen haben wie jener, von dem wir reden. Er ist, wie ich es einmal ausgedrückt habe, der Tycho Brahe unserer Philosophie; er irrte sich in seiner Auffassung vom Mittelpunkt des Weltsystems, er war an vielen Punkten im Aberglauben seiner Zeit befangen, doch er hat unser Geistesleben mit einer Fülle von selbständigen Beobachtungen und Ideen bereichert.

Ein Rückblick ist notwendig, um uns davon zu überzeugen.

„Entweder – Oder" erschien im Februar 1843, und mit diesem Buch, dem übrigens mit rasender Geschwindigkeit die Werke „Furcht und Zittern", „Die Wiederholung", „Philosophische Brocken", „Der Begriff Angst", „Vorwort" und „Achtzehn erbauliche Reden" folgten, alle im selben und darauffolgenden Jahr veröffentlicht, macht Kierkegaard in der dänischen Literatur Epoche.

Schon der Titel war ein genialer Wetterstrahl, der den Leser reizte, seine Neugier weckte und ihm eine Wahl zu stellen schien. Wo immer man den ersten Teil aufschlug, funkelten einem Geist und Witz entgegen, hier Ausbrüche einer koketten und betörenden Melancholie, da die wildesten Dithyramben einer selbstvergessenen und alles vergessenden Begeisterung, dann Tagebuchaufzeichnungen eines dämonisch überlegenen Geistes, der mit einer eigenen frostigen, kristallklaren Leidenschaft Frauen und Männer als Gegenstände seines Genusses und seines Gelächters betrachtete und der geschmeidig, kalt und blitzend wie eine Stahlklinge bei allen Menschen, mit denen er in Berührung kam, ein und aus gehen konnte. Es war eine Persönlichkeit, ein Mann, welcher mit derselben Ruhe und Geringschätzung, mit der jener starke König ein Hufeisen zerbrach, die festesten und unverbrüchlichsten Prinzipien der Moral zwischen seinen Fingern zermalmte und der leichtfüßig, in einer Art von nüchternem Rausch, erbarmungslos über die Herzen hinwegschritt, die er auf seinem Weg zertrat. Und blätterte man dann im zweiten Teil, so begegnete man überall strengem Ernst, ruhiger Würde, einer Sicherheit, die ihre Stärke in ihrer Begrenzung suchte, einer Charakterfestigkeit, die sich weder von den Feuerwerken der Geistreichigkeit blenden noch von den Hirngespinsten einer überlegenen Begabung umgarnen noch von den Turn- und Jongleurkünsten des Witzes verblüffen noch durch Forschheit imponieren ließ, sondern bescheiden, stolz, tiefsinnig, besänftigt war.
Hier lag nicht nur ein neues Buch, sondern eine neue Art von Buch vor. Selbst wenn man vom Reichtum des Inhalts absah, mußte die besondere Beziehung der beiden Teile zueinander die größte Aufmerksamkeit, das größte Interesse wecken, denn der zweite Teil war nicht die Fortsetzung des ersten, sondern widersprach und widerlegte ihn, der erste Teil war nicht die Vorbereitung des zweiten, sondern er trotzte ihm. Beide Teile bildeten gleichsam eine Ode und eine Palinodie, einen kolossalen Replikenwechsel zwischen zwei Persönlichkeiten in einem nicht abgeschlossenen Drama, von denen die

erste *das Genie*, die zweite *der Charakter* war. Das ganze Buch glich einem zusammengewachsenen Zwillingsberg mit zwei himmelhohen und gleich hohen Zinnen.
Untergeordnete Umstände trugen das Ihre dazu bei, um das Aufsehen, welches das Werk erregte, noch zu erhöhen: zuerst sein Umfang – denn die erste Verwunderung erweckte das Buch dadurch, daß es einen dänischen Schriftsteller gab, der es sich leisten konnte, 54 Druckbogen im Selbstverlag herauszugeben; sodann die Pseudonymität – unter den bisher aufgetretenen Schriftstellern war die Auswahl nicht eben groß, und unter den noch unbekannten Autoren gab es keinerlei Anhaltspunkt, denn der Publikation war eine vollkommene Stille vorausgegangen, was um so ungewöhnlicher war, als hierzulande Verwandte und Freunde, Journalisten und Literaten lange im voraus eingeweiht zu sein und andere einzuweihen pflegen. Doch es hätte dieser Reizmittel kaum bedurft, um das Buch zu einem Ereignis zu machen. Seine Idee war ebenso einfach wie groß: im ersten Teil Fragmente einer Genußphilosophie und eines Genußlebens zu bieten, im zweiten Teil das sittliche Leben und dessen Schönheit darzustellen und im Titel dem Leser zuzurufen: „Wähle!" Am Schluß der beiden Abhandlungen des zweiten Teils wurde dann, ohne daß die Leser sonderlich darauf achteten, Platz für noch eine dritte, vermeintlich höhere Lebensanschauung geschaffen.
Um uns den gewaltigen Eindruck lebhaft vorzustellen, den das Buch auf die Zeitgenossen machen mußte, brauchen wir uns nur die Wirkung ins Gedächtnis zurückzurufen, die es bei der ersten Lektüre auf uns selbst ausgeübt hat. Ich für mein Teil bekam es zum ersten Mal als Achtzehnjähriger in die Hand, und ich erinnere mich des überwältigenden Eindrucks genau. Nie zuvor war ich in der dänischen Literatur auf eine solche Geistesüberlegenheit, eine solche Gedankenkraft und (so kam es mir damals vor) eine solche Welterfahrung gestoßen. Damals hatte ich – wie die Zeitgenossen von „Entweder – Oder" – den Kopf voll von Heines Aufsätzen und Gedichten, ohne jedoch – auch darin mit den Zeitgenos-

sen des Buches übereinstimmend – ihren tiefsten und überaus angebrachten Inhalt zu verstehen, deren Trotz mich nur als Trotz beeindruckte; ich war schon seit mehreren Jahren von Lermontows interessantem, doch für einen Jungen wenig geeigneten Roman „Ein Held unserer Zeit" eingenommen, dessen weltmännischer Ton mir imponierte und dessen Hauptperson sich mir durch ihren Mut, ihre Prunklosigkeit, Blasiertheit, Kälte und Skepsis zu einer Art melancholischem und verführerischem Ideal zu gestalten schien – als mir bei Kierkegaard diese viel tiefsinnigere, viel konsequentere Durchführung der Prinzipien jenes Buchs begegnete, als ich sah, was dahinterlag, wohin sie führten, und hörte, wie sie ihr Urteil empfingen, dem ich aus ganzem Herzen zustimmen mußte. Und nun der zweite Teil! Was hatte ich zum Beispiel über die Ehe gelesen, damit vergleichbar? Ich hatte, wie die Mehrzahl der ersten Leser dieses Buchs, zu wiederholten Malen treuherzig Sibberns treuherzige und liebenswürdige Schrift „Über die Liebe zwischen Mann und Frau" durchgelesen, ich hatte, was Konvenienzehen betraf, wie jeder Jüngling eine instinktive Abscheu und Verachtung – das war so ziemlich alles, was ich über diese Sache gelesen und gedacht hatte. Und nun dieser Reichtum an Untersuchungen, an Überlegungen, an neuen Gedanken in so männlicher Sprache, dieses würdige Bestreben, jeder untergeordneten Form das ihr gebührende Recht zu geben, die edle Mischung aus Milde und Strenge, womit der junge Mann, an den der Brief gerichtet war, zurechtgewiesen wurde, das Bild der idealen Ehe, das sich langsam, aber sicher vor dem Blick entrollte, nicht glühend, sondern gedämpft leuchtend, mit der tagaus, tagein gleich vollkommenen Ritterlichkeit gegen die geliebte Frau, mit der in langen Jahren des Zusammenlebens gleich ungeschwächten gegenseitigen Liebe, für beide die erste und letzte auf einmal. War der erste Teil dazu angetan, durch Leidenschaft und Witz Bewunderung zu erwecken, so wirkte der zweite Teil mindestens ebenso tief durch die Begeisterung für seinen Adel. Ich hörte andere davon reden, daß der zweite Teil weniger gut als der erste geschrieben sei, daß er öde Stellen habe, daß man die besten Partien Oasen in der Sandwüste nennen müsse – ich hatte das nie so empfunden, diese Einwendungen waren mir unverständlich. In Übereinstimmung mit dem Wunsch des Verfassers hatte mein junges und wenig kritisches Gemüt den Eindruck als einen unteilbar ganzen in sich aufgenommen, und von da an machte ich mir mit Leidenschaft jedes Werk von Kierkegaard zu eigen, dessen ich habhaft werden konnte.

Ähnlich stark muß das Buch auf aufgeweckte Köpfe gewirkt haben, die es im Jahre 1843 kennenlernten. Professor Brøchner sagt in seinen nachgelassenen „Erinnerungen an Søren Kierkegaard" sogar, seitdem er zum ersten Mal Hegels Logik begegnet sei, habe kein Buch seine Gedanken derart in Bewegung gesetzt wie „Entweder – Oder". Man konnte sich in Kopenhagen nicht vorstellen, daß das ganze Werk auf einmal und nach *einem* Plan verfaßt war, man suchte sich gleichsam gegen die Wucht des Eindrucks dadurch zu wehren, daß man die Ansicht in Umlauf setzte, „Entweder – Oder" sei eine Sammlung von Papieren, die der Verfasser lange Zeit in seinem Pult liegen gehabt hätte.

Um dieser damals gängigen Anschauung zu begegnen, hebt Kierkegaard an mehreren Stellen mit Stolz hervor, das ganze Werk sei in nur elf Monaten geschrieben, der zweite Teil zuerst, und vor Beginn der Niederschrift habe nichts weiter vorgelegen als ein paar der einleitenden Aphorismen.

Was nun die Zeit betrifft, der Kierkegaard bei der Bewertung seines Schreibens insgesamt eine zu große Rolle beimißt, so gilt das alte Wort des Misanthropen bei Molière:

Le temps ne fait rien à l'affaire.

Sein Fleiß, der vielleicht nur von dem Balzacs oder George Sands übertroffen wird, verdient gewiß alle Bewunderung, und ferner ist nicht zu bezweifeln, daß ein einziger Plan „Entweder – Oder" streng zusammenhält, doch wenn Kierkegaard die Kürze der Zeit hervorhebt, dann liegt darin ein unberechtigter und nicht wirklichkeitsgetreuer Versuch, seine gesamte Produktion so zu charakterisieren, als sei sie durch einen Willensakt auf halb übernatürliche Weise entstanden, ohne wie jedes andere Naturprodukt Empfängnis und Wachstum zu benötigen. Um nicht den Anschein zu erwecken, das Buch hätte sich naturgemäß aus früheren Keimen und Ansätzen entwickelt, wird erklärt, kein Abschnitt davon habe zuvor existiert. Das Buch darf nicht ganz das Werk seines Verfassers sein; denn er hat während der Ausarbeitung die Vorliebe der Vorsehung für sich und ihre helfende Hand gespürt; es kann auch nicht ganz und ausschließlich die Arbeit der Weltenlenkung sein, dafür ist der Autor viel zu sehr von seiner eigenen Genialität beeindruckt; er spricht daher aufrichtig, wenngleich natur- und vernunftswidrig, vom *Anteil* jener Lenkung an seiner schriftstellerischen Tätigkeit. („Der Gesichtspunkt für meine schriftstellerische Tätigkeit", Kapitel III)

Indessen läßt sich unwiderleglich beweisen, was schon zuvor außer Zweifel stand, daß sich das Werk den allgemeinen Entstehungsgesetzen von Naturprodukten nicht hat entziehen können. Aufbewahrte Entwürfe zeigen uns, daß Kierkegaard die Abhandlung über Don Juan im Jahre 1837, also volle sechs Jahre vor der Veröffentlichung von „Entweder – Oder", konzipiert hat; die sogenannten „Diapsalmata" sind, mit äußerst wenigen Ausnahmen, leicht umgearbeitete Tagebuch-Aphorismen; der Plan für die Abhandlung über den Reflex des antiken Tragischen war alt, und die Grundanlage des gesamten Werks war schon in der Schrift „Über den Begriff Ironie" vorhanden. Hinzu kamen dann, wie ich dargetan habe, die befruchtenden persönlichen Erfahrungen und Eindrücke aus der Beziehung zu seiner Geliebten, welche schon in diesem ersten Werk auf vielfältige Weise umgedichtet und bearbeitet wurden. Ich glaube, mir ist der Nachweis gelungen, daß und in welcher Weise die Produktion in Kierkegaards wie in jedem anderen menschlichen Hirn durch ein natürliches Wachstum, bewirkt durch eine natürliche Ideenassoziation, entstanden ist.

Für die lebhafte Antipathie, die Kierkegaard in seiner Eigenschaft als Naturverleugner gegen die natürliche Entstehungsweise hegte, liegt ein humoristisches Zeugnis in einem Aphorismus seiner Tagebücher vor, das man symbolisch auffassen kann.
„Wie ungeduldig ich im Grunde bin, sehe ich am besten daran, daß es mir am entsetzlichsten erscheint, eine schwangere Frau zu sein, denn das soll genau neun Monate dauern, und also vermag aller Wille, alle Leidenschaft, die äußerste Kraftanstrengung nichts dagegen zu tun."
Trotz all seiner Ungeduld, all seiner Anwendung von Treibhauskultur unterliegt seine eigene Produktion jedoch denselben Gesetzen wie alle anderen menschlichen Hervorbringungen. Es hätte ihren Wert nicht erhöht, wäre sie vollkommen fertig zur Welt gekommen, es nimmt ihr andererseits auch nicht eine Unze von ihrem Wert, daß sie auf natürliche Weise im Inneren des Verfassers gewachsen und gediehen ist.
Der erste Teil von „Entweder – Oder" bot sich der Lesewelt verlockend wie eine festlich gedeckte, blumengeschmückte Tafel dar, reich besetzt mit duftenden und würzigen Gerichten. Die einleitenden „Diapsalmata" waren sozusagen jener appetitanregende Gang, der darauf berechnet war, die Genußlust durch leichte und pikante Bagatellen zu erwecken. Von allem, was Kierkegaard geschrieben hat, ist nichts so populär geworden wie diese kleinen glänzenden und phantasievollen Humoresken, die ständig nachgeahmt wurden, wenn einer seiner Bewunderer ein Buch schrieb. In all ihrer Kürze sind sie Meisterwerke.
Unter dem Eindruck seiner geistigen Unfertigkeit hatte Kierkegaard in einem Brief vom Juli 1838 die Worte geschrieben: „Was ich brauche, ist eine Stimme, durchdringend wie ein Lynkeus-Blick, erschreckend wie das Seufzen der Giganten, ausdauernd wie ein Naturlaut, mit einem Umfang vom tiefsten Baß bis zu den schmelzendsten Brusttönen, moduliert vom heilig-sachten Flüstern bis zur feuersprühenden Energie der Raserei. *Das* ist es, was ich brauche, um Luft zu bekommen, um das auszu-

sprechen, was mir auf dem Herzen liegt, um die Eingeweide des Zorns und der Sympathie zu erschüttern." Als diese Worte fünf Jahre später unter den Aphorismen von „Entweder – Oder" gedruckt vorlagen, enthielten sie eher eine Definition der Fähigkeiten als der Bedürfnisse des Verfassers. Sein Wunsch war genau in Erfüllung gegangen. Jener Mann, der beim Schreiben dieser Worte noch seine Ausfälle gegen Andersen gelallt und gestammelt hatte, derselbe Mann hatte sich in der Zwischenzeit wie Demosthenes so hartnäckig geübt, daß alles Stammeln verschwunden und seine Beredsamkeit aufs höchste ausgebildet war. In der Einsamkeit hatte sich seine Stimme wie die des griechischen Redners durch Rufe gestärkt, die das Tosen von Stürmen und die Brandung von Wellen übertäubten.

Man kann indessen ziemlich sicher sein, daß viele, die jene Aphorismen beim Erscheinen witzig fanden und höchlich bewunderten, kaum etwas von dem verstanden haben, was ihnen selbst so vortrefflich gesagt zu sein schien, und das um so weniger, als durch diese Blätter ein Bestreben geht, pikant und glänzend zu sein, selbst auf Kosten der Verständlichkeit. Der zugespitzte Stil hat den Ausdruck für manch eine Stimmung, die ursprünglich echt empfunden war, so verändert, daß er wie ein bloßes Wortmanöver wirkt.

Man nehme zum Beispiel folgendes Diapsalma: „Ich sage von meiner Trauer, was der Engländer von seinem Haus sagt: meine Trauer is my castle. Viele Menschen halten es für eine der Bequemlichkeiten des Lebens, Trauer zu haben."

Das Rätselhafte des letzten Satzes verschwindet, wenn man aus dem Tagebuch erfährt, was Kierkegaard weggestrichen hat, um daraus ein Paradox zurechtzustutzen.

Dort lautet der Anfang wie in „Entweder – Oder", dann aber heißt es weiter: „Doch es gibt viele Menschen, die, wenn sie Anlaß zur Trauer haben (das heißt einen Flor am Hut tragen), Teilnahme verlangen, nicht so sehr zur Linderung der Trauer, sondern weil sie ein bißchen gehätschelt werden möchten, und die es deshalb im

Grunde für eine der Bequemlichkeiten des Lebens halten, Trauer zu haben."
Das läßt sich verstehen; es verblüfft weniger, und es ist wahr.
Ein anderer seiner berühmtesten Aphorismen lautet folgendermaßen: „Ich mag überhaupt nichts. Ich mag nicht reiten, das ist eine zu starke Bewegung; ich mag nicht gehen, das ist zu anstrengend; ich mag mich nicht hinlegen, denn entweder müßte ich liegen bleiben, und das mag ich nicht, oder ich müßte wieder aufstehen, und das mag ich auch nicht. Summa summarum: ich mag überhaupt nichts."
Das ist äußerst drollig gesagt; wenn es nur nicht so verflixt arrangiert klingen würde! Es macht nicht den Eindruck von Ernst oder wahrer Empfindung, sondern sieht wie eine humoristische Stilübung aus, zum Spaß hingeschrieben. Man vergleiche nun damit die wirkliche Tagebuchnotiz in ihrer unverfälschten Natürlichkeit:
„Ich mag überhaupt nichts. Ich mag nicht gehen – das strengt an; ich mag mich nicht hinlegen, denn entweder bliebe ich dann *lange* liegen, und das mag ich nicht, oder ich würde sofort wieder aufstehen, und das mag ich auch nicht. Ich mag nicht reiten, das ist eine zu kräftige Bewegung im Verhältnis zu meiner Apathie. Ich mag nur *fahren*, gemächlich, gleichmäßig gerüttelt eine Menge Gegenstände an mir vorübergleiten lassen, an jeder schönen Stelle verweilen, nur um meine Mattigkeit zu spüren ..."
Wie vollkommen empfindet man hier, daß die Worte wirklich so gemeint und nicht nur drollig zusammengestellt sind, um einen Effekt zu erzielen; wie deutlich wird hier doch, daß der Schreibende ein Mensch aus Fleisch und Blut, mit Nerven und einem wirklichen Körper und nicht wie der Ästhetiker in „Entweder – Oder" ein schattenhafter Geist ist, der, selbst tot und begraben, in einem fingierten Raum und einer fingierten Zeit, Vorträge für seine „Mitbegrabenen" hält!
Oder man nehme dieses gänzlich barocke Diapsalma:
„Das Unproportionierte in meinem Bau besteht darin, daß meine Vorderbeine zu klein sind. Wie der Hase aus

Neuholland habe ich ganz kleine Vorderbeine, jedoch unendlich lange Hinterbeine. Gewöhnlich sitze ich ganz still; mache ich eine Bewegung, so ist es ein ungeheurer Sprung, zum Entsetzen all jener, mit denen ich durch die zärtlichen Bande der Verwandtschaft und Freundschaft verbunden bin."

Das ist mindestens ebenso dunkel wie spaßig. Vorderbeine! Hinterbeine! Was soll das heißen?

An einer Stelle der Tagebücher stehen die Worte: „Deshalb ist mein Gang durchs Leben so unsicher, weil meine Vorderbeine (Hoffnungen usw.) in meiner frühen Jugend durch Überanstrengung geschwächt worden sind." Und an einer anderen Stelle, wo der Aphorismus entworfen ist, endet das Gleichnis mit dem neuholländischen Hasen wie folgt: „Gewöhnlich sitze ich für den Augenblick ganz still – mache ich eine Bewegung, so ist es ein ungeheurer Sprung ... Ich springe dann über die ganze gegenwärtige Zeit, das ganze gegenwärtige Leben, kurz: über alles Gegenwärtige hinweg – und bin abwesend futurisch."

Das burleske Diapsalma bedeutet also ganz einfach: In meiner Jugend habe ich meine irdischen Hoffnungen zu sehr angespannt. Sie gingen nicht in Erfüllung, sie wurden geschwächt, und wenn ich jetzt handle, dann geschieht es nicht kraft einer irdischen, sondern kraft einer himmlischen Hoffnung, und deshalb erweckt meine Handlung natürliche Verblüffung, als unproportional zu der Welt, in der ich lebe.

Diese Betrachtung paßte nach seiner Meinung nicht in den Mund des Genußphilosophen. Doch in einer unverständlichen, aber possierlichen Form klang sie bizarr und konnte überall passen.

17

Die Aphorismen funkelten wie ein Schwarm bunter, prächtiger Schmetterlinge im Sonnenlicht. Die folgende Abhandlung über Mozarts „Don Juan" glich dem Flug eines Falken, der aus der Hand des Jägers emporsteigt.

Sie trug ihr Teil zum Erfolg von „Entweder – Oder" bei. Sie offenbarte zum ersten Mal Kierkegaards besondere Begabung als *Kritiker*, die sich als eine Begabung dafür bezeichnen läßt, den Gegenstand der Kritik in ein Ideal seiner Art zu verwandeln. Ihm fehlte das Talent, einem Werk oder einer Persönlichkeit in ihrem entsprechenden Ensemble den rechten Platz anzuweisen, und nicht weniger fehlte ihm die Gabe, mit seinem Gegenstand in einer Weise umzugehen, daß sich die Vorzüge in den Gegenstand selbst und die Mängel in seine sicheren Grenzen und Konturen verwandeln, also weder nacheinander aufgezählt noch gegeneinander abgewogen werden noch einander verschlingen. Er verstand es, wie gesagt, mit großem Scharfsinn und begeisterter Lyrik zu idealisieren. Er isolierte seinen Gegenstand so vollständig wie nur möglich von seinem gesamten historischen Zusammenhang, erklärte und verklärte ihn dann und erhob sein verklärtes Bild hoch über das Niveau, auf welchem andere Menschen diesen Gegenstand sahen. Er warf sich mit anbetender Gebärde vor dem bewunderten Werk auf die Knie, er verwandelte sich in seinen Diener, seinen Opferbringer, seinen Priester, und während er in leidenschaftlicher Verzückung das Weihrauchfaß schwenkte, stimmte er einen Hymnus zu seinen Ehren an. Indessen ist Kierkegaards Bewunderung so reflektiert, so gedankenreich und sinnreich, daß sie nicht wie Bewunderung sonst ansteckt oder abstößt, sondern gewinnt und überzeugt. In der kritischen Rekonstruktion, die er mit dem Gegenstand vornimmt, sind die Proportionen aller seiner Teile, alle inneren Beziehungen richtig bewahrt, doch gleichzeitig sind alle seine Beziehungen nach außen, zur Umwelt, ja zu seinem eigenen Urheber verschwunden oder verschoben – so überspannt und in der Luft schwebend ist seine kolossale Konstruktion. Er vermag dem Werk, das er verherrlicht und verklärt, einen außerordentlichen Wert zu verleihen, doch er gleicht dabei einem König Midas, der alles, was seine Hand berührt, in Gold verwandelt, und läßt dieses Werk vor den Augen des Lesers in einer güldenen Glorie erstrahlen; doch er vermag nicht, was genauso schwierig ist, allem darin seine rechte, seine natürliche Farbe zu geben.

Die Abhandlung über „Das Musikalisch-Erotische“ hat die meisten dieser Vorzüge und die wenigsten Mängel, denn der Gegenstand, Mozarts „Don Juan“, ist in der Tat ein so bewundernswertes Kunstwerk, daß die vergötternde Kritik den Leser nicht zum Widerspruch reizt.

In der Abhandlung über Scribes Lustspiel „Die erste Liebe“, die eine ebenso große Virtuosität verrät, behandelt er das gegebene Werk, wie ein Taschenspieler den ihm gereichten Gegenstand behandelt. Er entlockt ihm eine Fülle von Herrlichkeiten, Ideen, die wie Juwelen glänzen, diamantenähnliche, in zahlreichen Facetten funkelnde Einfälle; man sieht mit Verwunderung, daß all dies in dem Stück Platz haben konnte; doch man ist sich nicht so sicher, ob er es nicht wenigstens teilweise selber hineingebracht hat. Indessen ist doch zu bedenken, daß nicht Kierkegaard, sondern sein Ästhetiker diese Abhandlung als Replik zum besten gibt, und daß er selbst Scribe vielleicht mit ganz anderen Augen sah.

Je mehr er sich als Geist entwickelte, um so weniger eng hielt er sich, wenn er als Kritiker auftrat, an seinen eigentlichen Gegenstand. Dieser diente ihm wohl eher als ein Vehikel für das, was er selbst im jeweiligen Augenblick seiner Mitwelt zu sagen hatte, oder als ein Anlaß, um sich auf diesem oder jenem seiner liebsten Steckenpferde einen Extraritt zu genehmigen. Seine Kritik war auch in der folgenden Zeit absolut bewundernd, doch hatte seine Bewunderung für die noch lebenden Personen nicht mehr den frischen, alles vergessenden Charakter, den der Enthusiasmus der Kritiken in „Entweder – Oder“ hat. Ich denke an die Abhandlung über Frau Gyllembourgs „Zwei Zeitalter“ und die Artikelfolge „Die Krise und eine Krise im Leben einer Schauspielerin“, die, ohne Frau Heibergs Namen zu nennen, ihr Weihrauch zu Füßen streute. Kierkegaard litt an einer Art unglücklichen Liebe zu Heiberg und seinem Haus, und diese beiden Arbeiten sind Äußerungsformen dafür. Der eigentlich kritische Teil, der sich an die Sache hält, besteht aus einem Strom von vortrefflich geschriebenen und fein ausgesonnenen Komplimenten. Das übrige darin ist eine Charakteristik der Mitwelt in Kierkegaards gewöhnlichem Stil, also das genaue Gegenteil von Komplimenten. Frau Gyllembourgs sehr talentvolle Novelle „Zwei Zeitalter" enthält eine Art Verteidigungsrede für jene Zeit, als die Autorin selber jung war, das Revolutionszeitalter nämlich, das in einem poetischen Licht gesehen wird, und eine höchst einseitige und bittere Anklage gegen die jüngstvergangene Zeit. Diese Verteidigung macht sich Kierkegaard mit gewissen Vorbehalten zunutze, denn das Revolutionszeitalter besaß jene Leidenschaftlichkeit, die er vergöttert (und doch besteht kaum ein Zweifel daran, daß er es als Aufruhr gegen alles Ehrwürdige und Heilige verdammt haben würde, hätte er darin gelebt); der Angriff ist ganz und gar Wasser auf seine Mühle. Er nutzt ihn für eine wahre Donnerrede gegen die Leidenschaftslosigkeit, den Neid, die Nivellierungssucht, Oberflächlichkeit und Koketterie der „Jetztzeit". Die Abhandlung über Frau Heiberg schrieb er anläßlich ihres Wiederauftretens im Theater als Shakespeares Julia, nachdem sie diese Rolle vierzehn Jahre lang nicht gespielt hatte. Neben einzelnen vortrefflichen Beiträgen zur Ästhetik der Schauspielkunst liefert er darin eine Darstellung des Unterschieds zwischen jener Art von Genialität, welche nur Jugend ist, und jener Genialität, welche Innerlichkeit ist, Jugend zum zweiten Mal – mit der Kierkegaard aus natürlichen Gründen weit mehr sympathisierte. Ferner schildert die Abhandlung (indem sie sich mit der Schwierigkeit beschäftigt, vierzehn Jahre lang die Gunst und Anerkennung des Publikums zu bewahren, obgleich es die Aufmerksamkeit abstumpft, wenn man ständig für alle sichtbar ist) den Gegensatz zwischen dem Leben jener, die sich, um ein leeres Prestige zu erhalten, vor der Menge verbergen, und der Lebensweise der Wahrheitszeugen. „Die unbedingt uneigennützigen Diener der Wahrheit", sagt er hier, „hatten stets die Gewohnheit, viel unter den Menschen zu verkehren, sie haben niemals mit der Menge Versteck gespielt ..., sie haben sich, im Gegenteil, stets recht eigentlich in Alltagskleidern gezeigt, haben mit dem gemeinen Mann gelebt, auf Straßen und Gassen geredet, auf jedes Ansehen verzichtet …" Nach dieser Abschweifung kehrt der Artikel zu Frau Heiberg zurück, deren Genie er volle Gerechtigkeit widerfahren läßt, sofern es Gerechtigkeit ohne individualisierende kritische Züge gibt. Diese anzuführen macht ihm seine Methode indes unmöglich, er nennt nicht einmal einen Namen, er schildert eine Schauspielerin im allgemeinen oder vielmehr einen bestimmten *Typ* von Schauspielerin, und ein Typ als solcher spielt niemals schlecht. Kierkegaard besaß eine gewisse Art von unschuldiger Malice, die bei dieser Gelegenheit zu spüren ist. Er verkehrte mit Frau Nielsen, die er als Künstlerin hoch bewunderte und gern auf Frau Heibergs Kosten rühmte. Zu anderen Zeiten verhielt er sich genau umgekehrt. Als Schriftsteller machte er zuerst Frau Heiberg in „Entweder – Oder" Komplimente, dann bekam Frau Nielsen eine lange, ziemlich an den Haaren herbeigezogene Lobrede in den „Stadien", mitten in der Abhandlung über die Ehe, und schließlich leistete er einige Jahre später Frau Heiberg in dieser großen Abhandlung Genugtuung und flocht in deren Schluß gleichsam aus Neckerei ein Kompliment für Frau Nielsen ein.

Wie gesagt, in seinen späteren Jahren sind seine kritischen Studien von geringerer Bedeutung als die ersten in „Entweder – Oder", obgleich die Methode dieselbe ist. Jene ersten Abhandlungen wurden weder von ihm selbst noch von anderen übertroffen.

Was die Abhandlung über den „Don Juan" so herausragend macht, ist ihre schöne Schwärmerei, jene Schwärmerei für die Kunst, die zu den edelsten Eigenheiten der romantischen Richtung gehört. Ein solcher Enthusiasmus äußert sich mit ähnlicher Beredsamkeit, wenn auch geringerer Gedankenkraft in Bettina von Arnims Briefhymnen über Beethoven und Goethe oder in E. T. A. Hoffmanns dem Kapellmeister Kreisler zugeschriebenen Deutungen der größten Komponisten. Im übrigen ist die Abhandlung über den „Don Juan" auf einer jetzt völlig veralteten, metaphysischen Ästhetik von Hegelschem Zuschnitt aufgebaut. Die Vorzüglichkeit der Oper wird durch das Zusammentreffen und die Übereinstimmung der beiden Abstraktionen „Stoff" und „Form" erklärt, eine Übereinstimmung, die nach der Definition des Verfassers zur Klassizität erforderlich und nicht auf eine Begabung Mozarts zurückzuführen ist. Das beste musikalische Werk, heißt es, müsse dort entstehen, wo die abstrakteste Idee auf das abstrakte Medium der Musik trifft, und mit Hilfe der sonderbaren These, daß „die sinnliche Genialität" die abstrakteste Idee sei, die sich denken lasse, gelangt der Autor dann zu seiner Hauptthese, daß wir in Mozarts „Don Juan" die vollendete Einheit dieser Idee und der ihr entsprechenden Form besitzen.

Ich habe anderenorts* das Bestreben dieses Zeitalters geschildert, absolute Muster der Vollkommenheitsideale aufzufinden. Es war ein Erbteil jener von Kierkegaard selbst so heftig bekämpften Philosophie des Absoluten. Man scheute das Historische und die Idee des Relativen. Die historische Auffassung, welche keine absoluten Muster kennt, wurde beiseite geschoben. Man studierte weder den Künstler noch seine Zeit, sondern war der Meinung, das große Werk (oder die große Persönlichkeit) sei der Typus, der, konsequent betrachtet, die gesamte Entwicklung der Kunst abschließen müsse, so wie man auch der Meinung war, daß die absolute Philosophie, der Hegelianismus, die Geschichte der Philosophie abschloß. So wurde für die Romantiker Shakespeare oder Calderón der absolute Dichter. In Dänemark hatte Heiberg unlängst bewiesen, daß Oehlenschlägers „Johannisabendspiel" die vollkommenste Realisation des unmittelbaren Dramas in lyrischer Form bedeute. Martensen hatte nach dem Rezept jener Zeit nachgewiesen, daß Altertum, Mittelalter und Neuzeit ihre absolute oder spekulative Dichtung hätten, das Altertum in der Offenbarung des Johannes, das Mittelalter in der „Göttlichen Komödie" und die Neuzeit im „Faust", und offenbar hatte es Kierkegaard vorgeschwebt, ein ähnliches Sujet zu behandeln, wenngleich in einer weit genialeren

* Siehe „Hauptströmungen", Bd. 1, S. 287.

Weise.* Nun war Faust besetzt, und er konzentrierte seine Kraft auf Don Juan.
Er war nicht sonderlich musikalisch; wäre er es gewesen, so hätte er wahrscheinlich viel mehr von seinem tiefsten Wesen bei Beethoven, den er niemals erwähnt, als bei dem sorglosen und sprudelnden Mozart gefunden. Doch bewunderungswürdig, doppelt bewunderungswürdig ist er, weil er, ohne musikalisch zu sein, so tief in die Seele der Musik einzudringen vermochte. Die Vergötterung der Musik selbst war eine Gemeinsamkeit der Romantiker, und ich habe schon vor mehreren Jahren zu zeigen versucht, welche Berührungspunkte es zwischen der Abhandlung über Don Juan und dem allgemeinen romantischen Bestreben gibt, musikalische Stimmungen in Worte umzusetzen.** Doch mir ist aus der Geschichte der Literaturen keine Darlegung des Geistes in einem musikalischen Werk bekannt, die einen Vergleich mit alledem in diesem tiefsinnigen und begeisterten Panegyrikus aushielte, der nicht abstrakt-ästhetische Theorie, sondern Paraphrase und Ausdeutung der Musik ist. Ich will zum Beispiel darauf aufmerksam machen, was hier über die Ouvertüre gesagt ist, gerade weil ich sie unmöglich so hoch stellen kann, wie Kierkegaard sie stellt, und weil ich davon überzeugt bin, daß die meisten Musikkenner in der Ansicht übereinstimmen, daß sie weniger bedeutend, jedenfalls weniger vollkommen ist, als er sie findet. Aber auch hiermit verhält es sich, wie ich schon sagte: Obgleich er die Proportionen seines Gegenstands nach außen übertreibt, sieht er alle seine inneren Beziehungen:
„Die Ouvertüre beginnt mit einzelnen tiefen, ernsten, gleichförmigen Tönen, da erklingt zum ersten Mal unendlich fern ein Wink, der doch im gleichen Augenblick zurückgerufen wird, als wäre er zu früh gekommen – bis man sie später wieder und wieder hört, immer kühner, immer lauter, jene Stimme, die zuerst hinterlistig, kokett

* „Wie unglücklich ich bin – Martensen hat eine Abhandlung über Lenaus ‚Faust' geschrieben." Tagebücher, Juni 1837.
** Siehe „Hauptströmungen", Bd. 2, S. 154ff.

und doch, als sei sie in Angst, mit einschlüpfte, nicht aber durchdringen konnte. So sieht man manchmal in der Natur den Horizont dunkel umwölkt; zu schwer, um sich selbst zu tragen, ruht er auf der Erde aus und verbirgt alles in seiner dunklen Nacht, einzelne dumpfe Töne sind zu hören, doch nicht bewegt, sondern wie ein tiefes Murmeln für sich selbst – da sieht man an des Himmels äußerster Grenze, fern am Horizont ein Schimmern; rasch eilt es die Erde entlang, im gleichen Augenblick ist es vorüber. Doch bald zeigt es sich wieder, es nimmt an Stärke zu, beleuchtet momentan den ganzen Himmel mit seiner Flamme, im nächsten Augenblick scheint der Horizont noch dunkler, noch rascher, noch glühender flammt es auf, es ist, als habe das Dunkel selbst seine Ruhe verloren und gerate in Bewegung. Wie das Auge in diesem ersten Schimmern den Feuerbrand ahnt, so ahnt das Ohr in jenem verwehenden Bogenstrich die ganze Leidenschaft. Es ist eine Angst in jenem Schimmern, es ist, als würde es im tiefen Dunkel in Angst geboren – so ist Don Juans Leben."
Wie der Leser, der die Abhandlung nicht kennt, sogleich bemerken wird, nimmt Kierkegaard die Sache durchaus nicht von der technischen Seite, er untersucht nicht einmal rein ästhetisch, welche Fähigkeiten und Schwächen Mozart als dramatischer Komponist besitzt; Wagnersche Einwände würde er kaum verstehen. Verliebt, wie er in den Gedanken einer absoluten Autorität ist, gehorcht er dem Drang seines dankbaren Herzens, Mozart zu einer solchen Autorität zu machen, und läßt der Neigung seiner Natur zu demütiger und anbetender Unterwerfung freien Lauf. Er will Mozart weniger beurteilen, als auf ihn aufmerksam machen, ihm Platz schaffen, die Flügeltüren aufreißen und rufen: „Der Kaiser!" Daher kulminiert seine Kritik des Don Juan in Lyrik:
„Hör den Beginn seines Lebens; wie sich der Blitz aus dem Dunkel der Gewitterwolke löst, so bricht er hervor aus der Tiefe des Ernstes, schneller als der Blitz und unsteter, und doch ebenso taktfest; hör, wie er sich in die Vielfalt des Lebens hinunterstürzt, wie er sich bricht an ihrem festen Damm, hör diese leichten tanzenden Gei-

gentöne, hör die Winke der Freude, hör den Jubel der Lust, hör die festliche Seligkeit des Genusses; hör seine wilde Flucht, an sich selber eilt er vorüber, immer schneller, immer unaufhaltsamer, hör das zügellose Begehren der Leidenschaft, hör das Brausen der Liebe, hör das Flüstern der Verlockung, hör den Wirbel der Verführung, hör die Stille des Augenblicks – hör, hör, hör Mozarts Don Juan."

18

Die Abhandlung über „Das Musikalisch-Erotische" ist in der Stimmung edelster Kunstbegeisterung geschrieben. Die über „Die erste Liebe" ist, wie Assessor Wilhelm sagt, mit „einem fast verzweifelten Enthusiasmus" verfaßt; denn sie kommt aus der Bitterkeit des Herzens, inspiriert von jener unwillkürlichen Verachtung für das Weib, welche Kierkegaard natürlich war – nur als Moralist hat er sie überwinden können, doch wo er als religiöser Reformator auftritt, bricht sie von neuem hervor –; diese Produktion wurde mit Kälte empfangen und mit Spott genährt, und ihr Brillantenschimmer ist der glitzernde Reif des Verstandes, der sie dicht und kühl bedeckt.
Man hat sich darüber gewundert, daß Kierkegaard eine Scribesche Bagatelle so willkürlich auffaßt und ein solches Wesen darum macht. Doch um diese Willkür richtig zu verstehen, muß man seine Abhandlung in jenem Licht betrachten, in das sie, bei ihrem Erscheinen für keinen sichtbar, durch sein gesamtes schriftstellerisches Werk gestellt wird. Erst wenn man sie mit der „Wiederholung", mit den Reden Constantins und Victor Eremitas in *„In vino veritas"* und mit dem „Schreiben an den Leser von Frater Taciturnus" am Ende der „Stadien" vergleicht, wird sie ganz verständlich.
Während Kierkegaard das Bedürfnis hatte, seinen Schmerz darüber, den Tod der Geliebten auf dem Gewissen zu haben, in „Furcht und Zittern" und „Schuldig – Nicht schuldig" von der tragischen Seite her dar-

zustellen, wurde sein Gemüt gleichzeitig von der stachligen Komik geplagt und gereizt, daß er sich soviel überflüssige Not und Pein um eines jungen Mädchens willen bereitet hatte, das, weit davon entfernt, an der Trennung von ihm zu sterben (wie er geglaubt hatte), sehr schnell die glückliche Braut eines anderen geworden war. Es war ganz unvermeidlich, daß er mit seinem ungewöhnlichen Blick für das Komische bald das Lächerliche hierin empfinden mußte. Er war Humorist genug, um die lächerliche Rolle zu erkennen, die er selbst gespielt hatte. Frater Taciturnus ergeht sich in unerschöpflichen Spöttereien über seinen als Liebhaber so traurigen Helden: seine Sorge um das Mädchen ist pure Schwärmerei, lächerlich an sich, komisch dadurch, daß er das Allerverrückteste tut. Er, der sich im Verhältnis zu ihr anheischig gemacht hat, Schicksal und Zufall abzuschaffen, hat sich selbst die Tauglichkeit erworben, ständig an der Nase herumgeführt zu werden, und eben das ist ihm durch verschiedene Äußerungen geschehen, die er ihr zu seinem eigenen Unglück über ihre Zukunft entlockt hatte – sie dachte sich kaum etwas Besonderes dabei, während er sich in alle Ewigkeit verpflichtet fühlt, sich repetierend alles dabei zu denken. Nach außen bringt er gar keine Wirkung hervor, abgesehen davon, was jedes andere Mannsbild genausogut bewirken könnte: daß ein Mädchen sterben will usw., er kann ein Mädchen nicht einmal unglücklich machen. Sie dagegen erreicht eine ungeheure Wirkung. Er wird durch seine demütige Ehrerbietung zum Narren.
Bald aber wird Kierkegaard durch die Natur der Sache und den Selbsterhaltungstrieb mehr und mehr in seinem stillen Sinn dazu gezwungen, die Bürde der Lächerlichkeit auf sie abzuwälzen und gleichsam sein Bedürfnis zu stillen, „stets die Lacher auf seiner Seite zu behalten", indem er ihr Verhalten gegen ihn, ihre feierlichen Versicherungen, ihre Treue in dem Augenblick, als er mit ihr brechen wollte, und ihre trotz all der großen Worte bald darauf eingegangene Verbindung mit einem anderen als einen Wirbel von Lächerlichkeiten ansah. Und mit dem ihm eigenen Hang zum Generalisieren läßt er seine Auf-

fassung von diesen relativ harmlosen und liebenswürdigen Lächerlichkeiten des einzelnen Individuums in gewissen Stimmungsaugenblicken auch für die anderen jungen Mädchen, alle jungen Mädchen, das ganze weibliche Geschlecht gelten, und in solchen Augenblicken bricht er in ein Hohngelächter über all das Geschwätz von ewiger Liebe und der ersten Liebe als der ewigen aus. In einem dieser Augenblicke entstand die Abhandlung über „Die erste Liebe" mit dem ganzen Unwetter an Gelächter, das darin über dem Kopf der von Natur aus liebenswürdigen, jedoch durch Romanlektüre erzogenen und verschrobenen Emmeline ausgeschüttet wird.

Mit seiner Veranlagung, eine vergleichsweise winzige Reihe von Ereignissen in Gedanken immer wieder zu drehen und zu wenden, sieht er jetzt sozusagen jeden Punkt seiner Leidensgeschichte abwechselnd in pathetischer und komischer Beleuchtung. Der entscheidende Wendepunkt der „Leidensgeschichte" (in den „Stadien") ist dieser:

„Großer Gott ... ich finde ein Billett, geschrieben mit einer verzweifelten Leidenschaft; sie kann nicht ohne mich leben, es wird ihr Tod, wenn ich sie verlasse, sie beschwört mich *um Gottes, um meiner Seligkeit willen, bei jedem Andenken, das mich bindet* (offenbar das Andenken des Vaters), *bei dem heiligen Namen,* den ich nur selten nenne, weil mich mein Zweifel daran gehindert hat, ihn mir anzueignen, obgleich ich ihn eben darum wie keinen anderen verehre (natürlich den Namen Christi). So bin ich ihr nun also angetraut."

Man vergleiche hiermit die folgende Tagebuchnotiz:

„*Replik*

Eine humoristische Individualität begegnet einem Mädchen wieder, das einstmals versichert hat, sie würde sich das Leben nehmen, wenn er sie verließe; er findet sie verlobt. Er begrüßt sie und sagt: ‚Darf ich Ihnen für die Wohltat danken, die Sie mir erwiesen haben; vielleicht gestatten Sie; daß ich meine Erkenntlichkeit bezeige' (er holt aus seiner Westentasche zwei Mark und acht Schillinge und reicht sie ihr). Sie ist vor Empörung stumm,

bleibt aber doch stehen und will ihm durch ihren Blick imponieren, da fährt er fort: ‚Nichts zu danken, es ist eine Beihilfe zur Aussteuer, und *ich verpflichte mich bei allem, was heilig ist, um Gottes und Ihrer ewigen Seligkeit willen,* an jenem Tag, an dem Sie Hochzeit halten und Ihre Wohltat erst recht krönen, Ihnen weitere zwei Mark acht Schillinge zu schicken.'"
Die direkte Parodie ist deutlich genug. Offenbar hat nichts Kierkegaard mehr gequält als jene Beschwörung, und deshalb veranlaßt er schon in der „Leidensgeschichte" seinen idealen namenlosen Helden, der sich durch eine solche Beschwörung gebunden fühlt, zur Gegenwehr durch das burleskeste Karikieren:
„Es würde meinen Zorn beschwichtigen, wenn es ein anderer wäre, wenn ich bestätigt fände, daß diese starken Worte und eidlichen Beschwörungen nicht mehr und nicht weniger waren als, mit Respekt gesagt, ein schlimmes Aufstoßen, ein bißchen Schluckauf, vielleicht veranlaßt durch allzuviel Romanlektüre, daß diese Todesgedanken Träume waren, nicht wie die Juliens bei Shakespeare nach der Einnahme des Giftes, sondern wie sie Grete bei Wessel bekommt, nachdem sie Erbsen gegessen hat."
Frater Taciturnus selbst, der fingierte Verfasser der Geschichte, betrachtet die Handlungsweise des jungen Mädchens weniger bitter und mit größerer Kälte; er bemerkt nur, daß sie geschwiegen und sich ruhig verhalten hätte, wäre ihr Leiden tragisch gewesen; nun sei sie in das andere Extrem verfallen, habe nach Art junger Mädchen den Mund so voll wie möglich genommen und habe sich selbst mit dem Vorsatz gequält, eine unglücklich Liebende in größtem Maßstab zu sein. Er macht gleichzeitig darauf aufmerksam, daß der Held die Sache wahrscheinlich höchst pathetisch als einen „Bruch mit der Idee" ansehen würde, falls sich das Mädchen mit einem anderen verheiratete, daß sie jedoch in Wirklichkeit dann nichts anderes täte, als sich *„sine ira et studio"* einen neuen Kavalier auf dem Ball des Lebens anzuschaffen; „wenn man nämlich den einen nicht bekommen kann, dann nimmt man den anderen, unbekümmert

um Ideen-Weitläufigkeiten, und eben deshalb liebenswürdig". Man spürt hinter den überlegenen Worten die Geringschätzung.

Mit solchen Gefühlen im Herzen, mit solchen Gedanken im Kopf hat Kierkegaard zu jener Zeit, als er sich an die Ausarbeitung von „Entweder – Oder" machte, im Königlichen Theater gesessen und die Aufführung der „Ersten Liebe" gesehen. Man begreift daher sehr wohl, was der Verfasser der Abhandlung in Wirklichkeit meint, wenn er sagt: „Scribes Stück hat auf mannigfache Art mein persönliches Leben berührt." Es war für ihn jener befreiende Hauch, den der Groll und Spott in ihm brauchte. Vom Zuschauerplatz aus betrachtete er das Stück gleichsam mit all seinen persönlichen Erfahrungen im Kapitel über die Frau und die Bedeutung der ersten Liebe und sah es mit Entzücken im Meer der Ironie versinken. Er kannte sie ja so gut, Emmelines inhaltlose Leidenschaft, diese Reminiszenzen von Romanlektüre, und er verstand es so gut, daß ihre höchst liebenswürdigen, jedoch sinnlosen erotischen Gebärden die Umgebung hoffnungslos verwirrten.

In *„In vino veritas"* läßt er seinen Constantin sagen, daß kein Jüngling auch nur halb soviel Idealität besitze wie ein junges Mädchen, daß aber all die ihrige Illusion sei, nur vorhanden im Phantasie-Augenblick und daher in Wirklichkeit Spaß, und deshalb sei die Formel für jede weibliche Existenz die: vormals Kaiserin auf dem weiten Feld der Liebe und Titularkönigin aller Übertreibungen der Torheit, jetzt Madame Petersen an der Ecke der Badstuestræde. Scribes Emmeline illustriert diesen Satz, denn sie befindet sich von der ersten bis zur letzten Szene in ununterbrochener Illusion, und das ganze Stück ist ein Spott über ihre Sentimentalität und falsche Romantik.

Er läßt Constantin ebenda sagen: „In erotischer Hinsicht glaubt man ihr (jeder Frau) unbedingt ..., glaubt unbedingt all jenen Ausbrüchen einer unverbrüchlichen Romantik, in der sie vermutlich zu Tode käme, würde man nicht ein Sicherheitsventil installieren, damit der Seufzer und der Rauch und die Aria der Romantik (Anspielung auf Wessel) hinausströmen und den Anbeter beglücken können." Dies ist die Situation, die Emmeline im Stück illustriert; denn da ihr die Welt durchaus wohlgesonnen ist, sind alle Verhältnisse für sie so geordnet, daß sie in romantischen Versicherungen und Formeln schwärmen kann, ohne die Ironie zu spüren, die sie in der Atmosphäre umschwebt.

Einer der Hauptpunkte der „Leidensgeschichte" war, daß das junge Mädchen in dem Augenblick, wo er sich von ihr zurückziehen will, an ihrem Liebhaber festhält. Dieses Festhalten wird in Kierkegaards Schriften wieder und wieder in ein äußerst komisches Licht gestellt. So in der „Wiederholung", wo es bei demselben Anlaß heißt: „Groß ist weibliche Treue, besonders wenn man sie sich verbittet, unergründlich und unbegreiflich ist sie zu allen Zeiten." Fast gleichlautend sagt Constantin in den „Stadien": „Unbegreiflich groß ist die Treue der Frau, solange sie sich des Geliebten nicht sicher ist, und ebenso unbegreiflich groß, sobald er sich ihre Treue verbittet." Für diese Lächerlichkeiten, die zu verdeutlichen und abzustempeln ihm höchst angelegen war, fand er in Scribes Lustspiel „Die erste Liebe" einen vollendeten Ausdruck, und das ist der Grund, weshalb der Verfasser des Aufsatzes in „Entweder – Oder" jubelnd ausruft: „Emmelines Treue wird vollkommen parodistisch. Um keinen Preis will sie Charles aufgeben, weder durch Feuer noch durch Wasser läßt sie sich abschrecken; seine Verlegenheit wird immer größer, denn er möchte sie gern loswerden. Eine solche Treue ist ganz in ihrer Ordnung; so ein Jüngferchen wie Emmeline pflegt nämlich immer dann am treuesten zu sein, wenn der Geliebte sie loswerden will."

Doch der eigentliche springende Punkt in der „Leidensgeschichte" war ja nicht nur jene wenig erwünschte Treue, sondern das unselige Wort des jungen Mädchens (mag sie es in Wirklichkeit gesagt haben oder nicht), daß der Bruch ihr *Tod* sein werde. Zur gleichen Zeit, da Kierkegaard in „Furcht und Zittern" um diesen Ausspruch eine Tragödie nach der anderen türmt, ein ganzes Mausoleum, ein prächtiges Kenotaph darüber baut

und es mit der trauernden Statuette des jungen Mädchens krönt – zur gleichen Zeit erweckt dieser Ausspruch seinen wildesten Hohn und veranlaßt ihn, sooft er an sie denkt, diese Worte in wahren Lachparoxysmen unter einem Hagel verfaulter Eier und einem Bombardement übelriechender Apfelsinen zu begraben.
Man höre nur Constantin Constantius davon berichten, wie er seiner Verstorbenen auf der Straße begegnet. Wie gut für die Mädchen, denkt er, daß sie nicht bei jedem ihrer Tode begraben werden müssen. Er hält eine Verstorbene für eine der amüsantesten Figuren, mit denen man im Leben zusammentreffen kann, sie leistet alles, was sich von Beiträgen zum Amüsement mit Fug und Recht verlangen läßt. Sie stirbt aus Liebe, das ist gewiß, das hat sie ja selbst gesagt. Aber sollte sie deshalb nicht ein weiteres Mal lieben können? Warum nicht? Sofern man sie nur ins Leben zurückrufen kann. Dann ist sie ja ein neuer Mensch, und ein neuer Mensch, ein anderer Mensch liebt wieder zum ersten Mal, und nichts Auffälliges ist daran. „O Tod", ruft er aus, „groß ist deine Kraft; nicht das stärkste Vomitiv, nicht das stärkste Laxativ können so gründlich entleeren!"
Und während der Aufführung von Scribes Lustspiel sah Kierkegaard eben auch diese seine komische Lieblingssituation auf der Bühne: das junge Mädchen, das versichert, nicht ohne ihre erste Liebe, Peter, leben zu können, und das zehn Minuten darauf in aller Liebenswürdigkeit seinem Nachfolger Paul ihre Hand mit der Versicherung reicht, das Frühere sei ein Irrtum gewesen und erst diese sei ihre erste Liebe. Daher die Worte in „Entweder – Oder": „Die tiefe Ironie der Situation liegt also in Emmelines unverbrüchlicher Treue – sie kann um keinen Preis auf Charles verzichten, *weil das ihr Leben kosten würde* – sowie in Charles' wachsender Verlegenheit – er kann sie nicht loswerden."
Doch noch einen letzten Berührungspunkt gab es zwischen Kierkegaard und Scribes Stück, und zwar von einer eigenen und ganz besonders unheimlichen Art. Was nämlich ist jener Charles, auf den Emmeline aus purer Illusion nicht verzichten will – ist er denn wirk-

lich ein natürlicher Gegenstand romantischer Treue? Nein. „Es wird einem fast schlecht, wenn man den Blick auf die unendlich banale Dummheit heftet, die sein Gesicht prägt. Und doch ist das keine unmittelbare Dummheit, in seinem Blick liegt noch eine Schwärmerei, die in ihrer Blödigkeit an eine Vergangenheit erinnert." Wenn Emmeline ihn nicht freigeben will, dann nur aus purer romantischer Orthodoxie und Albernheit. Doch was hat Kierkegaard mit diesem lächerlichen Kumpan zu schaffen, wird man fragen. Was seine eigene Gestalt betrifft, gewiß weniger als nichts. Doch wenn sich der Held der „Leidensgeschichte" scheinbar – wiewohl vergeblich – des Betrugs bedient, um seine Geliebte von sich frei zu machen, dann hat er zumindest eine starke Ähnlichkeit mit ihm. Man beachte diesen seinen Ausbruch:

„So ergreife mich denn mit all deiner Macht, gewaltige Leidenschaft, du Fälscherin, Wechselbalg der Wahrheit, doch im Betrug nicht von dieser zu unterscheiden ... Verwandle alle Qual meiner Brust zu Geschwätz auf den Lippen, all ihr Pathos zu Gefasel, sobald es laut wird! Nimm es fort, nimm es weg, verbirg jeden Zug, jede Miene, jedes Gefühl, jede Spur eines Gefühls, das ihr gefallen könnte, versteck es so sicher, daß keine Wahrheit den Betrug durchschimmert! Verwandle mich, laß mich, wenn ich bei ihr sitze, einer nickenden Pagode gleichen, mit einem gedankenlosen Lächeln auf den Lippen, umdünstet von Unsinn!"

War es nicht lächerlich, zum Verzweifeln lächerlich, daß er sich in einen Charles verwandelt hatte – und vergebens? Emmeline hatte sich selbst darin gefallen, daß sie ihm gleichwohl treu bleiben wollte, und als sie ihn mit ihrer Treue gebührend gemartert hatte, da hatte sie liebenswürdig und ungeniert Rinville genommen. Begreift man die bebende Leidenschaft, mit der seine bissige Feder die Worte schrieb:

„Alles, was Emmeline sagt, erweist sich als Gefasel, das Eheversprechen eingerechnet. Ihre alte Verliebtheit in Charles ist Gefasel, ihre neue in Rinville ist es auch; ihre Schwärmerei ist Gefasel, ihr Zorn ist es auch; ihr Trotz ist Gefasel, ihre guten Vorsätze sind es auch."

Das wahre Wesen dieser kleinen romantischen Gazelle erweist sich als „das unendliche Gefasel".

Die Abhandlung über „Die erste Liebe", in ihrer ausgelassenen Witzigkeit, beseelt von einem negativen und parodierenden Enthusiasmus, ist also das Satyrspiel, das der dreifachen Tragödie entspricht, und diese formt sich aus der „Wiederholung", „Schuldig – Nicht schuldig" und „Furcht und Zittern".

19

Auf dem Titelblatt von „Entweder – Oder" stehen zwei übersetzte Verszeilen des englischen Dichters Young:

> „Ist die Vernunft allein getauft,
> Sind denn die Leidenschaften Heiden?",

ein Ausspruch, der aus dem Mund dieses halbpietistischen Dichters leicht verständlich ist, doch könnte man sich darüber wundern, daß ein Geist wie Kierkegaard davon ausgeht. Wenn man die Worte jedoch recht betrachtet, so entdeckt man eins der tiefsten Charaktermerkmale in Kierkegaards schriftstellerischem Werk.

Er geht davon aus, daß die Vernunft getauft sei. Die unzähligen feinen Untersuchungen und Analysen, die seinen ohne Übertreibung enorm und gigantisch zu nennenden Werken zugrunde liegen, sind nicht voraussetzungslos oder vorurteilsfrei angestellt. Auch gab es kein Wort, das Kierkegaards bald witzigen, bald nahezu skurrilen Spott und Hohn in einem solchen Grade herauszufordern vermochte wie der große Grundsatz der Philosophen: Man sollte an allem zweifeln. Jene Vernunft, die hier prüft, ist eine getaufte Vernunft, getauft mit Feuer, aber getauft – es ist eine Vernunft, die im voraus ein Gelübde abgelegt hat, zu welchen Resultaten sie gelangen will, und die selbstverständlich zu keinem andern Resultat gelangt. Wie der Schüler, der in das Rechenbuch des Lehrers geguckt hat, bevor er mit der Rechenaufgabe beginnt, weiß sie, wie das Ergebnis lautet, und bekommt es deshalb heraus, wie immer sie rechnet. Das

Neue Testament, nach der Auffassung der Orthodoxie gelesen, ist jenes Rechenbuch, das die richtige Lösung aller Aufgaben enthält.
Ich brauche kaum zu erwähnen, daß es sich mit den großen und bahnbrechenden Geistern anderer Länder in diesem Jahrhundert ganz anders verhält: bei Littré und George Sand, bei Goethe und Hegel, bei Shelley und Stuart Mill ist die Vernunft ungetauft. Dafür sind bei ihnen – bildlich gesprochen – die Leidenschaften getauft. Diejenigen unter ihnen, welche die Leidenschaften dichterisch schildern, lassen sie wohl hin und wieder in ihrer ganzen ursprünglichen Wildheit zu Worte kommen, doch bestimmen sie nicht ein ganzes Kunstwerk, in der Regel sind sie gemildert, geadelt, als feurige, jedoch gehorsame Rosse vor den Triumphwagen des Geistes gespannt.
Gerade das Gegenteil bei Kierkegaard. Wie die Vernunft bei ihm getauft ist, sind die Leidenschaften in seinen Schilderungen ungetauft, und dies verleiht denjenigen seiner Produktionen, in denen er die „ästhetische" Existenzsphäre, das Genußleben, das Weib als Gegenstand der Begierde des Mannes, darstellt, einen so eigentümlichen Charakter. Die bekannteste dieser Produktionen ist die, mit welcher der erste Teil von „Entweder – Oder" kulminiert, „Das Tagebuch des Verführers", und daran schließt sich die erste Abteilung der „Stadien" an: *„In vino veritas"*. Es sind zwei Meisterwerke höchsten Ranges, jedoch zwei unheimliche, beunruhigende Meisterwerke. Erweckte das unvergleichliche Trinkgelage, als die „Stadien" erschienen, geringe oder gar keine Aufmerksamkeit, woran der Stumpfsinn des Publikums schuld war, so erregte das „Tagebuch" beim Erscheinen von „Entweder – Oder" um so mehr Aufsehen, denn jenes Publikum, das schwierige Bücher scheut, jedoch in allen herumschnüffelt, entdeckte rasch, daß das Papiermonstrum des unbekannten Verfassers, außer all seinen Ansprachen an die Symparanekromenoi und seinen feierlichen Abhandlungen über das Ästhetische und das Ethische, die augenscheinlich zum Überspringen bestimmt waren, auch noch „Das Tagebuch des Verfüh-

rers“ enthielt, wovon man sich schon im voraus eine himmlische Schlemmerei versprach.
Das war in der Tat auch eine höchst geniale Hervorbringung, eine der kapitalen Leistungen jener reichen Periode in der schönen Literatur Dänemarks. Doch was man hier kennenlernte, war eine seltsame Art von Verführer, es war eigentlich der Schatten eines Verführers, phantastisch wie ein Schatten, blutlos wie ein Schatten. In diesem Tagebuch gab es keine schöne und glückliche Sinnlichkeit wie unter dem taghellen Himmel der Griechen, keine sanfte und edle Sinnlichkeit, wie sie in Goethes klarem, durchsichtigem Mondlicht erscheint, keine wildblühende Sinnlichkeit wie in Byrons funkelnder Sternschnuppennacht, überhaupt keine Sinnlichkeit im eigentlichen Verstand – sondern einen geistesaristokratischen Stolz, das ewig hungrige Lechzen einer unersättlichen Eitelkeit nach Nahrung und eine Begierde, die molochartig glühende Arme nach ihrem Gegenstand ausstreckt, um ihn zu versengen, zu verzehren, zu vernichten.*
Man versteht das Werk besser, wenn man auch *„In vino veritas“* gelesen hat, wo die Hauptgestalt des „Tagebuchs“ von neuem auftritt. Liest man die Schilderung dieses Trinkgelages in der rechten Stimmung, was nach mehrmaliger Lektüre nicht ganz leicht ist, da kommt es einem so vor, als ob die Redenden nicht in einem erhellten Saal, sondern im Dunkeln stünden, und als ob ihnen bei ihren Worten blaue Flammen aus dem Munde schlügen. Es ist für Kierkegaard höchst eigentümlich, daß er bei so außerordentlichen poetischen Gaben niemals ein unschuldiges oder doch schuldfreies Bild des ewig Frühlingshaften in der menschlichen Liebe hat geben können oder wollen – sein Ehepaar hat einen Anflug von Philisterei –, sondern stets gezwungen war, die irdische Freude in die Verzweiflung zurückzuschleudern. Es ist bezeichnend, daß es ihm nicht gelungen ist, andere Persönlichkeiten als die Apostel der Verzweiflung irgend-

* Über das Verhältnis zwischen dem „Tagebuch des Verführers“ und verwandten europäischen Phänomenen siehe „Hauptströmungen“, Bd. II, S. 51 ff.

wie sichtbar zu machen. Das lag daran, daß er trotz seines Versuchs, die sittliche Sphäre zwischen der ästhetischen und der religiösen einzukeilen, in Wirklichkeit nur an zwei Möglichkeiten glaubte: Hedonismus oder Askese, ein Leben des Genusses oder der Entsagung; beide Lebensformen wuchsen sich vor seinem Blick zu einer solchen Macht, daß sie die dazwischenliegende natürliche und humane Daseinsform erdrückten. Daher das Unheimliche in jenen Meisterwerken. Liest man *„In vino veritas"* kritisch, so spürt man, wie die Totalstimmung des Vortrags schwankt: sie ist abwechselnd die Klostersehnsucht nach dem Weib als dem verbotenen Gut und – der Mönchshaß auf das Weib als das unreine Wesen, dessen Berührung erniedrigt. Auf diese beiden Grundstimmungen lassen sich alle Ergüsse zurückführen, vielleicht mit Ausnahme der Rede „des jungen Menschen", die rein neutral und geschlechtslos ist. Hinter diesen prachtvollen und üppig-geistreichen Reden ist gleichsam in vagen Umrissen eine ideale Persönlichkeit zu erahnen, die das Weib bald begehrlich mit dem Blick der Klapperschlange anstarrt, bald es mit katholischer Pfaffenhoffart und Pfaffenverachtung angeekelt von sich schleudert – die abwechselnd reiner Dämon und reiner Geist ist.
Der Verführer ist abwechselnd dasselbe. Daher sagt Cordelia von ihm: „Manchmal war er so geistig, daß ich mich als Weib vernichtet fühlte, zu anderen Zeiten so wild und leidenschaftlich, so begehrend, daß ich fast vor ihm zitterte", also wechselweise Geist und Dämon. Und das Zitat besagt, daß die Leidenschaft des Helden nicht die gewinnende und betörende Leidenschaft der Jugend ist, sondern eine Leidenschaft, vor der das Weib *zittert*, eine ungetaufte, heidnische.
Darin aber liegt zugleich die tiefe und einzigartige Originalität dieser Hervorbringungen. Sie sind in literarischer Hinsicht gewiß das Vorzüglichste, was Kierkegaard geschrieben hat. Wären diese Arbeiten in einer der europäischen Hauptsprachen geschrieben worden, so hätten sie ihren Verfasser weltberühmt gemacht, vor allem deshalb, weil sie nicht isoliert erschienen, sondern

als Glieder eines Ganzen von entgegengesetztem Geist. Wenn man „Das Tagebuch des Verführers" mit Schlegels bekannter „Lucinde" vergleicht, der, wie schon erwähnt, das Motiv entnommen ist, und wenn man bedenkt, welche Berühmtheit diese schwache und in jeder Hinsicht unzulängliche Arbeit erlangt hat, dann empfindet man, wie ungerecht Kierkegaard vom Schicksal behandelt wurde, indem es ihn nicht in einem größeren Land zur Welt kommen ließ. Und wenn man *„In vino veritas"* mit Platons „Symposion" zusammenhält, als dessen Gegenstück es erscheint, dann muß man mit Bewunderung eingestehen, daß es den Vergleich so gut verträgt, wie eine moderne Komposition es überhaupt vermag. Ein größeres Lob ist kaum möglich.

Im „Tagebuch des Verführers" schätze ich die Episoden am höchsten; diese Skizzen, wenige Seiten lang, über das Spiel der Zephyre mit den jungen Mädchen auf der Straße oder die Dienstmädchen im Schloßgarten von Frederiksberg, sind kleine Wunder an Beobachtungsgabe und Darstellung. Sie haben nichts von dem Gekünstelten der planmäßigen Verführungsgeschichte, nichts von dem abstoßenden Raffinement der zahlreichen Briefe und Billetts des Johannes, von Cordelias pedantischen Nachahmungen derselben ganz zu schweigen; sie sind so offensichtlich nach Motiven der Wirklichkeit ausgeführt, daß man hier, wie bei Kierkegaard nur ausnahmsweise, den wirklichen Erdboden unter den Füßen spürt. Inmitten der abstrakt-dämonischen Sphäre, in welcher der Verführer zu Hause ist, geben sie uns die vortrefflichsten Lebensbilder aus dem damaligen Kopenhagen, klein, aber mit phantasiereicher Eleganz und Größe im Stil gemalt.

Aus ähnlichen Gründen ist in *„In vino veritas"* die beste Figur der Modehändler; er ist der einzige, der nicht lauter Abstraktion ist, der einzige, der eine andre Profession im Leben hat als die, jung, Eremit, Beobachter oder Verführer zu sein. Damit soll nicht gesagt sein, daß er irgendeiner Wirklichkeit abgelauscht wäre; nach einem so idealistisch verzweifelten Modehändler müßte man wohl lange suchen, und für Kopenhagen ist er schon deshalb nicht ty-

pisch, weil unsere Verhältnisse viel zu klein gewesen sind, um ein solches Produkt der Überzivilisation hervorzubringen. Doch für Kierkegaards geistigen Scharfblick ist bezeichnend, daß diese Gestalt, welche in Dänemark ein Phantasiebild war, in Frankreich der Wirklichkeit sehr nahe kam. Man kann rundum in der modernen französischen Literatur zu ihm und seiner Rede Parallelen finden. Wenn Kierkegaards Modehändler sagt: „Es gibt keine distinguierte Gesellschaft, in der mein Name nicht der erste und der letzte wäre, und es gibt keine bürgerliche Gesellschaft, in der mein Name, sobald er genannt wird, nicht eine heilige Ehrfurcht wie der des Königs einflößt, und keine so wahnwitzige Tracht, die auf ihrem Weg durch den Saal nicht von einem Flüstern begleitet würde, wenn sie nur aus meinem Laden stammt", so findet man eine Parallele dazu in dem Pariser Modehändler in Taines „Monsieur Graindorge", der keine Dame empfängt, die ihm nicht erst vorgestellt wurde. Wenn der Modehändler in den „Stadien" davon spricht, daß er bei den Toiletten seiner Nähmädchen an nichts spare, um die Dogmen der Mode in seinem Geschäft mit Nachdruck verkünden zu können; wenn er den vornehm nonchalanten Blick schildert, mit dem er das eintretende junge Mädchen mißt, die Art und Weise, wie sie dann von seinen abgerichteten Handlangern gemessen und taxiert wird, so ist dies nur eine hysterisch-phantastische Übertreibung jenes Verfahrens, das von Balzacs wirklichkeitsgetreuem Gaudissart und seinen Kommis angewandt wird.
Wie Droz in seinen kleinen Pariser Schilderungen zeigt, fehlt in Frankreich nicht einmal jene Besonderheit, daß man spezielle Trachten für den Kirchgang hat, und Zola liefert mit den Modehändler-Szenen in „La curée" einen gewichtigen Kommentar zur Schilderung des Modehändlers bei Kierkegaard, auf welche Art und Weise sich die weibliche Laszivität in seinem Etablissement verrät. Der Modehändler in den „Stadien" ist, wie gesagt, nur als eine unwirkliche, unhistorische Abstraktion gedacht, Johannes Climacus gibt später (in der „Abschließenden Nachschrift") sogar das Rezept für ihn: er ist „dämonische Verzweiflung in Leidenschaft".

In der wirklichen Welt war er zu jener Zeit eine gesellschaftliche Macht, und, historisch gesehen, in der Justemilieu-Periode überdies eine politische Macht ersten Ranges, in Frankreich wählbar, dekoriert und zum Diner in den Tuilerien bei dem Bürgerkönig Ludwig Philipp eingeladen.

„Das Tagebuch des Verführers" und das Trinkgelage, die Glanzpunkte in jener Gruppe von Kierkegaards Schriften, welche das Genußleben darstellen, sind in sprachlicher Hinsicht gewiß das Hervorragendste, was er geschaffen hat. Was die Sprache betrifft, sind sie Denkmäler, dauerhafter als Erz. Nie zuvor hat die dänische Prosa solche Wunderwerke vollbracht. Die dänische Sprache, die nach Kierkegaards eigener Charakteristik, wiewohl nicht ohne Ausdruck für das Große und Entschiedene, „eine anmutige, gefällige, holdselige Vorliebe für den Zwischengedanken, den Nebenbegriff, das Eigenschaftswort, für das Geflüster der Stimmung und das Summen des Übergangs besitzt", wird hier im Dienst einer ebenso wort- wie gedankenreichen Leidenschaft entwickelt. Unter den Händen dieses Schriftstellers erwächst nicht allein „eine Literatur in der Literatur", sondern auch eine Sprache in der Sprache, eine Sprache, deren Stil der Ruhe des Lapidarstils und der Reinheit des Nationalstils so fern wie möglich ist, ein erregter, überladener, detailliert ausgemalter und geschnörkelter Stil, in dem das Adjektiv, das den Vortrag breit macht, eine größere Rolle spielt als das Verb, das ihm Kraft gibt, und die Rolle der Stimmung größer ist als die der Kontur, wo aber alles Leidenschaft ist – ein Sprachkörper, der ganz aus Puls besteht. Auch wenn dieser Stil noch so ausgeschmückt ist, so ist die Leidenschaft, die er ausdrückt, deshalb nicht minder dämonisch, nicht minder tief empfunden. Er ist ein Flammenschwert mit manieriertem Griff und reich verzierter Klinge, jedoch tödlich in seinem Stoß. Glücklicherweise wurde es nie gebraucht, um Unheil anzurichten.

Dieser Stil ist selten eigentlich *gesprochen* wie die kurze Replik und selten eigentlich *geschrieben* wie ein Buch; er liegt dazwischen, so ähnlich wie der Briefstil, der etwas von der Vertraulichkeit und Kraft der mündlichen Sprache, etwas vom Periodenbau und Arrangement der Büchersprache hat. Daher ist er ein reiner Virtuosenstil, der mit der Sprache spielt, Kunststücke mit den Wörtern treibt, sie zu einem Knoten knüpft oder zu einer Schleife bindet. Er wendet sich – im Gegensatz zu dem jüngeren europäischen Prosastil – mehr an das Ohr als an das Auge, er strebt einen gewissen rezitativischen Rhythmus an, welcher dem Gehörsinn schmeichelt.* Kierkegaard meißelt die Sprache nicht zur Statue, er verwandelt sie in ein unendliches Panorama, das mit einem musikalischen Akkompagnement fast zu schnell an unserem Auge vorüberzieht.

Es ist die Sprache der Leidenschaft, denn Leidenschaft liegt in der ätzenden Ironie ebenso wie in der tiefbewegten Verwunderung, sie liegt vor allem in der unruhigen Verzweiflung, die eine Kavallerie von Prädikaten anführt, eins immer kecker und flinker als das andere, die

* Es gibt zum Beispiel einzelne Billetts des Verführers, die so rhythmisch ausgearbeitet sind, daß sie sich recht gut als Verse derselben Art niederschreiben ließen, wie sie Oehlenschläger in einer seiner Elegien verwendet:

„*Meine Cordelia!*
Bald, bald bist Du mein.
Wenn dann die Sonne
ihr spähendes Auge schließt,
wenn die Geschichte
vorbei ist
und die Mythen beginnen,
dann hüll ich mich nicht nur
in meinen Mantel,
sondern werfe die Nacht
als Mantel über mich
und eile zu Dir
und lausche, um Dich zu finden,
nicht den Schritten,
sondern dem Herzschlag.
Dein Johannes"

Ein Blick auf den ersten Entwurf zu diesem Billett in den „Nachgelassenen Papieren" zeigt, wie sehr sich Kierkegaard um die Ausarbeitung des Rhythmischen bemüht hat.

drauflosschlägt und abschwenkt und mitten in gestreckter Karriere pariert, was einen Eindruck erweckt, als ließe die ungeheure Gemütsbewegung die Stimme umschlagen.
Wie schneidend klingt es beispielsweise, wenn Constantin sagt: „Die Erklärung ist nicht schwierig, wenn man wirklich ernsthaft unglückliche Liebe und Tod in Beziehung zueinander setzt, wenn man den Ernst dazu hat, diesen Gedanken festzuhalten, und soviel Ernst sollte man immer haben – um des Spaßes willen." Wie ergreifend wirkt es, wenn „der junge Mensch" seine tiefgedachte und schwermütige Rede, eine Jungfernrede in jeder Bedeutung des Wortes, die gleichsam auf nie berührten Schmetterlingsflügeln in der Luft schwebt, mit dem Ausruf endet: „Gibt es denn keinen, der lacht?" – Und wie viele Dichter vermögen wohl wie Kierkegaard den Charakter der kalten Verzweiflung in einer einzigen Replik wiederzugeben! Man lese zum Beispiel jenes Billett, das der Selbstmörder in „Entweder – Oder" seinem Bruder schickt:

„Hochverehrter Herr Justizrat!
Ich schreibe an Sie, weil Sie mir in gewisser Weise der Nächste sind, in einer anderen Weise sind Sie mir nicht näher als andere Menschen. Wenn Sie diese Zeilen empfangen, bin ich nicht mehr. Sollte jemand Sie nach dem Grund fragen, so können Sie sagen: es war einmal eine Prinzessin, die hieß Morgenschön oder sonst etwas Ähnliches; denn so würde ich selbst antworten, wenn mir die Freude zuteil geworden wäre, mich selbst zu überleben. Sollte jemand Sie nach der Veranlassung fragen, so können Sie sagen: die Veranlassung sei die große Feuersbrunst gewesen. Sollte jemand Sie nach der Zeit fragen, so können Sie sagen: es sei in dem für mich so merkwürdigen Monat Juli geschehen. Sollte niemand Sie etwas fragen, weder das eine noch das andere, so brauchen Sie nichts zu antworten …

Mit Hochachtung
Ihr ergebenster."

Doch man darf gar nicht erst damit anfangen, das stilistisch Vortreffliche in Kierkegaards dichterischen Produktionen zu zitieren, man würde niemals ein Ende finden. Um aber die Ursache dafür zu erklären, daß diese Werke bei all ihren Vorzügen eine verhältnismäßig geringe Anzahl von Lesern gefunden haben, muß ich noch auf eine stilistische Eigenart hinweisen. Das ist die Ungleichartigkeit des Vortrags. Die pureste Lyrik ist hier mit den reinsten Abstraktionen einer philosophischen Terminologie vermischt. Bilder, so warm und sinnlich, als hätte Christian Winther sie geschaffen, wechseln mit Schulworten ab, die so trocken sind, als wären sie von irgendeinem norddeutschen hegelianischen Katheder bezogen.

Man nehme beispielsweise jene Stelle im „Tagebuch des Verführers“, wo er seine Beobachtungen und Gedanken in Hinblick auf das Weib zusammenfaßt: „Jede hat das Ihre“, sagt er, „das muntere Lächeln, den schelmischen Blick, das begehrliche Auge, den geneigten Kopf, den übermütigen Sinn, die stille Wehmut, das tiefe Ahnen, die drohende Schwermut, das irdische Heimweh, die uneingestandenen Regungen ...“, und so fährt er noch lange, lange in kleinen, kurzen Sätzen fort, von denen er selbst einmal mit berechtigtem Stolz zu Professor Brøchner sagte, daß in jedem von ihnen das Motiv zu einem Sonett enthalten sei. Doch eine halbe Seite weiter unten beschließt der Verführer plötzlich, „selber kalt über das Weib zu denken“. Nun sucht er ihre „Kategorie“ und findet sie: sie ist „Sein-für-Anderes“. Als Sein-für-Anderes ist sie die reine Jungfräulichkeit. „Jungfräulichkeit ist nämlich ein Sein, das, insofern es Ansichsein ist, eigentlich eine Abstraktion darstellt und sich nur für Anderes zeigt ... Man kann daher sagen, daß das Weib in diesem Zustand unsichtbar ist.“

Und wieder geht es lange in demselben Professorenstil weiter.

Am abstoßendsten wird diese Mischung aus Sinnlichkeit und Pedanterie, wenn sie in ein und demselben Satz vorkommt, was nicht selten der Fall ist.

Man lese zum Beispiel in der enthusiastischen Rede, die

der Verführer beim Trinkgelage hält, die ansonsten schöne und poetische Charakteristik des Weibes:

„So bildeten die Götter sie fein und ätherisch wie aus dem Nebel der Sommernacht, und doch füllig wie die reife Frucht; leicht wie der Vogel, obgleich sie das Begehren einer Welt in sich trägt, leicht, weil das Spiel der Kräfte vereint ist *im unsichtbaren Zentrum eines negativen Verhältnisses, in welchem sie sich zu sich selbst verhält*, schlank emporgeschossen, fest gezeichnet und doch für das Auge schwellend in den Wellenlinien der Schönheit vollendet und doch, als würde sie ständig erst in diesem Moment fertig, kühl, lieblich, erfrischend wie neugefallener Schnee und doch errötend in stiller Durchsichtigkeit, glücklich wie ein Scherz, der einen alles vergessen läßt, beruhigend als jenes Ziel, worauf die Begierde gerichtet ist, *befriedigend dadurch, daß sie selbst der Anreiz der Begierde ist*."

Man achte genau auf den merkwürdig schlendernden Gang der Ideenassoziationen in diesem typischen Satz. Die Bilder sind schön an sich, doch sie sammeln sich nicht zu einem Ganzen, im Gegenteil, sie vertreiben einander. Das Weib ist wie der Nebel, wie die Frucht, wie der Vogel, aber Nebel, Frucht und Vogel gehören jedes zu einer eigenen Welt. Dann tut sich urplötzlich mitten auf dem Blumenpfad des Stils ein Abgrund philosophischer Tiefe auf, wir starren in „das unsichtbare Zentrum eines negativen Verhältnisses" hinab; der Blick hebt sich wieder und klammert sich an die „Wellenlinien der Schönheit", verweilt bei Schnee und Erröten, hofft auf ein sammelndes Schlußtableau, da folgt „jenes Ziel, welches der Anreiz der Begierde ist", und der Satz ist zu Ende.

Was wir ahnen, ist, wie ich schon sagte, nicht eine Statue, sondern ein Panorama einander jagender Bilder, das an uns vorüberzieht. Doch hinter dieser aus Poesie und Reflexion seltsam gemischten Beredsamkeit liegt jene ungetaufte Leidenschaft, die sich wenig um ihre Mittel bekümmert, wenn es ihr nur gelingt, zu Worte zu kommen, vernehmlich zu klopfen in jedem malenden oder erklärenden Zeichen.

20

Wenn man den Sprung vom ersten Teil von „Entweder – Oder“ in den zweiten macht, so ist einem, als käme man aus einem verzauberten Garten in eine Heidegegend. Nicht umsonst mündet der zweite Teil in eine Predigt, die auf der jütländischen Heide gehalten wird; das Ganze ist ein Hauch von der Heide. Als Kierkegaard in seinem achtundzwanzigsten Jahr die Heimat seiner Väter besuchte, fühlte er gleichsam jene Mächte gegenwärtig, die auf die Seele seines Vaters und dadurch mittelbar auf seine eigene gewirkt hatten, und er schrieb in sein Tagebuch: „Die Heide muß gerade geeignet sein, kräftige Geister zu entwickeln; hier liegt alles *nackt* und *entblößt* vor Gott.“ Seine Vorstellung davon, welches Element für die Entwicklung geistiger Kraft am besten geeignet sei, behielt stets etwas Heide- oder Wüstenartiges; und es ist daher kein Wunder, daß jenes Werk, in dem er zum ersten Mal das sittliche Leben und dessen Schönheit zu schildern unternahm, selbst etwas vom Ernst der Heide, von ihren großen Formen, ihrer Nacktheit und ihrer Monotonie erhielt.
Schon in dem Buch „Über den Begriff Ironie“ war behauptet worden, daß – im Gegensatz zu dem vermeintlich Poetischen, das darin bestehen sollte, dunkel und rätselhaft für sich selbst zu sein – die wahre Poesie wie die wahre Moral darin liege, für sich selbst und für andere *offenbar*, sich selbst in seiner eigenen absoluten und ewigen Gültigkeit *klar*zuwerden. Der zweite Teil von „Entweder – Oder“ ist die weitere Ausführung dieses Gedankens.
Die Hauptschlacht wird hier in der ersten Abhandlung über „Die ästhetische Gültigkeit der Ehe“ geschlagen, mit welcher der zweite Teil der „Stadien auf dem Lebensweg“ auf das genaueste korrespondiert. Die unverkennbare Begeisterung, von der die Argumentation dieser Abhandlungen getragen wird, schließt nicht aus, daß sie, aus Kierkegaards eigenem Gesichtswinkel gesehen, an einer wesentlichen Mißlichkeit leiden. Was zugunsten der Ehe und des sittlichen Lebens insgesamt gesagt

wird, hat nach Kierkegaards eigener Definition seinen Wert dadurch, daß die entsprechende Begeisterung keine bloße Dichterbegeisterung ist, sondern „die Zeit überwunden“ hat und auf lauter erlebten Eindrücken beruht. Deshalb muß er auch einen Mann erdichten, der das Verherrlichte erlebt hat, er muß einen Ehemann sprechen lassen. Denn wenn dieser Mann selbst nicht verheiratet wäre, dann hätte alles, was er mit soviel Wärme zum Preis der Ehe sagt – sofern die Beweisführung nicht mathematisch ist –, natürlich erheblich geringere Überzeugungskraft. Vom Kierkegaardschen Standpunkt aus gesehen ist es daher ein Nachteil, daß der Ehemann hier nur eine fingierte Person und sein Vortrag die Bauchrednerei eines Junggesellen ist, der sich noch dazu von einer angebahnten Ehe losgesagt hat.*

Zu einer Dichterbegeisterung für die Ehe hätte es der fingierte Verfasser des ersten Teils von „Entweder – Oder“ innerhalb jener Zeit, die für das Schreiben von fünf bis sechs Bogen Prosa erforderlich war, auch sehr wohl bringen können, er hätte die Poesie der Ehe mit der ehrwürdigen Erfahrung eines Goldbräutigams ausmalen können, ja, es wäre ihm vielleicht ein Genuß gewesen, sich zu einem männlichen Kuppelpelz auszubilden – nur hätte er sich selbst das Privileg vorbehalten, unverheiratet zu bleiben, um sich mit desto unverdrossenerem Eifer der Sorge für das Gedeihen der Ehen und der Verbreitung des Ruhms der Ehe zu widmen. Was sollte er außerdem gegen eine Verherrlichung der Ehe haben? Sein Charakter wird ja ausdrücklich als egoistische und *sympathetische* Schwermut bestimmt.

Man muß also festhalten, daß es eine reine Dichterbegeisterung ist, was der Abhandlung über die Ehe in „Entweder – Oder“ zugrunde liegt, und Kierkegaard hat recht wohl an eine solche denken können, als er seinen

* Man vergleiche die „Stadien“, wo von einem Mann, der, ausnahmsweise außerhalb der Ehe stehend, zu ihrem Lobe reden können soll, nachdrücklich verlangt wird, daß er einmal verheiratet gewesen sein muß.

Ästhetiker das folgende Diapsalma niederschreiben ließ:
„Vergebens kämpfe ich dagegen an. Mein Fuß rutscht ab. Mein Leben wird doch eine Dichter-Existenz ... Ich kann die Hoffnung so lebendig schildern, daß sich jedes hoffende Individuum zu meiner Schilderung bekennen wird; und doch ist sie ein Falsum, denn während ich sie schildere, denke ich an die Erinnerung."
Eine glückliche Ehe war seine Hoffnung gewesen, und wenn man hier treffendere Worte als Hoffnung und Erinnerung einfügt, so hätte der Ästhetiker sagen können: „Ich kann die *Ehe* so lebendig schildern, daß sich ein glücklicher Ehemann zu meiner Schilderung bekennen würde; und doch ist es ein Falsum, denn während ich sie schildere, denke ich an das *Zölibat*." Eben dieser Gedanke liegt dahinter, das zeigt sich zur Genüge auf den letzten Seiten der Abhandlung, wo er direkt hindurchbricht; das könnte man sich außerdem selber sagen, wenn man Kierkegaards Lehre von den drei Existenzsphären kennt.
Es gibt, lehrt er (zum Beispiel in den „Stadien"), drei Existenzsphären, die ästhetische, die ethische und die religiöse. Unter dem Ästhetischen versteht er dasjenige im Menschen, wodurch er unmittelbar ist, was er ist; unter dem Ethischen dasjenige, wodurch er wird, was er wird; unter dem Religiösen die absolute Umformung der Existenz (Entsagung, Leiden, Glauben) mit dem Ziel vor Augen, eine ewige Seligkeit zu erwerben. Wie man sieht, ist das Moralische nur ein Übergangsglied, und die gesamte Moral kulminiert in der Reue, welche den Übergang zum Religiösen bildet. Wollte man jedoch mit Recht von einem *zweiten* Stadium, einer *zweiten* Sphäre sprechen, so müßte diese eine gewisse Selbständigkeit erhalten. Wenn es Kierkegaard wirklich gelungen wäre, die drei „Existenzsphären", wenn auch nur rein begrifflich, auseinanderzuhalten, so müßte die moralische Sphäre streng gegen die religiöse, und mehr noch gegen die christliche oder paradoxe, abgegrenzt sein. Mit anderen Worten: Kierkegaard hätte im zweiten Teil von „Entweder – Oder" und in den „Stadien" den

Grundriß einer rationellen Moral, einer humanen Ethik liefern müssen. Immerhin wäre es wohl schlimm genug, daß diese rationelle Moral nur aufgestellt würde, um unmittelbar darauf von der paradoxen Religiosität zu Boden geschlagen und in ihrer Nichtigkeit enthüllt zu werden. Aber noch schlimmer ist es, daß sie überhaupt nirgends vom Christlichen abgesondert ist, niemals rein hervortritt, sondern sich stets auf eine fremde Autorität stützt.

Was der Assessor in „Entweder – Oder“ über die Ehe lehrt, ist daher so weit von einer selbständigen ethischen Gültigkeit entfernt, daß er seine Argumente vielmehr auf jeder Seite den christlichen Anschauungen, christlichen Dogmen usw. entnimmt und die rationelle Moral, falls er überhaupt an eine solche glaubt, ständig aus dem Auge verliert. Es ist für Kierkegaards geistigen Habitus höchst charakteristisch, daß der Assessor nicht einmal auf den Gedanken kommt, sein junger aufsässiger Freund könnte sich weigern, die traditionelle religiöse Anschauungsweise als Autorität zu betrachten, oder er könnte verlangen, vor das Tribunal der humanen Ethik gestellt zu werden, wenn schon über ihn Gericht gehalten werden soll. Kierkegaard ist vom Gang der modernen europäischen Wissenschaft so wenig beeinflußt, daß ihm die Moral nur dann als Moral erscheint, wenn sie von positiver Religion getragen wird. Er begründet sie ständig auf der Theologie, ohne zu merken, daß sogar sein Gottesbegriff nur aus humanen ethischen Bestimmungen zusammengesetzt ist, die er vergöttlicht hat. Selbst wenn sein Assessor (in den „Stadien“) ausruft: „Das Ethische ist so unbestechlich, daß sich die Ethik, falls unser Herrgott sich bei der Erschaffung der Welt eine kleine Mißlichkeit gestattet hätte, nicht stören lassen würde, ungeachtet Himmel und Erde mit allem, was darinnen ist, doch ein ganz artiges Meisterstück ausmachen“ – nicht einmal da spürt der Verfasser, daß er naiv die Theologie aus der Moral ableitet, während er gerade das Entgegengesetzte zu tun glaubt. Da kann es nicht verwundern, daß er bei seiner Verteidigung der Ehe (in „Entweder – Oder“, II) ständig Zuflucht zu so ehrwürdi-

gen Festungsruinen wie solchen nimmt, daß die Ehe „der Gott wohlgefällige Stand“ sei oder daß „Ehen im Himmel geschlossen werden“. Es kann nicht verwundern, daß die Ehe durchgängig nicht als eine ethische, sondern als eine speziell christliche Institution dargestellt wird, die aufs engste mit dieser positiven Religion zusammenhängt, von ihr beschützt wird usw.
Einem modernen Apologeten der Ehe könnte es gewiß nicht einfallen, solcherart zu Werke zu gehen; er hätte allein aus der politischen und wissenschaftlichen Entwicklung der letzten zwanzig Jahre gelernt, daß man der Ehe keinen schlechteren Dienst erweisen kann, als ihren Wert und Bestand an eine einzelne bestimmte positive Religion zu knüpfen. Es besteht jedoch keine Veranlassung, hierbei zu verweilen. Um so mehr Grund besteht, hervorzuheben, daß die Anschauung von der Ehe und vom Christentum, welche Assessor Wilhelm vorträgt, eine ganz andere ist als jene, zu welcher Kierkegaard später selbst gelangt, ja, sie ist direkt entgegengesetzt, so daß Kierkegaard am Ende in seinem eigenen Namen mit den rücksichtslosesten Ausdrücken jene Auffassung vom Christentum verdammt, die er hier augenscheinlich in das günstigste Licht zu stellen sucht. Denn was der Assessor verficht, das ist gerade das süßliche und weichliche Christentum, welches Kierkegaard in seinen letzten Schriften für die „unqualifizierteste Gottlosigkeit“, für „Niedertracht“, für „eitel Lüge“, für „einen Abgrund von Abscheulichkeit und Nonsens“ erklärt. – Schon aus diesem Grunde ist es gedankenlos, „Entweder – Oder“ als eine gezielte Vorbereitung der späteren religiösen Schriften anzusehen.
Die Abhandlung über „Die ästhetische Gültigkeit der Ehe“ dürfte das Schwächste sein, was Kierkegaard verfaßt hat. Falls der zweite Teil von „Entweder – Oder“ tatsächlich vor dem ersten und diese Abhandlung folglich zuallererst geschrieben ist, so kann man nur die großen Fortschritte anerkennen, die der Autor während der Ausarbeitung seines Werks gemacht hat. Der Schwerpunkt dieser Abhandlung ist nicht ethisch, sondern rein theologisch. Der Ausgangspunkt ist der: wie schön

würde es doch für den Christen sein, wenn er seinen Gott in einer Weise den Gott der Liebe nennen dürfte, daß er dabei auch an „jenes unaussprechlich selige Gefühl, jene ewige Macht in der Welt – die irdische Liebe“ dächte. Dagegen stellt sich der Verfasser Einwände vor. Man könnte einwenden, der Gott der Christen sei Geist, und für den Christen sei es zum Beispiel nicht notwendig, „daß Christus eine irdische Schönheit gewesen“, was sogar sehr betrüblich gewesen wäre, „denn wie müßten sich dann die Gläubigen nach seinem Anblick sehnen“. Aber, heißt es weiter, man sei deshalb nicht der Meinung, daß das Christentum das Sinnliche ausschließe oder vernichte; täte es das, bemerkt der Verfasser, so würde ja selbst die Gesundheit in Verdacht geraten – ein unglückliches Argument, denn bekanntlich ist die Gesundheit dem Christentum immer verdächtig gewesen. Kierkegaard selbst führt ja schon in den „Stadien“ Feuerbachs und Pascals übereinstimmende Zeugnisse dafür an, daß das Leben des Christen eine ständige Leidensgeschichte sei.

Indessen ist Christentum, wenn man dieses Wort nicht in einer streng begriffsbestimmten Bedeutung versteht, etwas so Vieldeutiges, daß es kaum eine Auffassung gibt, für die man nicht eine Bibelstelle finden könnte, und deshalb beruft sich der Assessor, um seine Auffassung, daß sich das Sinnliche „in seiner Unschuld“ wohl in das Christentum aufnehmen lasse, auf den Umstand, daß Christus selber Kranke geheilt habe. Wenn Gesundheit nicht ein Gut im christlichen Sinne wäre, hätten sich die Aussätzigen die Heilung ja verbitten müssen. Also steht nichts der Annahme im Wege, daß die Ehe ein Werk des Himmels sei. Es ist interessant, diese Art der Betrachtung mit Kierkegaards späterer Ansicht zu vergleichen, daß der Pfarrer, „wenn er nicht ein Lügner und Meineidiger ist, der auf die niedrigste Weise schnödes Geld verdient“, den Brautleuten erklären müßte, daß sie ihn aufgesucht hätten, das sei im Grunde ebenso seltsam wie ein Gang zum Polizeipräsidenten, um ihn zu fragen, wie man einen Diebstahl bewerkstelligt. In Hinblick auf die Vielfalt der Richtungen, in denen sich das Christliche auslegen läßt, ist es lehrreich, wenn man denselben Mann, der in „Entweder – Oder“ einen Pseudonymus, mit dem er damals in fast allen Punkten übereinstimmte, einmal über das andere die Ehe als den Gott wohlgefälligen Stand bezeichnen ließ, nur zwölf Jahre später schreiben sieht: „Aufrichtig gesprochen, ich begreife nicht, wie es jemals einem Menschen eingefallen ist, die beiden Dinge vereinen zu wollen: Christ sein und verheiratet sein.“

Eine Folge der gesamten theologischen Anlage dieser Abhandlung ist, daß das bürgerliche Wesen der Ehe gar nicht erst zur Sprache kommt. Was der Assessor zu überwinden strebt, ist daher auch nicht die Abneigung, die der verirrte Jüngling gegen die Ehe überhaupt hegt, sondern seine Scheu vor der kirchlichen Trauung mit ihren theologischen Formeln. Dem autoritätsliebenden Gemüt Kierkegaards wäre es wohl wie das fehlende I-Tüpfelchen vorgekommen, hätte sein Buch der zügellosen Geistreichigkeit des Ästhetikers nicht diese Glied für Glied durchgeführte Apologie und Verherrlichung des Trauungsrituals einer bestimmten Konfession gegenübergestellt.

Die Einwände des Ästhetikers gegen dieses Ritual werden spezifiziert. Wenn er Anstoß daran nimmt, daß er feierlich zum *Herrn* seiner Gattin eingesetzt werden soll, so wird dieses Wort mit einer Reihe von antediluvianischen Anschauungen gerechtfertigt; es verärgert ihn, daß seine Braut als *Sünderin* bezeichnet wird, und der strenge Assessor hält sich nicht für zu gut, wie ein geschmeidiger katholischer Pater den jungen Mann darauf aufmerksam zu machen, daß in dem Wort Sünderin „ein Geheimnis liegt, das ein interessantes Licht auf sie wirft“; der halsstarrige Jüngling empört sich über die Verkündigung der Trauungsrede, daß die Sünde durch die Ehe (die Ehe zwischen Adam und Eva!) in die Welt gekommen sei, und der Assessor antwortet mit Würde, daß es doch wohl als etwas Gutes anzusehen sei, daß die Kirche nicht mit einer eitlen Hoffnung schmeichle; schließlich mißfällt es dem Ästhetiker, wenn es für eine *Strafe* erklärt wird, daß das Weib mit Schmerzen Kinder gebären soll, und der hypertheologische Assessor – der keineswegs einräumt, daß es empörend ist, wenn eine so natur- und vernunftwidrige Lehre in einer Weise verkündet wird, als wäre sie mit göttlicher Autorität ausgerüstet – behauptet, es sei gerade eine Verklärung des Menschenlebens, daß alles zu ihm Gehörige auf die Bestimmung Sünde zurückgeführt werde, und eben weil ihre Schuld größer sei, deshalb sei das Weib in einem gewissen Sinne vollkommener als der Mann.

Nachdem nun das Trauungsritual solcherart auf das kräftigste verteidigt wurde, wird die Frage erörtert, ob die Hochzeit in der Stille oder öffentlich stattfinden soll, und der Assessor ist für die Trauung in der Kirche, in Gegenwart der ganzen eingeladenen Familie. Er hebt hervor, wie schön es sei, daß der Pfarrer den Bräutigam fragt, ob er sich mit *Freunden* und *Bekannten* beraten habe, wie schön es sei, daß die Gemeinde angerufen wird, und endlich verteidigt er nicht ohne Sentimentalität sogar die Profanation, die in der Publizität der Hochzeit liegt, indem er auf die vielen hinfälligen, einsamen, unglücklichen Geschöpfe verweist, von denen jede Familie ein paar hat und denen die Anwesenheit bei einem solchen Familienfest Vergnügen bereiten kann.*

An diese philiströsen Erwägungen schließt sich eine ebenso philiströse und triviale wie äußerst gutmütige Polemik gegen gewisse Auffassungen von der Ehe an, von denen man nicht glauben sollte, daß sie die Verschwendung von Worten lohnten, wie etwa jene Ansicht, daß man heiraten sollte, weil die Ehe eine Schule für den Charakter sei, oder die, daß man heiraten sollte, um sein Teil zur Vermehrung des Menschengeschlechts beizutragen. Hiergegen wird dann sehr gesund, wenn-

* „In einer Familie, die ich besuche, sehe ich häufig eine alte Jungfer, die bei der Frau des Hauses lebt. Sie erinnert sich des Hochzeitstages noch ganz lebhaft, ach, vielleicht lebhafter als die Hausfrau selbst. Möchtest Du nun all diesen Menschen eine solche Gelegenheit zur Freude rauben, welche Du ihnen verschaffen könntest?" („Entweder – Oder", II)

gleich nicht sehr überraschend, geltend gemacht, daß man aus Liebe heiraten sollte.
Wie man sieht, ist noch auf keinen ernsthaften Einwand, den man gegen die kirchliche Ehe erheben könnte, eine ernsthafte Antwort gegeben. Für Assessor Wilhelm könnte, so hat es den Anschein, allein der Umstand einiges Gewicht erlangen, daß die Ehe, obschon sie nach seiner Lehre auf Liebe beruhen sollte, tatsächlich in einer Vielzahl von Fällen nicht darauf beruht, und dennoch für ebenso heilig gilt. Doch diesem Einwand entzieht sich der Assessor sehr behende. Er stellt ein Dogma auf, das als Dogma natürlich nicht psychologisch motiviert, sondern als gegeben betrachtet wird. Es lautet: Man liebt nur einmal. Mit Hilfe dieses Dogmas ergibt sich die Verteidigung der kirchlichen Ehe von selbst: „Man liebt nur einmal. Um dies zu realisieren, tritt die Ehe dazu, und wenn es Leuten, die einander nicht lieben, in den Sinn kommt, sich zu verheiraten, so kann die *Kirche* doch nichts dafür.“ Er vergißt, daß die Kirche ihren Segen der Liebes- wie der Konvenienzehe in gleicher Weise gibt, ja in gleicher Weise hinzutritt, ob das Paar an die Bedeutung der kirchlichen Trauung glaubt oder ohne die geringste geistige Gemeinsamkeit mit der Kirche ist.
Ach ja! man erlebt eine schmerzliche Enttäuschung, wenn man diese Abhandlung als Mann durchstudiert, wenn man sich daran erinnert, wie ideal und überlegen sie einem erschien, als man ein Jüngling war. Es liegt etwas Wahres in den Worten, die Victor Hugo irgendwo gesagt hat: Man sollte die Ideen ebensowenig wiedersehen wie die Frauen, für die man in seinem achtzehnten Lebensjahr geschwärmt hat.
Glücklicherweise steht und fällt Assessor Wilhelms Einsatz für die Ehe nicht mit dieser unreifen Arbeit. In den „Stadien“ nimmt er das Thema von neuem auf, und obwohl er von derselben Grundansicht ausgeht, dringt hier sein Blick doch viel tiefer in die Sache ein und ist bedeutend weniger theologisch befangen. Hier steht nicht mehr im Mittelpunkt eine Antwort auf die Frage, ob die Ehe durch das Christentum beschützt wird oder nicht; hier liegt der Schwerpunkt im rein Humanen, in dem

Entschluß, der die Verliebtheit in sich aufnimmt, gleichsam die Verliebtheit übernimmt und durch diesen Akt die Ehe konstituiert. Hier finden wir den vortrefflichen Hinweis auf Aladdins herrliche, von weihrauchduftenden Fackeln erhellte Hochzeit, mit dem Ausruf: „Groß ist Aladdin; er hält Hochzeit, richtig, aber er verheiratet sich nicht ... Dafür fehlt ihm der Geist des Entschlusses ... Nur der Entschluß könnte für Aladdin bürgen."
Während die Abhandlung in „Entweder – Oder" in einem hochtrabenden, an verstaubte Gerichtsakten erinnernden Stil gehalten war, scheint diese in den Gerichtsferien des Assessors verfaßt zu sein; ihre Gedanken haben ein rascheres Tempo, ihr Ton ist humoristisch, ihre Stimmung herausfordernd. Sie sieht aus, als wäre sie von einem glücklichen Mann geschrieben, der in seiner Häuslichkeit zufrieden ist und Freude an seiner Gattin hat, der das Gute, das er besitzt, vollauf zu schätzen weiß – von einem durch all diese Gunst des Schicksals etwas übermütigen Mann, der sich freut, daß er eine Wendung Hamanns gebrauchen kann und deshalb „Bäh!" zu manchem Einwand sagt, der vielleicht doch eine deutlicher artikulierte Antwort verdiente. Der Autor verrät sich als ein etwas pietistisch veranlagter Moralist, der in ein und demselben Atemzug Goethe wegen seines Mangels an Pathos den Text liest und Young wegen seiner Bündigkeit lobt (eine Eigenschaft, durch welche sich Young fürwahr niemals ausgezeichnet hat) – und gleichzeitig als ein warmblütiger, begeisterter Mann, der mit echt Kierkegaardscher Schwärmerei für das Paradoxe seine religiöse Auffassung des Erotischen in diesem kühnen Satz zusammenfaßt: „So ist das Wunder der Verliebtheit emporgeführt in das Wunder des Glaubens, die Absurdität der Verliebtheit in göttliches Einverständnis mit der Absurdität der Religiosität. Frischen Mut! Ein schlichter, biederer Mensch, der den gesunden Menschenverstand respektiert, kann wohl verstehen, daß das Absurde existiert und daß es sich nicht verstehen läßt."
Man brauchte kaum zu sagen, daß ein Mann, der mit einer solchen Kraft an allem Überlieferten festhält wie

Assessor Wilhelm in allen Stücken die traditionellen Ansichten von der Frau teilt, welche in den letzten Dezennien überall in Europa ins Wanken geraten sind. Nach seiner Auffassung ist die Frau ausschließlich um des Mannes und der Kinder willen da. Daß sich die Frau emanzipieren will, ist für ihn eins der vielen unschönen Phänomene unsrer Zeit, an denen die Männer schuld sind, und nur einer emanzipierten Frau könnte es nach seiner Ansicht einfallen, etwas gegen die Ehe in ihrer überlieferten Form zu haben. Den „unanständigen Versuchen, die Frau emanzipieren zu wollen", stellt er das bekannte Gebot des Paulus entgegen, die Frau solle untertänigst in der Stille lernen. Gegen „all das abscheuliche Gerede von der Emanzipation der Frau" will er „dem Dummkopf, der die Emanzipation predigt", nur sagen: „Siehe, da steht sie in all ihrer Unvollkommenheit, ein geringeres Wesen als der Mann; hast du Mut, dann schneide die reichen Locken ab, zerschlage die schweren Fesseln – und laß sie laufen wie eine Wahnsinnige, eine Verbrecherin, zum Entsetzen der Menschen!"
Stuart Mill würde sich durch eine solche Verteidigung der gesellschaftlichen Stellung der Frau in entschwundenen und entschwindenden Zeiten schwerlich zum Schweigen gebracht fühlen – eine Verteidigung, welche sich auf die Schönheit ihrer langen Haare stützt, und kaum jemand wird der Frau das Recht bestreiten, sich damit zu dekorieren, wenn sie Lust dazu hat. Doch diese Stelle aus „Entweder – Oder", II, ist ein charakteristisches Zeugnis für Kierkegaards mangelnde Fähigkeit, eine im strengen Sinn moderne Idee zu begreifen.
Ebenso wie Michelet erweist er dann, um seine Unterschätzung der weiblichen Fähigkeit zu einem selbständigen Leben gutzumachen, der älteren Frau eine Galanterie, die sich in dieser Form nur bei einem Mann „der alten Schule" finden läßt. Michelet behauptet in seinem Buch über „Die Liebe", daß es keine alten Frauen gibt, daß die Frau niemals alt wird. Kierkegaard überbietet ihn in den „Stadien" fast mit der spiritualistischen Behauptung, die Schönheit der Frau nehme mit den Jahren

zu, und entwickelt diesen Gedanken ebenso ritterlich und schön wie absurd.
Die Auffassung von der Frau steht im engsten Zusammenhang mit der Auffassung von der Ehe. Hätte der Assessor freiere und selbständigere Ansichten vom sozialen Recht der Frau gehabt, dann wäre er unmöglich ein so großer Bewunderer der Ehe in ihrer damals faktisch vorliegenden Form gewesen. Und mit einer solchen Bewunderung konnte er unmöglich Sympathien für die soziale Gleichstellung der Frau mit dem Mann verbinden.
Es unterliegt keinem Zweifel, daß diese Abhandlungen des Assessors bereits heute nur noch historischen Wert besitzen; das erschwert jedoch nicht das Verständnis dafür, daß sie auf die Zeitgenossen des Verfassers einen tiefen Eindruck machen mußten. Sie wirkten durch das souveräne ästhetische Gesetz des Kontrastes. Es kam weniger darauf an, daß ihre Argumente überzeugend waren, als darauf, daß sie durch den Ernst des Tons und die Sicherheit des Verfassers im grellsten Gegensatz zum flatternden, tanzenden Stil jener ästhetischen Beiträge standen, gegen die sie sich richteten. Im Schimmer jener Morgensonne, die aus den Abhandlungen des Assessors auf sie fiel, nahm sich die ganze Bande verzweifelter Junggesellen, die bei Kierkegaard gegen die Ehe anstürmte, wie übermüdete Nachtschwärmer in Morgenbeleuchtung aus. Und wenn man Kierkegaards Untersuchungen und Schilderungen der Idealität der Ehe als ein Ganzes nahm – und es war natürlich, daß sie den Zeitgenossen des Verfassers bald als eine Einheit erschienen –, so verschafften sie sich auch vielmehr damit Geltung, was *Bild* in ihnen war, als mit ihrer *Beweisführung*. Überhaupt wirkt ein Beweis niemals so stark wie ein Beispiel. Das Bild des ritterlichen Assessors, der im Zimmer sitzt und an einer Verteidigung der Ehe schreibt, während seine Gattin, ohne von seiner Tätigkeit zu wissen und begleitet von seinen verliebten Blicken, bei ihm ein und aus geht; das Bild des Assessors und seiner Gattin morgens am Teetisch in der Laube; das Bild des neuvermählten Paars im „Vorwort", wo die junge Frau so unwiderstehlich liebenswürdig, der Mann so humoristisch

glücklich unter dem zartesten Pantoffel ist – diese Bilder redeten der Ehe lauter das Wort als die zweifelhaften Argumente. Das kleine Buch „Vorwort“, in das Kierkegaard soviel von seinem besten Witz eingebracht hat, bietet vielleicht das reizendste jener Bilder und dürfte insgesamt die Perle unter seinen populären Schriften sein, eins der anmutigsten und witzigsten von allen scherzhaft-ironischen Büchlein, die jemals in dänischer Sprache geschrieben wurden.
Indessen war das zweite der drei Stadien auf dem Lebensweg, das Stadium der Sittlichkeit, der Ehe, nur ein Übergangsglied. Seine Lobpreisung war nur eine zeitweilige. Wie unpersönlich ein Schriftsteller auch sein mag – und Kierkegaard war alles andere als unpersönlich –, er wird auf die Dauer niemals loben, was nicht mit seinem Wesen und seiner Natur übereinstimmt. Kierkegaards moralische Arbeiten gruppieren sich um den Satz, daß es die Pflicht jedes Menschen sei, offenbar zu werden.* Für eine Natur, die von Kindheit an derart verschlossen war, mußte sich die Pflicht höchst natürlich auf solche Weise formulieren. Es war Pflicht, sich an den allgemeinen Gesellschaftsaufgaben zu beteiligen, es war Pflicht, zu heiraten und eine Familie zu gründen und durch die Ehe „dem Staat und dem Vaterland und den gemeinsamen Angelegenheiten der Mitbürger“ anzugehören („Stadien auf dem Lebensweg“); es war Pflicht jedes Menschen, einen Freund zu haben („Entweder – Oder“), und das alles, weil es die Pflicht jedes Menschen war, offenbar zu werden.
Doch er selbst war verborgen und undurchsichtig von Geburt – auch jetzt, nachdem er seine entscheidende geistige Krise durchgemacht hatte, war er verborgen und undurchsichtig, außerstande, einen Freund zu haben, sicher, daß er keine Ehefrau haben wollte, fest entschlossen in seiner Absicht, nicht das entfernteste mit Vaterland, Gesellschaftsangelegenheiten oder Staatsdingen zu

* Siehe die Abhandlung „Das Gleichgewicht zwischen dem Ästhetischen und Ethischen bei der Ausarbeitung der Persönlichkeit“ im zweiten Teil von „Entweder – Oder“.

tun zu haben. Auf dem Papier konnte er wohl eine Moral festhalten, welche jedem Menschen gebot, „das Allgemeine zu realisieren“; doch in letzter Instanz glaubt keiner an eine Moral, die seine Natur verleugnet und ihn zwingen will, sich ihrer zu entäußern. Aus diesem Grunde weichen natürlich veranlagte Menschen vor der positiv-christlichen Moral zurück und schließen sich der humanen an. Kierkegaards abnorm veranlagte und erzogene Persönlichkeit wich aus derselben Ursache vor der humanen Moral zurück und nahm Zuflucht zur paradoxen. Am Ende jeder seiner moralischen Abhandlungen hielt er einen Platz frei für „die Ausnahme“, die nichts von *dem* verpflichten konnte, was für die anderen Menschen die Regel, der Weg und das Leben war. Auf solche Art rettete er sich mit seinem ganzen rätselhaften und undurchsichtigen Wesen vom ersten Stadium hinüber in das dritte. Was im ersten Stadium als sündig galt – das Rätselhafte, die Verborgenheit, die Inkommensurabilität mit dem sittlichen Gesetz – und was im zweiten Stadium verboten und verurteilt wurde, das wurde im letzten und höchsten Stadium wieder erlaubt, ja, es wurde zu jener höheren Innerlichkeit und Unverständlichkeit für die Umwelt, welche nach seiner Vorstellung das Leben der religiösen Ausnahme konstituiert. Und dieser paradoxen Innerlichkeit entsprach nun als Gegenstand des Glaubens das absolute Paradox.

21

Will man die Keime jener Gedanken finden, die Kierkegaard über dieses dritte Stadium auf dem Lebensweg entwickelt hat, so muß man zu der frühen Abhandlung „Über den Begriff Ironie“ zurückkehren, welche der wahre Ausgangspunkt seines schriftstellerischen Werkes ist. Sokrates war der Held dieser Abhandlung wie der Held Kierkegaards; allein Sokrates war im Laufe der Zeiten einmal über das andere, zuletzt von Baur, mit Christus verglichen worden, und es war natürlich unvermeidlich, daß der dänische Schriftsteller über das wechselseitige Verhältnis dieser beiden grübeln mußte. Kierkegaard protestiert gegen jene Gleichheit, welche man zwischen dem griechischen Ironiker und dem jüdischen Religionsstifter hat finden wollen, und die erste These seiner Disputation läuft darauf hinaus, die Ungleichheit zwischen ihnen zu behaupten.* Er bedauert nur, daß seine Schrift nicht der rechte Ort dafür sei, um näher auf die Sache einzugehen. Doch drei Jahre später nimmt er in seiner gedankenreichen kleinen Schrift „Philosophische Brocken oder ein Bröckchen Philosophie" den Faden wieder auf, und indem er einerseits die schöne alte griechische Erklärung hervorhebt, nach der alles Lernen ein Erinnern ist, wozu der Lehrer nur Anlaß, nicht aber Urheber wird, und andererseits, orthodox wie er ist, an der orthodoxen Auffassung festhält, nach der Christus als Gott gleichzeitig Lehrer und Erlöser ist, hält er dem Leser den Gegensatz zwischen dem Humanen und dem Christlichen schneidend und grell vor Augen. Soll die Wahrheit vermittelt werden, dann geschieht das nach der griechischen Auffassung so, daß der Lehrer die Selbsttätigkeit des Lehrlings weckt und dadurch sich selber überflüssig zu machen sucht, sich selbst mehr und mehr auslöscht und zuletzt als der zufällige Anlaß dafür, daß sich der Lehrling über das Wahre klargeworden ist, verschwindet. Er fürchtet vor allem, hemmend zwischen seinem Schüler und der Wahrheit zu stehen. Im christlichen Bereich verhält sich alles genau entgegengesetzt. Soll hier die Wahrheit vermittelt werden, so ist der Lehrer keineswegs gleichgültig und zufällig, im Gegenteil, er selbst *ist* die Wahrheit als Gott und als Erlöser, folglich will er sich keineswegs selbst auslöschen, sondern stellt sich als Gegenstand der Aneignung dar. Doch als die Wahrheit, die in der Zeit existiert, als der Gott, der unter gewissen historischen Umständen in der Gestalt eines geringen Menschen auf Erden geboren wurde, als der Lehrer, der nicht nur die Wahrheit, sondern gleichzeitig die Bedingung für die Aneignung (des Glaubens)

* „Similitudo Christum inter et Socratem in dissimilitudine praecipue est posita."

mitteilt, als Gegenstand einer unvermeidlichen, naturnotwendigen Entrüstung, ist dieses Wunder „das absolute Paradox". Und mit großer Kraft, mit unbestreitbarem Geschick, wird nun dargetan, daß Gottes Erscheinen in der Zeit für seine späteren Jünger nicht im geringsten weniger paradox ist als für seine zeitgenössischen.
Gewiß hat es Kierkegaard bei seinem logischen Sinn gequält, daß dieses Paradox in all seiner Göttlichkeit nicht vollständig war. In seinen Tagebüchern vom Jahre 1843 schreibt er an einer Stelle sehr richtig: „Daß Gottes Sohn Mensch wurde, ist gewiß das höchste metaphysische und religiöse Paradox, aber es ist noch nicht das tiefste ethische Paradox ... Das Leben Christi stand in einem negativ-polemischen Verhältnis zu Kirche und Staat. Das höchste ethische Paradox würde es sein, wenn Gottes Sohn in diese ganze Wirklichkeit einginge, ein Glied darin würde, sich unter ihre ganze Kleinlichkeit beugte." Und an einer anderen Stelle führt er den Gedanken weiter: „Das *absolute* Paradox würde es sein, daß Gottes Sohn Mensch würde, in die Welt käme, so umherginge, daß gar niemand es merkte, wenn er im strengsten Sinn ein einzelner Mensch würde, der ein Gewerbe hätte, sich verheiratete. Das *göttliche* Paradox ist, daß er bemerkt wird, Wunder tut usw." Dieser Gedanke hat Kierkegaard augenscheinlich viel Kopfzerbrechen bereitet; wenn man schon für Paradoxe schwärmt, dann wünscht man sie so komplett, so absolut wie möglich zu sehen, und es enttäuschte ihn, daß der Gott der Christen das Paradox nicht so vollkommen angelegt hatte, wie es folgerichtig gedacht werden mußte, und auf ähnliche Weise sträubt er sich später in seiner Zeitschrift „Der Augenblick" dagegen, daß das Neue Testament den ledigen Stand nur „empfiehlt" und die Ehe nicht als Todsünde absolut verbietet – aber natürlich ist keine positive Religion so konsequent wie ihre Idee, und Kierkegaard mußte sich sowohl in der Dogmatik wie in der Ethik mit unvollständigen Paradoxen begnügen.
Doch es gelang ihm auf jeden Fall, sein unansehnliches „Bröckchen Philosophie" als Brander an dem klobigen Linienschiff festzumachen, das unter dem Namen „Die

spekulative Dogmatik" auf dem rechten Flügel der Hegelschen Flotte lag, und die Folge davon war, daß die Versöhnung zwischen dem christlichen Wissen und dem christlichen Glauben in die Luft flog.
Um den Sieg fortzuführen, sandte er einige Zeit später im Kielwasser der „Brocken" sein kolossales Kriegsschiff, die „Abschließende unwissenschaftliche Nachschrift zu den philosophischen Brocken. Mimisch-pathetisch-dialektische Zusammenschrift, existentielles Plädoyer von Johannes Climacus", ins Treffen. Wie man von Nachschriften zu Frauenbriefen zu sagen pflegt, war diese Nachschrift wohl mindestens so wichtig und bedeutend wie das Vorausgehende; sie besteht aus 480 Seiten in Großoktav und bildet den Mittelpunkt von Kierkegaards Produktion.
Sie setzt den Gedankengang der „Brocken" fort. Als erstes fertigt sie das objektive Problem der Wahrheit des Christentums ab. Natürlich ist Kierkegaard Denker genug, um einzusehen, daß es kein Beweis für die Wahrheit des Christentums ist, daß es Gemeinden gegeben hat, welche verschiedenen Gefühlen und Dogmen den Namen „christlich" beigelegt haben. Die Schwäche der Grundtvigschen Hypothese legt er auf ein paar Seiten bloß. Von der ganzen modernen Religionswissenschaft, von der vergleichenden Mythologie, von den historischen Studien über die älteste christliche Zeit, welche alle zu eben dieser Zeit ihren Anfang nehmen und welche im Verlauf von etwa zwanzig Jahren die gesamte Anschauung vom Wesen der Religion verändert haben, hat er keine Ahnung. Überhaupt besaß er wenig oder gar keinen Sinn für das, was im Aufbrechen und Anbrechen begriffen war. Anstatt vom Werdenden berührt zu werden, erschöpft er sich in einem Schwall von Polemik gegen das Vergangene, gegen die Hegelsche Religionsspekulation, mit der sich ein paar Jahre später kein Mensch mehr beschäftigt hat.* Und dann kommt er zu seinem ei-

* Er selbst ruft an einer Stelle triumphierend aus: „Und jetzt, nach 48, wer denkt jetzt an das System?", ohne zu spüren, daß gerade dies ihn schlagend trifft.

genen, seinem entscheidenden Problem, dem subjektiven Verhältnis zur Wahrheit des Christentums, oder mit anderen Worten, zu der Frage: Wie kann ich, Johannes Climacus, des Guten, genannt ewige Seligkeit, teilhaftig werden, welches das Christentum verheißt? Und die Antwort lautet: Indem ich subjektiv werde.

Es wird kein Hehl daraus gemacht, daß die Vorstellung von einer ewigen Seligkeit der lockende Beweggrund für all die geistigen Anstrengungen ist, denen sich das Ich unterwirft, um im strengen Sinne „Subjekt" zu werden, und es läßt sich nicht leugnen, daß dieses äußerliche Motiv jenen Anstrengungen einen erheblichen Teil des Verdienstlichen nimmt, das sie ansonsten haben könnten. Indessen liegt es nicht nur an dem Kierkegaard zur Verfügung stehenden Reichtum von Ideen und Erfahrungen, daß sich die einunddreißig Bogen aus seiner Feder, die sich ausschließlich um das Erwerben eines Gutes drehen, das so manchem Leser als ein nur mythisches erscheint, mit lebhaftem Interesse lesen lassen, sondern der Grund dafür ist vor allem die Darstellungsform, die Art der Mitteilung.

Es ist die unwiderstehliche *Anzüglichkeit* des Stils, die mit ihrer ununterbrochenen Polemik gegen die „Spekulanten" dem Buch ein fast dramatisches Interesse verleiht. Hätte einer von Shakespeares Narren Hegelsche Philosophie studiert, dann hätte er ihre Anhänger und Nachbeter in dieser Sprache verspottet und vernichtet. Niemals ist die wohl „zuweilen trübselige Professorengestalt" mit weniger Respekt vor professoraler Würde im Druck malträtiert worden. Worte, die gewöhnlich aus einer philosophischen Diskussion absolut verbannt sind, wie Kleinigkeitskrämer, Schützenkönig, Pensionisten usw.; Wortformen, die nur in der Sprache der Kinder und Clowns vorkommen, wie zum Beispiel „Männers und Weibsen"; Anekdoten, die damals gerade in Kopenhagen zirkulierten, wie zum Beispiel die Frage des Buchhändlers Soldin: „Rebekka, bin ich's, der da redet?"; Wendungen, die man in der Büchersprache sonst meidet, wie zum Beispiel „Wie zum Teufel sollte es in der Metaphysik ein Entweder–Oder geben können!"; gewagte Zitate von Holberg, die Einmischung deutscher und lateinischer Wörter, Vergleiche mit den alltäglichsten Phänomenen wie Heringsschwärmen und Tiergartenausflügen – das sind die Ingredienzien, mit denen die theologisch-philosophische Diskussion so stark gewürzt ist, daß man auch ein weniger nahrhaftes Gericht genießen könnte, wäre es so pikant serviert.

Während die ästhetischen Arbeiten sich durch die Leidenschaftlichkeit des Stils auszeichnen, leiden die eben besprochenen moralischen Abhandlungen unter einer gekünstelten Feierlichkeit und Würde des Vortrags. So originell Kierkegaard die Leidenschaft ausdrückt, so affektiert kann sein Pathos klingen. Da er zu autoritätsgläubig war, um die schlechte alte dänische Bibelübersetzung nicht zu respektieren und nachzuahmen, hatte er sein Ideal eines pathetischen Stils ihr entnommen, und deshalb gebraucht er in gehobener Diktion vielfach antiquierte Wortformen und hieratische Ausdrücke, mit der Absicht, einen pompösen Klang zu erreichen. Ja, in seinen moralischen Abhandlungen bevorzugt er einen so gestelzten Stil, daß er zum Beispiel seinen Assessor zunächst die Doktrin, daß die Frau ihre wesentliche Schönheit erst mit den Jahren erreiche, entwickeln und dann den Übergang zum folgenden Abschnitt mit der Wendung vollziehen läßt: „Nun verlasse ich die Betagte, deren Gesellschaft ich doch wahrlich nicht fliehe" – eine Abschiedsverbeugung vor den alten Damen und eine Schlußreplik, wie wenn ein alter Kavalier sein Fortgehen mit dem Herzensseufzer entschuldigt: „Wie angenehm mir die Gesellschaft auch ist, fürwahr, ich muß doch heute weiter."

Johannes Climacus schlägt einen anderen Ton an.

Der archaische Stil paßt nicht, wo es gilt, die dogmatischen Seelen, die dozierenden Weisen zu foppen und zu kitzeln und zu sticheln, bis sie niesen und aufspringen und sich krümmen und lachen und verraten, daß sie durchaus nicht das reine Denken, sondern nur arme belesene Spießbürger sind, die auf Hegelsche Weise die größten welthistorischen Gegensätze wie Heidentum und Christentum, Religion und Philosophie auf dem Pa-

pier versöhnen oder „mediieren", ohne selbst das Geringste erlebt zu haben, was sie hätte veranlassen können, sich auf die eine oder andere Seite zu schlagen, denn in Wirklichkeit sind sie nichts weiter geworden als „Schreiberknechte im Dienste der Rastlosigkeit eines phantastischen Denkens". Man höre, in welchem Ton er sie über ihr Verhältnis zu diesem gepriesenen Mediieren und Versöhnen der Gegensätze examiniert: „Man spricht beständig von Mediation und Mediation; ist denn die Mediation ein Mensch wie Küster Peer in Holbergs Komödie, der das Imprimatur für einen solchen hält? Wie fängt ein Mensch es an, dergleichen zu werden? Studiert man sich zu dieser Würde, diesem großen Philosophikum; oder vergibt der Magistrat sie ebenso wie Glöckner- oder Totengräberdienste? Man versuche nur, sich auf diese und andere so honette Fragen eines honetten Menschen einzulassen, der ja auch gern die Mediation sein möchte – könnte er es nur auf eine gesetzliche und ehrliche Weise werden und nicht dadurch, daß er entweder ‚Eins, zwei, drei, Kokolores' sagt oder vergißt, daß er selbst ein existierender Mensch ist, für den zu existieren also etwas Wesentliches und ethisch-religiös zu existieren ein geeignetes *quantum satis* ist. Einem Spekulanten wird es vielleicht abgeschmackt vorkommen, solcherart zu fragen." („Abschließende Nachschrift")
Welch eine Vermessenheit, einen wohlerzogenen Universitätsgelehrten, der sich selbst im reinsten Professorendänisch ausdrückte, in einem solchen Kauderwelsch anzureden! Einen Doktor der Theologie mit Küster Peer zu vergleichen! Die Hegelsche Dreiheit und Triade einen Kinderabzählvers zu nennen und als Kokolores zu bezeichnen! Doch in diesem Stil (welcher denn auch unter der Aufschrift oder dem Existenzstadium „Humor" in Kierkegaards System einrangiert ist) steckt Humor, und zwar guter Humor, und man liest mit Neugier, was ein Mensch in einer so ausgelassenen und rücksichtslosen Sprache das Bedürfnis hat zu sagen.
Und das ist: Jeder Mensch muß „subjektiv" werden, und dies ist die höchste Aufgabe eines jeden. Anders ausge-

drückt: Niemand sollte direkt danach streben, in der äußeren Welt etwas auszurichten, oder darüber klagen, wenn eine äußere Wirkung seiner Handlung ausbleibt, sondern nur das Gute wollen, nach bestem Vermögen durch Freiheit. Subjektiv sein heißt individuell sein, einzeln sein; daher bedeutet jenes Wort „das Gute" in Kierkegaards Mund auch nichts Objektives. Das Gute ist die Freiheit des Einzelnen selbst; die Brücke zwischen ihm und der Umwelt ist, ethisch-religiös gesehen, abgebrochen. Und so versucht Kierkegaard nun, einen entscheidenden Gegensatz zwischen Ethik und Geschichte zu behaupten. Er verweist jeden Einzelnen auf sein eigenes Inneres und wird niemals müde, die Spekulanten und die Spekulation zu verspotten, die nach seiner Ansicht über der Betrachtung des Welthistorischen Moral und Innerlichkeit vergessen. Er sucht die Idee des Guten vollständig von den kulturgeschichtlichen Zielen des Menschengeschlechts loszureißen, ohne die sie in der Wirklichkeit nur eine Abstraktion ohne Wert ist. Er sieht nicht ein, daß diese kulturgeschichtlichen Ziele ebensosehr das private Leben und die bescheidenste Tätigkeit zum Besten der Eltern, der Frau und der Kinder wie das öffentliche Leben in Wissenschaft und Kunst oder Staat umfassen. Es kommt ihm nur auf die völlige Unterwerfung des Individuums in Gehorsam unter das vermeintliche (subjektive) ethische Gebot an, und überhaupt nicht darauf, welches Resultat dieser Gehorsam äußerlich haben wird. Und deshalb ist es nicht zuviel gesagt, daß jene Mönche, welche in der ägyptischen Wüste ihre Zeit damit verbrachten, dürre Stöcke zu begießen, um die Bedeutungslosigkeit des menschlichen Wirkens gegenüber der übernatürlichen Welt praktisch zu beweisen, im Grunde sein Ideal einer ethisch bemühten Existenz verwirklichen.

Doch ebenso unethisch wie das Bestreben, „welthistorisch" zu werden, erscheint ihm die Kontemplation des Welthistorischen selbst. Moralisch verstanden, ist für ihn die philosophische Betrachtung der Geschichte nur Zeitverschwendung, ja die schlimmste Zeitverschwendung, da sie auf einem Falsum beruht, jenem Falsum, daß sich im Gang der Geschichte eine Notwendigkeit aufspüren ließe. Schon in den „Brocken“ bemüht er sich darzulegen, daß eine Philosophie der Geschichte unmöglich ist, weil, wie er sich ausdrückt, niemals etwas durch Notwendigkeit, sondern nur durch Freiheit entstehen kann, so daß die scheinbare Notwendigkeit des Vergangenen eine reine Illusion ist. Hieran schließt sich in der „Nachschrift“ natürlich eine Argumentation an, welche dartun soll, wie sinnlos es ist, die Entwicklung des Menschengeschlechts als das Höchste zu betrachten und sich infolgedessen die Aufgabe zu stellen, bei dieser Entwicklung mitzuwirken.

Hier wie überall bei Kierkegaard kann der moderne Leser sein Bedauern darüber nicht unterdrücken, daß der Autor seinen gesamten Scharfsinn darauf verwendet, gewisse ihm antipathische Theorien auf der Grundlage einer vollkommen dogmatisch akzeptierten Voraussetzung zu prüfen, zu kritisieren und zu analysieren, und dabei diese Voraussetzung weder analysiert noch kritisiert, weder untersucht noch prüft, sondern als eine offenkundige Wahrheit betrachtet.

Wenn er die Philosophie der Geschichte verwirft, geht er von einem vorgefaßten Begriff von der Freiheit des Willens aus, den jede wissenschaftliche Psychologie längst überwunden hat, den er aber in seiner Eigenschaft als Theologe als gegeben annimmt. Das *liberum arbitrium*, von dem Kierkegaard spricht und an das er glaubt, gehört in der Psychologie zur selben Kategorie wie die Werwölfe in der Zoologie, und damit fallen natürlich auch die Einwände dagegen, daß ein historisches Faktum mit Notwendigkeit geschehen kann und daß es möglich ist, historische Gesetze zu entdecken.*

Es ist amüsant zu beobachten, wie er an vielen zerstreuten Stellen in seinen Schriften die Vorstellung von jener

* Vgl. den trefflichen Abschnitt darüber in Steinthals Abhandlung „Zur Religionsphilosophie“ in der „Zeitschrift für Völkerpsychologie und Sprachwissenschaft“, Bd. VIII, Heft 3, 1875. Vgl. über die Notwendigkeit in der Geschichte G. Brandes, „Die französische Ästhetik in unserer Zeit“.

Freiheit, die der Notwendigkeit entgegensetzt ist, zu behaupten sucht. So gerät Frater Taciturnus (in den „Stadien") förmlich in Raserei, weil Ludwig Börne darauf verweist, daß die Verbrecherstatistik der Lehre von der Freiheit des Willens heftig widersprochen hat. Gewiß mag ein Protest berechtigt sein, wenn die Statistiker meinen, daß ihre Zahlen schon Gesetze *sind*; doch es steht außer Zweifel, daß sie die Existenz noch nicht erkannter Gesetze *beweisen* und daß es nutzlos ist, sich gegen sie zu ereifern. Und eine ganz ähnliche Absicht, nämlich dem Leser die Vorstellung von einer Freiheit à la Buridans Esel beizubringen, liegt beispielsweise der Umarbeitung des kleinen Aphorismus „Ich mag überhaupt nichts" zugrunde. Ich habe diese Umarbeitung vom stilistischen Gesichtspunkt her betrachtet, doch der Text bietet noch einen anderen dar. In seiner ursprünglichen Gestalt (siehe oben, S. 99) enthält er eine tatsächliche Begründung dafür, daß der Redende keine Lust hat, sich hinzulegen: er mag weder lange Zeit liegen noch gleich wieder aufstehen; diese Motivierung ist in „Entweder – Oder" getilgt. So wie der Aphorismus anfangs geformt ist, sieht man die Waagschalen des Willens steigen und sinken, bis eine bestimmte Vorstellung (die des *Fahrens*) die eine Schale faktisch zum Sinken und die Waage zur Ruhe bringt. In „Entweder – Oder" dagegen bleibt das Zünglein der Willenswaage steil emporgerichtet, wie der berühmte Esel zwischen den Heuhaufen unschlüssig bleibt, und der Redende hat hier jenen ewigen Augenblick der Freiheit gefunden, den die Psychologie nicht anerkennt, der sich aber, falls er existierte, sehr passend mit dem denkwürdigen Ausruf charakterisieren ließe: „Ich mag überhaupt nichts."

An den Einspruch gegen den historischen Determinismus knüpft sich der Einwand gegen die Generationsentwicklung als das Höchste an, das heißt gegen die kulturgeschichtlichen Ziele der Menschheit als die wesentlichen.

„Der Einwand ist dieser", schreibt Kierkegaard mit gesperrter Schrift, *„wie man, wenn man lediglich die Generations- oder Geschlechtsentwicklung statuiert oder sie doch als das*

Höchste statuiert, wie man dann die göttliche Verschwendung erklären will, welche die unendliche Schar von Individuen in einer Generation nach der anderen gebraucht, um die welthistorische Entwicklung in Gang zu bringen. Das welthistorische Drama schreitet unendlich langsam vorwärts. Weshalb beeilt Gott sich nicht, wenn er nur dieses will? Welche undramatische Langmut, oder vielmehr, welches prosaische und langweilige Indielängeziehen! Und wenn er nur dieses will: o wie grauenhaft, tyrannisch Myriaden von Menschenleben zu verschwenden!" („Abschließende Nachschrift")
Hier zeigt sich wie so oft, daß die im Sinne der positiven Religion religiösesten Geister die in allgemeiner Bedeutung irreligiösesten sind. Das wirkliche Leben, die wirkliche Entwicklung, der Zustand, wie er ist und von jeher war, erscheint dem frommen Betrachter als ein Wirrwarr von Grauen und Tyrannei, und anstatt sich resigniert in das Dasein zu fügen, wie es uns begegnet, anstatt darauf hinzuarbeiten, daß es für die nachfolgenden Geschlechter freundlicher werde, empört er sich gegen die tatsächliche Weltordnung und bildet sich als Ersatz eine fingierte. Wie oben geht Kierkegaard bei seiner Argumentation von einer festen Voraussetzung aus, die er nicht prüft, weil er sie als geoffenbarte Wahrheit betrachtet. Er fordert den Philosophen auf, zu erklären, weshalb Gott die Individuen verschwendet, weshalb Gott sich nicht mehr beeilt. Wie, wenn die Antwort des Philosophen lautete: Ihm sei keine Offenbarung Gottes und seines Verfahrens zuteil geworden, dagegen zeige ihm und jedem Beobachter die Erfahrung, daß die Natur mit den Individuen verschwenderisch umgehe und daß die historische Entwicklung sich nun einmal weder nach unseren Wünschen zu richten noch sonderliche Eile zu haben scheint. Kierkegaards Unglück besteht darin, daß ihm der Naturbegriff der modernen Wissenschaft vollkommen fremd ist und daß er sich deshalb gezwungen sieht, den Gegnern seinen theologischen Gottesbegriff zu unterstellen.
Dieses Fehlen eines Naturbegriffs war schon zu Beginn seiner Schriftstellerlaufbahn zu spüren, und zwar an

einem Punkt, der oben aus anderen Gründen hervorgehoben wurde, der jetzt aber in einem neuen Zusammenhang zu sehen ist – ich denke an Kierkegaards Angriff auf Andersens Genie-Theorie. Andersen war der Meinung, das Genie bedürfe insbesondere der Pflege, worauf Kierkegaard entgegnete, es müsse fähig sein, Mißgeschick und Widerstand jeder Art zu überwinden, und diese Entgegnung war in seinem Munde ganz erklärlich. Doch in Wirklichkeit hat keiner der Streitenden mehr recht als der andere. Wenn es sich um das Menschengeschlecht handelt, dann verhält sich die Natur ganz genauso wie bei den niedrigsten Tier- und Pflanzenarten; sie sät Tausende von Keimen aus, und nur einzelne von den lebensfähigsten gelangen durch das Zusammentreffen günstiger Umstände zur höchsten Blüte.

Da dem Einzelnen nun jeder Blick nach außen, auf die Ziele des Menschengeschlechts, auf das Historische, verboten ist, da das Streben des Individuums nur in die eine Richtung gelenkt wird: nach innen, mit Innigkeit zu Innigkeit, so folgt bereits daraus, daß es für Kierkegaard keine objektive Wahrheit gibt. Es ist unmöglich, die Wahrheit der Bibel, die Existenz des Bibelgottes objektiv zu beweisen.* Was nützt es außerdem, wenn ein Mensch gedankenlos und leidenschaftslos und geschwätzig oder wie ein Erasmus Montanus in leerer Eitelkeit objektive Wahrheiten dahersagte? Wäre er wohl in der Wahrheit, wenn sein Verhältnis zu diesen Wahrheiten nicht wahr wäre? Nein, ohne Aneignung, ohne Innerlichkeit gibt es für den Existierenden keine Wahrheit. Auf das Verhältnis kommt es an. Und „wenn bloß das Wie dieses Verhältnisses in der Wahrheit ist, dann ist das Individuum in der Wahrheit, selbst wenn es sich solcherart zur Unwahrheit verhielte." („Abschließende Nachschrift")

* „Ich betrachte die Natur, um Gott zu finden, ich sehe ja auch Allmacht und Weisheit, doch gleichzeitig sehe ich vieles andere, was ängstigt und verwirrt. Summa summarum wird hieraus die objektive Ungewißheit." Johannes Climacus

Mit Recht scheint man einwenden zu können, daß sich Tollheit und Wahrheit nicht voneinander scheiden lassen, wenn man die Wahrheit nur subjektiv bestimmt. Kierkegaard weist diesen Einwand durch die Bemerkung ab, daß das Ausbleiben der Innerlichkeit auch Tollheit sei. Und um diese zu charakterisieren, erzählt er eine Anekdote aus einem Irrenhaus. Ein Patient will davonlaufen und springt tatsächlich aus dem Fenster. Er befindet sich jetzt im Garten der Anstalt und ist gerade gescheit genug, um zu bedenken, daß man ihn wahrscheinlich zurücktransportieren würde, falls er nicht jeden, der ihm begegnet, hinlänglich davon überzeugen kann, daß sein Verstand ganz in Ordnung sei, indem er eine unzweifelhafte, objektive Wahrheit äußert. Wie er dies nun überlegt, sieht er eine Kegelkugel auf der Erde liegen. Er hebt sie auf, steckt sie in die Tasche seines Rockschoßes und sagt jedesmal, wenn sie an sein Hinterteil schlägt: „Bums, die Erde ist rund!" Gerade dies wird der Anlaß für seine Wiederergreifung. „Aber", ruft Kierkegaard aus, „ist denn die Erde nicht rund, verlangt das Irrenhaus für diese Annahme noch ein Opfer wie zu jenen Zeiten, da alle sie für so flach wie einen Eierkuchen hielten?" Nein, aber da sieht man, wie wenig die Äußerung einer objektiven Wahrheit für die persönliche Stellung des Individuums zum Wahren bedeutet.

Aus Furcht vor diesem Extrem stürzt sich Kierkegaard nun in das entgegengesetzte: *Die Subjektivität ist die Wahrheit*, oder wenn er sich schon zu einer Definition gezwungen sieht, so antwortet er: „Die Wahrheit, die höchste Wahrheit für einen Existierenden, ist die objektive Ungewißheit, festgehalten in der Aneignung der leidenschaftlichen Innerlichkeit." („Abschließende Nachschrift") Doch diese Definition von Wahrheit ist nur eine Umschreibung für Glauben. Glaube ist gerade der Widerspruch zwischen der unendlichen Leidenschaft der Innerlichkeit und der objektiven Ungewißheit. Die objektive Ungewißheit, das sind die 70 000 Faden Wasser, über denen sich der Gläubige an der Oberfläche hält, und – das Paradox glaubt. Was aber ist das Paradox? Es ist: daß die ewige Wahrheit in der Zeit entstanden ist, daß Gott entstanden, geboren, gewachsen ist usw.

Für Kierkegaard liegt das größte Gewicht darauf, daß man glaubt, alles dies sei historisch und äußerlich geschehen. Man sollte meinen, für einen Denker solchen Ranges müßte es gleichgültig sein, ob er einen sogenannten historischen Christus oder nur einen idealen Christus hätte. Er sagt ja in den „Stadien" selbst: „Befördert es nun den Glauben an das Große, wenn man weiß, daß es historisch ist? Nein, keineswegs. Ein solches Wissen verhilft einem nur zu einer Sinnestäuschung, einer Betörung durch das Stoffliche. Was ist es, was ich historisch weiß? Es ist das Stoffliche. Die Idealität weiß ich durch mich selbst, und weiß ich sie nicht durch mich selbst, so weiß ich sie gar nicht, da hilft alles historische Wissen nichts." So drückt er es selbst zuweilen aus; doch wenn er so spricht, dann denkt er nur an die sogenannte profane Geschichte; die „heilige" Geschichte gehört für ihn zu einer anderen Welt. Und nun entwickelt er auf hundert und aber hundert Seiten, wie das gesamte Leben des Individuums dadurch umgestaltet werden soll und muß, daß seine ewige Seligkeit durch das Verhältnis zu etwas Historischem, das zudem nur kraft des Absurden historisch ist, in der Zeit entschieden wird. Eine objektive Wahrheit gibt es nicht, denn die Wahrheit ist Innerlichkeit, und da sich keine leidenschaftlichere Innerlichkeit denken läßt als jene, welche dazu gehört, sein Leben für seine Überzeugung opfern zu wollen, so gelangt er folgerichtig zum Martyrium als dem eigentlichen Zeugnis der Wahrheit.

Doch dieses Kriterium dürfte ein geradeso schlechtes sein wie die objektive Richtigkeit des einzelnen Satzes. „Die Erde ist rund", das kann gewiß auch ein Irrsinniger sagen; allein Tausende von Mormonen haben ihren Geist als Blutzeugen für eine aus Torheiten zusammengesetzte Religion aufgegeben. Es besteht, ideal gesehen, kein Zwiespalt zwischen dem, was an und für sich wahr ist, und dem, was für mich Wahrheit ist, denn zu etwas an sich Wahrem, das nicht für unsere Auffassung wahr

ist, kann der Menschengeist unmöglich vordringen. Was ich zu denken nicht unterlassen kann, ohne daß mein Bewußtsein gestört wird und mein Wesen in Zwiespalt mit sich selbst gerät, das eben ist das für den Menschengeist an sich Wahre. Für das Paradox ist kein Platz.
Doch bei Kierkegaard erfüllte das Paradox bald den Horizont.

22

Ich habe den Ausdruck gebraucht, daß seine Vernunft getauft war. Es ist kaum möglich, das Dogmatische in seinen Analysen kürzer zu bezeichnen. Seine erstaunliche Fähigkeit, stringent und folgerichtig zu denken, wandte er ausschließlich dazu an, korrekte Schlüsse aus seinen fixen Voraussetzungen zu ziehen, und jenen Widerwillen gegen das Dogmatische, mit dem philosophisch-kritische Anlagen naturgemäß behaftet sind und den er ständig empfand, den richtete er, da ihm sein Autoritätsglaube verbot, Dogmen anzugreifen, ausschließlich auf das Dogmatische in der Mitteilungsweise, das er unablässig persiflierte und als ein unfehlbares Kennzeichen von Geistlosigkeit und Dummheit abstempelte. So geschah es, daß er in einem Vortrag, der sowenig dogmatisch wie möglich war, einen rein dogmatischen Inhalt formte.
Um sich seine Begrenzung klarzumachen, braucht man den Blick nur auf die Beziehung zu richten, die er in seinen reiferen Mannesjahren teils zur Natur, teils zur Geschichte hatte.
Bei ihm bildete sich rasch jener Haß auf die Natur und ihre Entwicklung heraus, den die Liebe zum Paradoxen und Naturwidrigen erzeugt. Am eigentümlichsten verrät sich dieser Haß in der dogmatischen Abhandlung „Der Begriff Angst“. Hier tritt Kierkegaard wie Joseph de Maistre persönlich auf, nur ausgerüstet mit einem Scharfsinn und einer psychologischen Beobachtungsgabe, hinter denen de Maistre weit zurücksteht. Inmitten

tiefsinniger psychologischer Entwicklungen fallen die größten dogmatischen Kruditäten wie Tintenkleckse von seiner Feder. Er kommt hier zu dem Beschluß, daß eine Abstimmung von mehreren Menschenpaaren unmöglich sei, daß die Sprache einen übernatürlichen Ursprung habe, daß der Tod die Strafe für die Sünde sei, daß durch das Essen der Frucht der Erkenntnis „die Differenz zwischen Gut und Böse in die Welt, doch gleichzeitig auch die sexuelle Verschiedenheit als Trieb" gekommen sei. Ja, er spottet darüber, daß man in unseren Tagen „sentimental und empfindsam" bei dem Gedanken wird, daß es keine Hexenprozesse oder Scheiterhaufen und Feuer der Inquisition mehr gibt. Jenes Mitleid mit der Seele, jener Wille, ihre Rettung durch alle Mittel zu sichern, welche zu diesen strengen Maßregeln führten, erscheinen ihm viel würdiger, sittlich von „einer besseren Bonität" als das Mitleid „unsrer aufgeklärten Zeit" mit den Leiden der Opfer, und er preist Augustinus, weil dieser mit dem Toleranzbegriff der modernen Zeit noch zuwenig vertraut war, um ein so schlaffes Gefühl zu hegen. „War es nicht Augustinus, der Strafen, ja Todesstrafen für Ketzer empfahl? Ob es ihm wohl an Mitleid fehlte oder ob sich sein Verhalten von dem unsrer Zeit nicht eher darin unterschied, daß ihn das Mitleid nicht feige gemacht hatte?" Und er vergleicht den Widerwillen unsrer Zeit gegen eine Kirche, welche inquisitorische Macht besitzt und anwendet, mit der Furcht „vor dem Brennen und Schneiden, womit einen der Arzt heilt", wenn es gilt, kuriert zu werden. („Der Begriff Angst")

Es wundert einen nicht, daß ein Mann, der so weit gehen konnte, Autodafés für ehrwürdig zu halten, eine ständig zunehmende Antipathie gegen die Naturwissenschaft empfinden mußte, welche denn Kierkegaard auch als die „allerfadeste" Wissenschaft von allen erschien. Nicht ohne Grund schreibt er mit hervorgehobenen Buchstaben in sein Tagebuch: *„Alles Verderben wird am Ende von den Naturwissenschaften kommen"* – alles Verderben nämlich für seinen positiven Glauben. Die Entdekkung des Mikroskops versetzt ihn in einen Zustand krampfhafter Verbitterung: „Wenn man die Entdeckung des Mikroskops als ein wenig Kurzweil, ein wenig Zeitvertreib betrachtet, mag es recht gut sein; aber ernsthaft gesehen, ist es (was glaubt man: dumm?) unendlich dumm." Liefe Gott, sagt er, mit einem Stock in der Hand umher, dann würde das vor allem jene treffen, die ihre Beobachtungen mit Hilfe des Mikroskops anstellen. Wie heuchlerisch der Naturforscher ist, verrät sich nach seiner Ansicht schon dadurch, „daß er, sagte man ihm, jeder Mensch habe doch am Gewissen und Luthers Kleinem Katechismus genug, die Nase rümpfen würde". Warum? Weil er „Gott vornehm zu einer schnippischen Schönheit, zu einem Teufelskerl von Künstler machen will, den nicht jeder verstehen kann". Und dieser antinaturwissenschaftliche Obskurantismus kulminiert in der Wendung, daß „der Naturwissenschaftler das Mikroskop gebraucht, wie Gecken die Lorgnette gebrauchen", nur daß die Frechheit unendlich viel größer ist, denn er gebraucht seine Lorgnette „gegen Gott".

Leider kann man gewiß sein, daß Kierkegaard, hätte er den Darwinismus erlebt, ohne Blick für die Größe dieser in allen Bereichen der Natur und des Geistes richtungweisenden Hypothese, einer der Eifrigsten im Witzereißen gewesen wäre, was die Abstammung des Menschen vom Affen und die übrigen vereinzelten Stichwörter betrifft, die aus den Arbeiten der Naturforscher zu der theologisch erzogenen großen Menge vorgedrungen sind.

Jeder, der sich selbst vergeblich mit jenen Gedanken und Vorstellungen beschäftigt hat, welche diese Hypothese klarstellt, jeder, der nach dem Studium von Kants „Kritik der Urteilskraft" über die Naturteleologie gegrübelt hat, ohne sich mit Kants Antwort auf das große Problem abfinden zu können, hat die Darwinsche Theorie bei ihrem Erscheinen sicherlich als das erlösende und befreiende Wort begrüßt, nach dem er geschmachtet hatte; dagegen hätte Kierkegaard jene Auffassung von Natur und Geschichte, in der er die Lösung aller Rätsel gefunden hatte, aufgeben müssen, um sich diese Theorie aneignen zu können.

Denn wie der obskurantistische Widerwille gegen die Naturwissenschaft die eine seiner Grenzen ist, so ist der ihm völlig fehlende Sinn für den Entwicklungsgang der Geschichte die andere. Er hatte in seinen „Brocken" ja entwickelt, daß eine Philosophie der Geschichte unmöglich sei, und damit war der Begriff einer historischen Entwicklung bereits geleugnet. Außerdem mußte ihm der kulturgeschichtliche Fortschritt schon aus dem Grunde ein Unding sein, weil mit der Einführung des Christentums in der Welt das Höchste erreicht war. Und so hatte er es sich eigentlich selbst unmöglich gemacht, historische Phänomene im Verhältnis zu den ihnen zugrunde liegenden Voraussetzungen und in dem zwischen ihnen bestehenden Zusammenhang zu sehen. Dies zeigt sich in all seinen Urteilen über große Schriftsteller, die jeglicher literaturgeschichtlicher Grundlage ermangeln und daher oft im höchsten Grade falsch und irreführend sind. Selbst für eine so tief eingreifende historische Tatsache wie die gradweise Emanzipation der modernen europäischen Literaturen von biblischen Betrachtungsweisen und vom kirchlichen Geist ist er vollkommen blind. Ich habe oben bemerkt, daß er als Kritiker seinen Gegenstand gänzlich aus dem historischen Zusammenhang reißt und ihn auf einen Isolierschemel stellt, um ihn zu taxieren; jetzt begreift man die Ursache. Er sieht nicht die großen Strömungen in der Geschichte der Literatur und Kunst, sondern nur die einzelnen isolierten Punkte, die für sein Auge keinerlei Gestalt bilden. Die großen, freigeborenen Geister der modernen Literaturen muß er entweder verdammen oder ihnen seine eigenen Betrachtungsweisen unterschieben, um sich ihnen vertraulich nähern zu können.

Die Schlegel-Tiecksche Shakespeare-Übersetzung liest er einmal über das andere, er versteht das Pathetische bei Shakespeare wie nur wenige, doch er versteht nichts von seinem Geist der Renaissance und spricht deshalb wiederholte Male seine Verwunderung darüber aus, daß sich dieser König der Dichter niemals darauf eingelassen hat, die eigentlich religiösen Kollisionen und Kämpfe

darzustellen. Er hat keinen Blick für jene Größe in Shakespeares Geist, die ihn so hoch über die konfessionellen und religiösen Streitigkeiten seines Zeitalters erhob.
Wenn er sich über Lessing äußert, so ist seine Liebe und Dankbarkeit unerschöpflich. Mit diesem überlegenen Denker und Dichter, dem eine dogmatische und dozierende Ausdrucksweise von Natur aus zuwider war, wenn sich das, was er auf dem Herzen hatte, ebensogut in einer Frage, einem Zweifel, einem Scherz, einer Fabel formulieren ließ, empfand er eine Verwandtschaft. Aber wie hat er in seiner Darstellung Lessings Lebensanschauung um und um gekehrt, um aus ihr das direkte Gegenteil zu machen! Bei ihm wird Lessing zu einem in tiefes Inkognito gehüllten Selbstdenker, von dem man beständig annehmen kann, daß er im Grunde seiner Seele ein Christ gewesen ist. Lessing, der offene, kühne, unerschrockene Lessing! Spinozas Schüler, Mendelssohns Freund, Goethes Lehrer! Lessing, dessen unsterbliche Ehre es ist, in Deutschland den Kampf Voltaires gekämpft zu haben, ohne daß er sich wie Voltaire von der Leidenschaft des Kriegers hinreißen ließ!
Und die Ungenauigkeit seiner Auffassung wiederholt sich im Kleinen wie im Großen. Wie Lessing wird auch Lichtenberg entstellt. Er wird in den „Stadien" einmal zitiert und dabei verändert: „Gott schuf den Menschen nach seinem Bilde, zum Ersatz dafür bildet der Mensch Gott nach dem seinigen, sagt Lichtenberg"; doch im Original steht nicht; „zum Ersatz bildet der Mensch", sondern „das heißt vermutlich, der Mensch schuf Gott nach dem seinigen", was ein bedeutender Unterschied ist. Kierkegaard kann oder will nicht verstehen, daß die Geschichte der neueren Literatur identisch ist mit ihrer Befreiung von den moralischen und religiösen Vorstellungen der Tradition.
Aus demselben Grunde spricht er, der mit seinem Respekt sonst eher verschwenderisch ist, mit so geringem Respekt über Goethe, ja, er gibt im Stile Wolfgang Menzels ein Zerrbild von ihm als unmoralisch und irreligiös

und läßt seinen Assessor über ihn schreiben, daß „dieser vergötterte Heros, den man den König im Reich des Gedankens nennt, gelinde gesagt, im ewigen Reich der Religiosität nur Titularkönig ist".

Er hält ihm vor, daß er „vornehm über Klopstock lächelt, weil dieser so angelegentlich mit der Frage beschäftigt war, ob Fanny, seine erste Liebe, die einen anderen geheiratet hatte, ihm in einem anderen Leben angehören würde". Ohne Bedenken wirft er einem Geist wie Goethe vor, daß dieser die biblisch-mythischen Vorstellungen, die ihm in seiner Kindheit eingeprägt worden, nicht bis zu seinem Tod bewahrte, daß er „sich zurückzog, wo es galt, nötigenfalls bis zur Verzweiflung, unter Verzicht auf jeden Anspruch an das Leben oder an eine bedeutungsvolle Existenz, für das teure Andenken der Eltern, für die Gemeinschaft des Glaubens mit den Verstorbenen zu kämpfen". Es ist ihm offenbar unbegreiflich, daß es in Hinblick auf überlieferte Glaubenssätze eine höhere Pflicht als die der Pietät geben könnte. Er macht Goethe zum Vorwurf, daß dieser nicht wie er gehandelt, sich nicht gegen die gesamte moderne Kulturentwicklung gestemmt hat, sondern statt dessen ihr vorzüglichster Träger seit den Tagen der Renaissance geworden ist; er stellt sich die Möglichkeit vor, daß Goethe sich zu dem hätte entwickeln können, was er selber wurde, ja zu mehr noch – hätte er nicht die gesamte Entwicklung des deutschen Geistes in Lessing und Winckelmann, Bürger und Wieland, Herder und Kant resümiert, hätte er nicht in jenem von Schiller, Hölderlin, Kleist, Heine und den anderen freigeborenen Dichtergeistern gebildeten Sternbild als der alles verdunkelnde Mittelpunkt gestrahlt, sondern wäre ein Magus wie Hamann, ein Heiliger wie Lavater oder ein Barde wie Klopstock geworden, die alle ihren religiösen Kindheitseindrücken die Treue hielten, deren Werke vom Literarhistoriker jedoch nur als Kuriositäten aufgesucht werden.

Sowenig Blick Kierkegaard für die religiöse Bewegung der Gegenwart hatte, genausowenig Sinn hatte er für ihre politische Entwicklung. Was er einmal über das andere unter der Bezeichnung „Forderung der Zeit“ verspottet, das sind nicht nur jene Lächerlichkeiten, die sich zu allen Zeiten mit diesem Namen schmücken, sondern das ist das moderne Geistesleben selbst. Indessen hindert ihn seine Verachtung für die großen und kleinen Propheten der Zeit nicht daran, hin und wieder selber zu weissagen; er weissagt verkehrt, was ihn wiederum nicht daran hindert, sich der Korrektheit seiner Weissagungen zu rühmen. Die apriorischen Denker jener Zeit kümmerten sich um ein Dementi aus der vulgären Welt der Tatsachen nur wenig. Selbst Hegel begann ja seine wissenschaftliche Laufbahn damit, daß er eine Dissertation über die Planeten verfaßte, worin er a priori die Keplerschen Gesetze beweisen wollte und worin er auch ebenso klar bewies, wie zwei und zwei vier ist, daß zwischen Jupiter und Mars kein Planet liegen könnte. Nichtsdestotrotz wurde in eben diesen Tagen von dem Italiener Piazzi der Planet Ceres entdeckt, ohne daß sich Hegel durch diesen Unglücksfall von seiner wissenschaftlichen Methode abbringen ließ. In Kierkegaards Schrift über Frau Gyllembourgs Roman „Zwei Zeitalter“, welche das politische Treiben der Gegenwart als leeres Geschwätz und gänzlich bedeutungslos darstellt, finden sich die Worte: „Ein Aufstand wäre gegenwärtig das Undenkbarste von allem; eine solche Kraftäußerung würde der berechnenden Verständigkeit der Zeit lächerlich erscheinen.“ Dies wurde im März 1846 geschrieben. Im März 1848, genau zwei Jahre später, geschah bekanntlich „das Undenkbarste von allem“ in Paris, Berlin, Wien, Rom, Ungarn, Polen, Dänemark. Trotzdem rühmt Kierkegaard später in den beiden Abhandlungen über seine Schriftstellertätigkeit die Schrift über „Zwei Zeitalter“ gerade deshalb, weil sie „ein Bild der Zukunft enthält, das durch das Jahr 1848 nicht zur Unwahrheit gemacht wurde“.*

* Aus demselben Jahr 1848 gibt es in den „Nachgelassenen Papieren“ eine in Kierkegaards Mund verblüffende Äußerung: „*Die Schuld an dem Ganzen* trägt eine eingebildete, halbstudierte, durch Presseschmeicheleien demoralisierte Bourgeoisie, die

So wurde jener fehlende Sinn für die historische Entwicklung die Ursache dafür, daß ihm der Realitätssinn für seine Zeit fehlte. Er hatte an moderner Literatur nur die deutsche, vor allem die romantische Literatur in ihren verschiedenen Verzweigungen studiert, und wenn er Shakespeare kannte, dann kam das nur daher, daß die Romantiker diesen Dichter so eifrig hervorgehoben und protegiert hatten; ansonsten waren England und Frankreich für Kierkegaard zwei große verschlossene Bücher. Er kannte die Wissenschaft dieser Länder nicht, er kannte noch weniger ihre Romane; deshalb entging es ihm auch, daß darin die Psychologie und Ethik der neuen Zeit hervorbrach. Was die Darstellung der Lebensanschauung und Seelenkenntnis eines Zeitalters betrifft, so stehen die Psychologien hinter den Romanen stets weit zurück. Kierkegaard spürte nicht, daß in Werken wie denen von Auerbach und George Sand eine neue Weltanschauung ausgesprochen und dargestellt war, mit der verglichen jene, die in der dänischen Literatur dieser Zeit zu Worte kam, beschränkt und veraltet wirkte.

Bei diesem Mangel an Beziehung zur Welt wurde Dänemark, oder genauer gesagt: Kopenhagen, seine Welt. Abgeschieden lebend, entwickelte er sich zu einem großen Phänomen der Abgeschiedenheit. Er teilte den irrigen Glauben an alles Dänische, der damals bei den Dänen verbreitet war. Er glaubte (wie er zuweilen gegenüber Professor Brøchner äußerte), Dänemark besitze in Mynster den größten Prediger, in Heiberg den größten existierenden Ästhetiker, in Madvig den ersten Philologen dieser Zeit und, was er nicht aussprach, zuweilen aber doch auch zu verstehen gab: in ihm den größten leben-

glaubte, in ihrer Eigenschaft als Publikum regieren zu müssen. Doch man hat vielleicht nie in der Geschichte die Nemesis so schnell eintreten gesehen; denn im selben Moment, mit demselben Glockenschlag, als die Bourgeoisie entscheidend nach der Macht griff, erhob sich der vierte Stand. Jetzt soll dieser freilich der Schuldige sein, doch das ist unwahr; er ist nur das unschuldige Opfer, über das es dann hergeht, er wird niedergeschossen, verflucht – und dies soll Notwehr sein."

den Prosaschriftsteller – eine Vermutung, die sogar weniger überspannt war als die zuvor genannte. Soviel ist gewiß: er war für Dänemark viel zu groß. Das sollte er bald mit bitterem Schmerz zu spüren bekommen.

23

Es war im Dezember 1845. Kierkegaard hatte seinem Buchdrucker das gesamte Manuskript der „Abschließenden Nachschrift" übergeben, und die Hauptarbeit seines schriftstellerischen Werks war getan. Außer der langen Reihe der oben erwähnten pseudonymen Schriften hatte er noch achtzehn „Erbauliche Reden" verfaßt, die unter seinem eigenen Namen zeitgleich mit den pseudonymen erschienen. Kierkegaard hat diesen Umstand mit besonderem Eifer hervorgehoben, aus Furcht vor der Verdächtigung, er habe als Schriftsteller als eine Art Byronianer begonnen und sei dann mit den Jahren religiös geworden. Aber wir haben schon gesehen, wie er von frühester Jugend an seine Geistesgaben in den Dienst des Christentums stellte. Wenn ihn hin und wieder Anfechtungen ankamen, ob es sich auch christlich verteidigen ließe, Abhandlungen wie „Das Tagebuch des Verführers" und ähnliches zu schreiben, so beruhigte er sich selbst damit, gleichsam als Buße dafür erbauliche Reden zu verfassen. Die Form der geistlichen Rede lag ihm nahe, denn als Theologiestudent hatte er sich förmlichen Übungen und Probeversuchen darin unterziehen müssen; er bewunderte Mynster als Redner, studierte ihn und strebte, ihn zu übertreffen, was ihm bei seinem weitaus schärferen psychologischen Blick nicht schwerfiel. Weil er jedoch nicht geneigt war, sich selbst als einen Christen zu bezeichnen, und weil er in christlicher Richtung mehr auf der Suche als eigentlich seines Glaubens sicher war, hatte er jene Reden, die er veröffentlichte, mit einem eher allgemein erbaulichen als streng konfessionellen Charakter versehen.
Assessor Wilhelm sagt in „Entweder – Oder": „Gegen Erbauungsschriften und gedruckte Predigten habe ich

eine Idiosynkrasie." Selbst wenn man dieses Gefühl im allgemeinen teilt, liest man Kierkegaards erbauliche Reden mit Respekt. In diesen Reden ist eine edle, eine beherrschte Seele. Es macht einen erschütternden Eindruck, denselben Mann anzuhören, der zum Dolmetscher der wildesten Leidenschaft werden konnte, wenn er so schlicht, so gemessen, so besorgt zu seinen Mitmenschen spricht und ihnen auf die Reise durchs Leben den besten Trost mitgibt, der ihm zu Gebote steht. Es erweckt Ehrfurcht, wenn man sieht, mit welch einer unerschütterlichen Festigkeit er in jedem seiner Vorworte, gleichgültig gegen die Gleichgültigkeit oder Aufmerksamkeit der Menge, aus dem großen Haufen „jenen Einzelnen" hervorhebt, „den er mit Freude und Dankbarkeit *seinen* Leser nennt". Und es rührt selbst denjenigen, den die Rede nicht rührt, wenn er die stereotyp wiederholte Widmung liest: „Dem verstorbenen *Michael Pedersen Kierkegaard*, vormals Wollwarenhändler in dieser Stadt, *meinem Vater*, sind diese Reden gewidmet."

Daß die Reden selbst auch jene Mängel haben, welche dieser ganzen Art von Literatur gemeinsam sind, läßt sich nicht leugnen. Es sind psychologische Untersuchungen, die auf einer mangelhaften und konventionellen Psychologie beruhen: sie gehen davon aus, daß Seele und Körper zwei verschiedenartige, in einem Individuum zusammengekoppelte Wesen sind; unablässig wird ein übernatürliches Eingreifen in das Leben der Seele geschildert; es werden unnatürliche und oftmals vergebliche Anstrengungen unternommen, um die Ausdrücke einer alten Bibelübersetzung in Einklang mit gewissen psychischen Zuständen zu bringen, an die der biblische Autor vielleicht niemals gedacht hat; der Kraftaufwand, mit dem versucht wird, bestimmten vieldeutigen Wörtern eine gewisse eindeutige Bedeutung aufzuzwingen, erinnert an die spitzfindige Gesetzesauslegung schlauer Juristen. Ich verweise als Beispiel auf die Rede über den „Pfahl im Fleische". Dieses gezwungene Verhältnis zum Bibeltext hemmt die Freiheit der Rede in Hinblick auf die psychologische Analyse. Als er-

bauliche Rede muß sie immer biblisch bleiben, darf also niemals angewandte Wissenschaft sein.
Andererseits darf sie mit dieser Eigenschaft niemals dichterisch, niemals Poesie werden. Sie darf sämtliche Seelenzustände schildern, doch niemals individuell, niemals mit der fesselnden Lebendigkeit der Realität. Da sie nun weder allgemein wie die Wissenschaft noch individuell wie die Poesie sein darf, so bleibt ihr nur eine Bastardart der Darstellung übrig: halb allgemein, halb individuell. Die Rede schildert nicht, was Unrecht besagen will, sie schildert auch nicht das Leben des Einzelnen, dem Unrecht widerfahren ist, sondern sie wählt das Dazwischenliegende und malt die Existenz „*dessen*, dem Unrecht geschehen ist", aus. Man lese beispielsweise die Rede über „Die Bekräftigung im inneren Menschen", wo verschiedene Abschnitte wie folgt beginnen: „Betrachte ihn, den Bekümmerten", ... „Betrachte ihn, den Versuchten", ... „Betrachte ihn, den Begünstigten" – und solcherart sind Gemeinplätze unvermeidlich.
Und doch ist ein scharfer, strenger Stil in diesen Reden. Nicht selten erreichen sie zeitweilig die Höhe von Kierkegaards pseudonymer Produktion; ja, diejenige von ihnen, welche den Titel „Bei Gelegenheit einer Trauung" trägt und die der Abhandlung über die Ehe in „Entweder – Oder" entspricht, überragt in ihrer Gesamtheit, was Adel und Geist betrifft, den pseudonymen Beitrag bei weitem.
Gegen Ende des Jahres 1845 hatte Kierkegaards ganzes schriftstellerisches Werk einen vorläufigen Abschluß gefunden.
Die Regierung Christians VIII. neigte sich ihrem Ende zu – es war die Zeit des „Adam Homo". Zuoberst auf dem Thron: Eitelkeit, Dilettantismus, Starrsinn und Schwäche. Bei der Geistesaristokratie: Verachtung für die politische Bewegung der Mittelklassen. Bei der Jugend: ein ungeduldiger Drang nach politischer Freiheit. Der bessere Teil der Presse vergeblich oppositionell und zuunterst die Unverschämtheit des „Corsaren". Was war der „Corsar"? Ein Organ jener Art, das seine Freunde ein Witzblatt, seine Gegner ein Schmutzblatt nennen

und das eine Zeitlang das populäre Skandalon einer Stadt sein kann. Das Blatt besaß den großen Vorzug, in einem freisinnigen Geist redigiert, direkt gegen das Perückenwesen und den Autoritätsglauben des Absolutismus gerichtet zu sein, und hatte darin eine ähnliche Entschuldigung für seine Ausschweifungen wie beispielsweise Rocheforts „Lanterne“ für die ihrigen während der Opposition gegen das zweite Kaiserreich in Frankreich. Das Blatt war illustriert. Es verspottete an einem Tag die Majestät und brachte am nächsten Tag Karikaturzeichnungen jener Privatpersonen, denen die Redaktion eins auswischen wollte. Dem Witz lag sowenig ein wahrer Ernst zugrunde wie der Opposition eine tiefere Freiheitsbegeisterung; aber das Blatt schaffte Luft, machte Platz und jagte zu jener Zeit, als man noch davor zitterte, „in die Zeitung zu kommen“, der herrschenden Spießbürgerlichkeit einen heilsamen Schrecken ein. Sein Witz war oftmals bissig und amüsant, sein Pathos fast immer affektiert und hohl. Es war vor allem durch seine Porträtzeichnungen eine Macht; es wurde überall gelesen, vom Portier wie von der Herrschaft.

Es war, wie gesagt, im Dezember 1845. Kierkegaards erster Drang zur Produktivität war erschöpft. Jenes erste Faktum, „das ihn zum Dichter gemacht“ hatte, war Anlaß und Ursache der ganzen Reihe von Werken gewesen; er hatte dem Sokratisch-Griechischen, dem sein frühestes wissenschaftliches Interesse gegolten hatte, das Christlich-Paradoxe, dem er zuerst und zuletzt verbunden war, scharf gegenübergestellt, und er hatte während des stürmischen und passionierten Allegro seiner Produktion im ruhigen und sanften Adagio-Takt der erbaulichen Reden geistige Ruhe gesucht. Jetzt war der Augenblick gekommen, da er der Welt zeigen wollte, daß er es ernst mit dem Religiösen meinte, daß er nicht der „interessante und pikante Schriftsteller“ war, für den das Publikum den Urheber von „Entweder – Oder“ hielt, daß er nicht Aufsehen oder Lärm erstrebte – jetzt wollte er Pfarrer werden, am liebsten irgendwo in der jütländischen Heide, in der äußersten Einsamkeit, wo

sonntags nur ein paar einzelne Zuhörer die Kirche besuchten. Mit seiner Schriftstellerei war er am Ende. Was er auf dem Herzen hatte, das hatte er gesagt.
Da geschah es, daß P. L. Møllers Zeitschrift „Gäa“ in einer literarischen Korrespondenz eine verletzende Rezension der soeben erschienenen „Stadien auf dem Lebensweg“ brachte. Es war ein leichtfertiger und unredlicher Artikel; leichtfertig, weil sein Verfasser nicht den geringsten Versuch unternommen hatte, sich mit seinem Gegenstand vertraut zu machen; unredlich, weil er sich (unter dem Schein, Kierkegaards schriftstellerisches Werk zu würdigen), nach Art derartiger Artikel, auf den Straßenklatsch über Kierkegaards Privatleben bezog, den Helden des „Tagebuchs“ beschuldigte, „seine Verlobte auf die experimentelle Folterbank zu legen, sie bei lebendigem Leibe zu sezieren, ihr die Seele tropfenweise herauszuquälen“ – lauter Anschuldigungen, die man ständig gegen Kierkegaard selbst erhob.
Kierkegaard, der, wenn er angegriffen wurde, stets an einer brennenden Lust zum Replizieren litt, ließ sich zu einer höhnischen und bissigen Erwiderung hinreißen, welche damit schloß, ein paar Einzelheiten in P. L. Møllers Artikel als „einen jener widerlichen Corsaren-Angriffe auf friedliche, respektable Männer“ zu bezeichnen, und die mit Bezugnahme auf ein (an und für sich zuverlässiges) Gerücht, was P. L. Møllers Mitarbeit am „Corsaren“ betraf, den Wunsch aussprach, in diesem Blatt, das die Kierkegaardschen Pseudonyme bislang in den höchsten Tönen gelobt, ja Victor Eremita, den Herausgeber von „Entweder – Oder“, als „für immer unsterblich“ bezeichnet hatte, geschmäht zu werden. Damit, so schreibt Kierkegaard in seiner Erwiderung, sei dem Dichter der Pseudonyme eine Beschämung und ein Tort angetan, und erklärt, es sei „für einen armen Schriftsteller hart, dadurch so herausgestellt zu sein, als einziger im ‚Corsaren‘ nicht beschimpft zu werden“. Diesen Artikel unterzeichnete er mit „Frater Taciturnus“ und zog auf solche Weise unklug und unglücklich sein Pseudonym aus jener stillen Welt, in der er dem Anschein nach lebte, ans helle Tageslicht.

Dann folgte die Fehde Goldschmidt contra Kierkegaard. Der Redakteur des „Corsaren“ fühlte sich verpflichtet, um seines Mitarbeiters und seiner selbst willen den Fehdehandschuh aufzunehmen. Kierkegaard, der dieses Blatt als treuer Diener und Soldat der Autorität für ein ganz widerwärtiges Phänomen halten mußte, hatte offenbar geglaubt, ihm mit seinem Artikel einen tödlichen Schlag zu versetzen. Goldschmidt, der sich öffentlich als sein größter Bewunderer ausgesprochen hatte, konnte es nach seiner Vorstellung unmöglich wagen, ihm jetzt mit Hohn zu antworten, ebenso unmöglich konnte er ihn weiterhin loben, doch auch nicht zu dieser Herausforderung schweigen, ohne sein Prestige zu verlieren, kurzum, der Schlag mußte ihn niederstrecken. Indessen wich Goldschmidt als erfahrener Polemiker allen Schanzen aus, die Kierkegaard errichtet hatte, ließ sein eigenes Lob, Kierkegaards Bücher, seinen Witz, seine Weltanschauung usw. außer acht und ging direkt auf seine Privatperson los. Er brachte ihn in sein Blatt, ganz so, wie er auf der Straße herumlief, mit seinen dünnen Beinen, den Hosen von ungleicher Länge, der schmächtigen Gestalt und dem Regenschirm unter dem Arm; er ließ ihn zeichnen – reitend auf dem Rücken eines jungen Mädchens als Frater Taciturnus, der sein Mädchen „trainiert“, und dann veröffentlichte er im „Corsaren“ ein paar Monate lang gutgeschriebene kleine Artikel über die Kierkegaardschen Pseudonyme, in denen er mit großem Geschick die verschiedenen Blößen ausnutzte, die sein Gegner sich gegeben. Wenn sich Kierkegaard darauf verlassen hatte, daß sein Charakter Goldschmidt Respekt einflößen würde, dann hatte er sich vollkommen verrechnet; wie es scheint, wurde nicht einmal darauf Rücksicht genommen, daß der „Corsar“ hier dem bedeutendsten zeitgenössischen Prosaschriftsteller Dänemarks gegenüberstand – dem bedeutendsten, den Dänemark seit Holberg überhaupt hervorgebracht hatte.
Es war für Kierkegaard ungünstig, daß sein Artikel im Journal „Fædrelandet“ erschienen war, das seinen jüngeren und erfolgreicheren Kollegen lange mit scheelen Blicken betrachtet und nun mit Freuden einen Artikel

aufgenommen hatte, der gegen den weitaus mehr gelesenen „Corsaren“ gerichtet war.*
Allein Goldschmidts Situation war weitaus weniger beneidenswert. Es ist eine dumme Sache, einen Mann, dessen Job man unmittelbar zuvor gesungen hatte, herunterzureißen, noch dazu auf seine eigene Bestellung; und es ist eine häßliche Sache, von einem seltenen Mann Karikaturen zu zeichnen und die Eigenheiten seines Äußeren und seiner Kleidung dem Gelächter solcher Leute preiszugeben, die stets mit dem Spaßmacher und über die geistige Vornehmheit lachen.
Betrachtet man dies mit den Augen unsrer Zeit, so scheint die ganze Sache wohl kaum der Erwähnung wert zu sein. Heutzutage sind öffentliche Personen so daran gewöhnt, in der sogenannten seriösen Presse beschimpft zu werden, daß man dergleichen möglichst wenig Bedeutung beimißt. Hervorragende Männer sind so daran gewöhnt, daß die Schmutzblätter sie angreifen und lächerlich machen, daß sich niemand über eine Tätigkeit grämt, wie sie entfaltet wird von

„Herrn Durchhechler,
Herrn Ehrlos, Herrn Laus, Herrn Niedertracht,
Herrn Gallegelb und anderm Pack daneben,
die von des Volkes besten Namen leben“**.

Damals scheint der „Corsar“ jedoch zumindest eine solche Macht gehabt zu haben, wie sie in unseren Tagen die herrschende quasi-seriöse Presse hat. So kann man zum Beispiel in den nachgelassenen Papieren von Baron Rosenkrantz lesen, daß der „Corsar“ die Karriere eines Mannes nahezu ruinieren konnte. Daß Kierkegaard in

* „Der ‚Corsar‘ hatte eine so enorme, für das Land unverhältnismäßige Verbreitung erlangt, daß alle unter dieser Tyrannei stöhnten. Und im Büro von ‚Fædrelandet‘ lautete das Urteil längst: Man muß etwas unternehmen ... Da habe ich gehandelt; es war der größte Dienst, den ich dem Journal ‚Fædrelandet‘ in diesem Augenblick erweisen konnte, Giødvad kam wegen des Artikels zu mir gerannt und stand neben mir, als ich die letzten Zeilen schrieb.“ („Nachgelassene Papiere“)
** Paludan-Müllers „Adam Homo“, 9. Gesang.

diese Zeitschrift geriet, und das auf eine geschickte Weise, wurde für ihn ein Ereignis. Daß der „Corsar“ die Stimmung der Stadt gegen ihn wandte, das brachte ihm eine der wenigen Erfahrungen bei, von denen er Jahre seines Lebens zehrte, ohne jemals all die Bitterkeit und jene Lehre auszuschöpfen, welche sie für ihn enthielt. Er, der einem Ei ohne Schale glich, der auf den geringsten Ritzer oder Druck empfindlich reagierte, empfand dies wie einen Messerstich ins Herz. Zuerst versuchte er, die Sache leichtzunehmen, so wie ihm das gelang, wenn er mit anderen darüber sprach; doch seine Seele schloß sich um den neuen Eindruck zusammen, wie sich gewisse Pflanzenblätter um ein Insekt zusammenschließen, und nun begann ein inneres Verarbeiten dieses Eindrucks, ein förmlicher Behandlungsprozeß, der sein Gegenstück nur in jener Bearbeitung besaß, welcher er das Verhältnis zu seiner Jugendverlobten unterworfen hatte; sein Gemüt wurde wieder produktiv, es hatte abermals eins von jenen an sich unansehnlichen und vulgären Wirklichkeitselementen aufgenommen, die es benötigte, um daraus die köstlichsten Gedankenstoffe zu spinnen.

Erst einmal wurde dieses neue Faktum seines Lebens Faden für Faden aufgeräufelt und nach allen Seiten gedreht und gewendet. In den Tagebüchern finden sich dazu nicht weniger als zwanzig verschiedene Artikel, die zusammen über 200 Druckseiten füllen. Wer sich darüber wundert, der möge bedenken, daß dies tatsächlich das erste Bemerkenswerte war, was Kierkegaard seit Beginn seiner schriftstellerischen Tätigkeit im äußerlichen Sinn erlebt hatte. Er führte das Leben eines Eremiten; er schrieb vom Morgen bis zum Abend ohne andere Rast als die, welche er bei seinen Spazierfahrten und Spaziergängen fand, die er obendrein dazu verwandte, seine Schriften im Kopf auszuarbeiten. Er hat nicht einmal eine Rezension von einem seiner Bücher erlebt, oder richtiger: eine doch, Heibergs hingepfuschte Beurteilung von „Entweder – Oder“, und dieser verdanken wir denn auch nicht weniger als eine lange Reihe geplanter und zum Teil ausgeführter Zeitungsartikel sowie die be-

sten Abschnitte des „Vorworts". In einem zwangsläufig so ereignisarmen Leben machten die Karikaturzeichnungen des „Corsaren" und die von ihnen hervorgerufene Stimmung Epoche.
Kierkegaard war im Begriff gewesen, die Feder niederzulegen, um als Dorfpfarrer aufs Land zu ziehen. Er hatte das Gefühl gehabt, gesagt zu haben, was zu sagen seine Absicht und seine Aufgabe gewesen war. Nun erwachte in seiner Seele neue Produktivität. Zu jener Zeit, als sich der Anfänger seiner Begabung und seiner Ziele noch ungewiß gewesen war, da war ein „Faktum" in sein Leben eingetreten, und dieses Faktum hatte ihn zum Dichter gemacht. Jetzt, wo er das Dichterstadium auf seiner Bahn durchlaufen hatte, trat ein neues Faktum ein, und das war, wie sich zeigte, eben jene äußere Befruchtung, deren er bedurfte, um sich als christlicher Schriftsteller eine neue Bahn zu brechen.

24

Ich habe sein Leben auf Straßen und Gassen geschildert, habe erzählt, wie er bekannt war als der wunderlich aussehende große Schriftsteller. Selbst wenn man ihn nicht kannte, mußte man seinen Blick bemerken. Er war ungewöhnlich ausdrucksvoll. Kierkegaard pflegte seinen Bekannten schon von ferne mit einer kleinen grüßenden Bewegung seines Auges ein Signal zu geben; doch er vermochte mit diesem Blick, der bald sanft und liebevoll, bald provokant und herausfordernd sein konnte, auch die Aufmerksamkeit jedes ihm unbekannten Passanten zu erregen. Es amüsierte ihn, sich solcherart mit jedem Fremden „in Rapport zu setzen", jedem Kind, dem er begegnete, ein Lächeln abzugewinnen, jeden Erwachsenen durch einen Gegenblick verraten zu lassen, was psychisch in ihm vorging; kurzum, er machte psychologische Studien auf der Straße, auch wenn er nicht seiner Gewohnheit folgte, mit einem seiner zahlreichen Bekannten ein Gespräch anzuknüpfen.
Die bewußte Absicht dieser Lebensweise war, wie oben

erwähnt, eine religiöse, nämlich den Eindruck seiner Bedeutung dadurch auszulöschen, daß er sich in ein ganz alltägliches Phänomen verwandelte. Immer wieder kommt Kierkegaard auf jene Stelle in der Bergpredigt zurück: „Wenn du aber fastest, so salbe dein Haupt und wasche dein Angesicht, auf daß du nicht scheinest vor den Leuten mit deinem Fasten“, worin er die Verborgenheit, die Mystifikation, die teleologische Suspension des Ethischen vorgeschrieben findet – diese Bibelstelle war in seinem Exemplar des Neuen Testaments auch kräftig unterstrichen. Ferner kommt er immer wieder auf eine Replik Heinrichs IV. bei Shakespeare zurück, die ihm die Formel jener Lebensklugheit zu enthalten scheint, die anzuwenden ihm sein Stolz verbot:

Der König (zu Prinz Heinrich):
„Hätt' ich so meine Gegenwart vergeudet,
So mich den Augen aller ausgeboten,
So dem gemeinen Umgang gäng' und feil:
So wär' die Meinung, die zum Thron mir half,
Stets dem Besitze untertan geblieben
Und hätte mich in dunkelm Bann gelassen
Als einen, der nichts gilt und nichts verspricht.
Doch, selten nur gesehn, ging ich nun aus,
So ward ich angestaunt wie ein Komet.“

Diese Replik schwebte Kierkegaard ständig vor, und ihr Grundgedanke war entscheidend dafür, wie er sein tägliches Leben einrichtete. Er hatte stets das Gefühl, Gegenstand der öffentlichen Aufmerksamkeit zu sein, und das gewiß viel stärker, als es der Wirklichkeit entsprach. Je mehr er sich in seine eigenen Gedanken einspann und seine Tätigkeit als das Wichtigste, oder vielmehr als das *einzig* Wichtige ansah, was es in Dänemark gab, um so mehr stellte er sich vor, daß aller Augen auf ihm ruhten. Er bildete sich nun ein, sich damit, daß er auf der Østergade in allerlei wenig respektabler Gesellschaft spazierenging und dann und wann im Theater zu sehen war, den Ruf eines Tagediebs und Flaneurs zu erwerben, und da sein Gemüt ein fast krankhaftes Bedürfnis nach

einem stärkenden Bad in Verachtung hatte, genoß er es dann mit einer fast besessenen Ausgelassenheit, daß der Betrug so gut gelang und daß er für einen pikanten Schriftsteller ohne Ernst gehalten wurde.
Und da er nun wirklich ins Gerede gekommen war, bei Kreisen und Klassen, die nie zuvor seinen Namen gehört hatten, glaubte er jetzt in aller Augen den „Corsaren"-Spott über sein wunderliches Äußeres, seine schiefe Gestalt, seine ungleich langen Hosen, seine dünnen Beine zu lesen. Gewiß so manches Mal zu Unrecht. So findet sich in seinen nachgelassenen Papieren als Beweis für den demoralisierenden Einfluß des „Corsaren" auf die Schuljugend eine Notiz darüber, wie ihm der damalige Husarenleutnant Barth mit seinem kleinen Sohn an der Hand begegnete und ihn dabei so höflich grüßte, daß der Junge, wenn er ihm unbekannt gewesen wäre, zwangsläufig die Vorstellung hätte bekommen müssen, daß der Gegrüßte etwas Außerordentliches sei. „Aber der Junge kannte mich offenbar, er war ein Leser des ‚Corsaren'." Herr Diplomingenieur J. C. Barth, der hier erwähnte Sohn von Leutnant Barth, hat mir selbst mitgeteilt, daß er sich nicht erinnern könne, in seiner Kindheit jemals vom „Corsaren" gehört zu haben, sondern im Gegenteil von frühester Jugend an eine lebhafte Bewunderung für Kierkegaard gehegt habe. Das Kind hat den fremden Mann, den der Vater grüßte, wahrscheinlich angestarrt, und Kierkegaard hat in diesem Blick den „Corsaren"-Spott gelesen. Doch war sein Argwohn in diesem Fall auch übertrieben und selbstquälerisch, so hatte er nicht unrecht in der Annahme, daß die öffentliche Stimmung gegen ihn umgeschlagen war, seitdem der „Corsar" seine Person lächerlich gemacht hatte. Denn der Angriff des „Corsaren" war das Signal, auf das sich alles hervorwagte, was an heimlicher Feindseligkeit gegen ihn lebte, und es gibt immer viel heimliche Feindseligkeit, viel privaten Haß, viel Neid, wo ein bedeutender Mann ist. Der ehemals vornehme, reservierte Schriftsteller, „ohne Makel, ohne den geringsten Flecken, den bisher keiner anzugreifen oder auch nur anzutasten gewagt hatte", war nun zu einer halb komischen, halb verrück-

ten Person geworden, die auf einem Paar lächerlich dünner, lächerlich bekleideter Beine durch die Stadt lief und vor der sich deshalb jeder zurückzog, der selbst Angst vor dem Pranger hatte. Adam Homo wollte nun einmal höchst ungern in den „Corsaren" kommen und mußte befürchten, daß ihn sogar seine Kinder in einem „Haus-Corsaren" nachäfften. („Adam Homo", 9. Gesang) Zum zweiten Mal in seinem Leben hatte sich Kierkegaard mit dem Stadtklatsch von Kopenhagen überworfen, und der Eindruck war nicht schwächer als der erste.
Die unmittelbare Wirkung der „Corsaren"-Angriffe war die, daß er beschloß, weiterhin Schriftsteller zu bleiben. „Es war stets meine Absicht gewesen, meine anstrengende Schriftstellerarbeit in der stillen, vergessenen Abgeschiedenheit des Pfarrhauses auf dem Lande zu beenden ... Jetzt halte ich es für meinen Beruf, auf dem mir angewiesenen Platz zu bleiben." („Nachgelassene Papiere")
Dann aber begann er über das Ereignis selbst zu grübeln. Er zog alle seine verschiedenen Momente, eins nach dem andern, wie zu jener Zeit die seiner Verlobungsgeschichte, hervor.
Da war zuerst das Unrecht, das ihm widerfahren war. Wie alle mit leidenschaftlichem Rechtsempfinden ausgestatteten Menschen konnte sich Kierkegaard schon aus ethischen Gründen nicht darein fügen, daß er Unrecht erleiden sollte; die von ihm selbst angepriesene Resignation wich dem einfachen, gesunden Gefühl: Es darf kein Unrecht geschehen, nicht einmal gegen mich selbst. Und man hatte ihm Unrecht angetan, das spürte er, man mißbrauchte die Kleinheit des Landes, um ihn wie ein gejagtes Wild zu quälen, dem jeder Ausweg versperrt war. „Ich leide förmlich Unrecht zu Hause, denn auf einem so kleinen Theater kann meine ganze Produktivität eigentlich nicht in Erscheinung treten, dagegen will mir eine alberne und neugierige und neidische und trotzige Mitwelt im Grunde Zwang antun, weil man der Meinung ist, ich sei nun einmal durch die Grenzen der Sprache gebunden." („Nachgelassene Papiere") Es wurde ihm immer deutlicher bewußt, daß man in einem klei-

nen Volk nur dann eine einigermaßen menschenwürdige und glückliche Existenz führen konnte, wenn man so unauffällig wie möglich war. In solchen Augenblicken sagte er sich selbst: „Dein Leben ist im Grunde verspielt, du bist endlich etwas geworden ... und in Dänemark lebt man nur glücklich, wenn man nichts ist", oder mit einer anderen Variation: „Kopenhagen ist die angenehmste Stadt zum Leben, die man sich denken kann, für jeden, der nichts oder noch weniger ist." Ihm wurde klar, was ihm sein eigenes Leben persönlich nicht eher veranschaulicht hatte, daß sich in kleinen Gesellschaften die Mittelmäßigkeiten zu einer Art Verschwörung gegen den Selbständigen zusammenfinden, der die Meinung der anderen nicht übernehmen will und so impertinent ist, sie etwas lehren zu wollen: „Im Grunde ist das Verhältnis dies, daß die meisten eine heimliche Vorstellung davon haben, daß ich wohl der rechte Mann sei, aber sie denken wohl: Wenn wir ihn alle gemeinsam hänseln, dann muß er doch klein beigeben. Eine solche negative Konspiration ist nur in einem kleinen Lande denkbar ... Es wäre doch möglich, daß ich trotz all meiner Kleinheit vor Gott ... für mein Volk ‚eine Gabe Gottes' wäre; Gott weiß, sie haben mich schäbig genug behandelt, ja mißhandelt, wie Kinder ein kostbares Geschenk mißhandeln." Und je mehr er darüber grübelt, um so tiefer fühlt er den Stachel des Unrechts – denn warum hat er es erlitten, warum ist er als ein Opfer dem Gelächter der Menge preisgegeben? Weil er das Schlechte herausgefordert hatte und weil dieser Schritt „etwas zu hoch, etwas zu edelmütig gewesen war, um in die herrschende Mittelmäßigkeit zu passen", und unwissend, wie er ist, was die schlechte Behandlung der großen ausländischen Schriftsteller dieses Jahrhunderts (eines Shelley, einer George Sand, eines Victor Hugo) betrifft, ruft er im Gefühl der Reinheit seiner Sache aus: „Man wird in der Literatur kaum eines anderen Landes einen Schriftsteller vorweisen, der dieses erlitten hat."

Sodann bestand die besondere Art dieses Unrechts darin, daß es sich unmöglich bekämpfen und besiegen ließ. Gewiß setzte er trotz alledem Vertrauen in seine Fähigkeiten; er hatte, wie er selber sagt, niemals daran gezweifelt, daß ihm auch das Tollkühnste, sollte er es sich vornehmen, gelingen würde; er hatte bis dahin das schier Unglaubliche vollbracht, nämlich in vier Jahren eine Schriftstellertätigkeit entfaltet, zu der ein dänischer Schriftsteller nach der Regel zwanzig benötigt hätte, er hatte mit der Feder in der Hand die Kränklichkeit seines Körpers und die Schwermut seiner Seele überwunden, hatte Philosophen und Theologen zum Schweigen gebracht und hatte, als Heiberg, der allmächtige Oberrichter der dänischen Literatur, sich ihm in den Weg stellte, ihn wie eine Seifenblase weggepustet – und jetzt scheiterte er an dem Unpersönlichen, Anonymen, Verantwortungslosen, Allgegenwärtigen, das er nicht treffen konnte, weil dessen Name Legion oder Menge war – an der Presse. Solcherart lernte er praktisch eine Form der modernen Unpersönlichkeit und Unverantwortlichkeit kennen, die er zuvor nicht studiert hatte, und zwar die Hauptform, und seine Leidenschaft für die Kategorie „der Einzelne" erreichte eine neue Intensität. Er schreibt: „Die Tyrannei der Journalliteratur ist die erbärmlichste, die niedrigste aller Tyranneien ... Man denke sich einen so eminent polemischen Schriftsteller, wie er nie zuvor existiert hat, und stelle ihn einem Journal gegenüber – er muß verlieren, sofern er nicht selbst wieder ein Blatt herausgibt, und in solchem Fall hat er dann auch verloren, denn er ist vom Beruf des Schriftstellers zu dem des Journalisten herabgesunken. Also, der Streit beginnt: jener eminente Polemiker schlägt zu, und der Journalist bemerkt durchaus, daß der Schlag tödlich und entscheidend ist. Sein bißchen Antwort zeigt, welch klaffender Abgrund der Unendlichkeit zwischen beiden liegt. Indessen fühlt sich der Journalist ganz sicher, er räsoniert wie folgt: Ein Schriftsteller kann es sich nicht leisten, ständig auf dieselbe Sache zurückzukommen, und da hört er also auf – und dann fange ich an. Ich mache nun weiter, jeden Abend oder jede Woche einen Abend, das wird sich schon festsetzen."

Das ihm angetane Unrecht war also nicht allein groß und einzigartig, es war auch von einer solchen Macht, daß es

sich nicht von jenem bekämpfen ließ, der sich ansonsten stark wie kein anderer fühlte. Und hinzu kam noch das Moment, daß er es auch nicht mit Hilfe anderer bekämpfen konnte. Warum nicht? Weil es keinen gab, der ihm half. Für ihn ein seltsamer Gedanke! Während „jeder Gebildete, *absolut jeder* im privaten Gespräch der Meinung war, daß es mit dem ‚Corsaren' nicht auszuhalten sei", wie er nicht müde wird zu sagen, beobachteten die Freunde von dem Augenblick an, da er für die anderen gehandelt hatte, „das tiefste Schweigen". So wenig hatte Kierkegaard äußerlich erfahren, daß er erst in seinem vierunddreißigsten Jahr erlebte, bei einer ehrenhaften und für alle nützlichen Fehde gründlich im Stich gelassen zu werden – und dieser Eindruck war ungeheuer. Doch er potenzierte sich noch; denn nicht genug, daß man schwieg, nein, und darauf kommt er immer wieder zurück: seine Handlung selbst wurde von Eitelkeit und Hochmut hergeleitet, wurde halb als Torheit, halb als Wichtigtuerei betrachtet, und anstatt mit sich selbst ins Gericht zu gehen, fanden die Leute gar eine Gelegenheit, ihn und seine Handlung zu verurteilen. *Das* war also der Lauf der Welt – erst das Urteil: Man muß handeln; dann, wenn das Leiden kommt, das der guten, weltlich unklugen Handlung folgt, Schweigen; schließlich das Urteil: Er hat nur aus Hochmut so gehandelt; er liegt, wie er sich gebettet hat; mag er sich selber helfen! – Wollte man den einzelnen Fall verallgemeinern, so ließe sich eine ganze christlich pessimistische Weltanschauung daraus konstruieren. Und die Sache nahm vor seinen Blicken immer größere Proportionen an. Indem er sie mit seinem beobachtenden Auge wie mit einem Mikroskop ansah, wurde sie derselben Verwandlung unterworfen wie jene Kunstwerke, die er kritisieren wollte. Die inneren Verhältnisse der Sache blieben unverändert, nahmen jedoch eine übernatürliche Größe an, und alle Beziehungen der Sache nach außen, zur Umwelt, wurden durch den gigantischen Umfang, den das Ereignis für seine Augen erhielt, völlig verschoben.
Zuallererst verwandelte sich die Zeitschrift „Corsaren" vor seinem Blick.

Sie war „die Presse der literarischen Verächtlichkeit, welche eine furchtbare, unproportionierte Verbreitung erlangt hatte“; sie war als „Huren-Literatur“ ein „Phänomen der Auflösung in Dänemark“, sie war „Dänemarks inneres, eigentlich sein einziges Unglück“. Was tat sie denn? Sie verübte „Abscheulichkeiten“: vielleicht hielt sich der angegriffene Mann noch stolz aufrecht, doch seine Frau litt, sein Kind erfuhr die Kränkung, daß vom Vater abscheulich geredet wurde. Er, Kierkegaard, hat ihn gesehen, „den Blick, den man dem Ertrinkenden nachsagt, diesen fast gebrochenen Blick eines Unglücklichen, der den Schlächter vergebens um Gerechtigkeit anfleht, vergebens, er wurde geopfert, geopfert, um mit seinem Leiden – barmherziger Gott – zum Lachen zu reizen“. Er, Kierkegaard, hat gesehen, „wie sich das Grab über einem schließt, den diese Presse gemordet“.
Deshalb hätte er sich geschämt, wenn er nicht gehandelt hätte, „während eine so unproportionierte Presse-Niedertracht zweifellos Menschen ins Grab beförderte, kränkte und erbitterte – und wenn nicht die Angegriffenen, so doch ihre Frauen, Kinder, Verwandten und Nächsten – sich in alles, selbst in die intimsten Verhältnisse des Privatlebens, selbst in das Geheimnis der Schule, selbst in das Heiligtum der Kirche, besudelnd eindrängte, Lüge, Verleumdung, Frechheit, Narrenpossen ausspie – alles im Dienste verderblicher Leidenschaften und elender Geldgier“. Wie man sieht, ist der „Corsar“ nicht weit davon entfernt, der Antichrist zu werden.
Begreift man jetzt, daß er sich ihm entgegenwarf? Seine Handlung vergrößert sich für ihn, während er auf sie zurückblickt, im selben Maße wie die Schrecklichkeit des „Corsaren“. Gewöhnlicher menschlicher Mut konnte dafür nicht ausreichen. Gemessen mit dem Maßstab einer nur humanen Moral, erscheint eine solche Handlung wie Raserei, aber der Christ, der die Freiwilligkeit sieht, mit der hier einer Leid und Verfolgung auf sich nahm, erkennt, daß diese Tat das Kennzeichen des paradoxen Christentums trägt. Den Zeitgenossen, sagt Kierkegaard, mußte es „wie eine Art Wahnsinn vorkommen“, daß er

sich „freiwillig alledem ausgesetzt, sich in all das hineingestürzt hat“, und er fährt fort: „O ja, so haben gewiß auch die Zeitgenossen jenes Römers geurteilt, der seinen unsterblichen Sprung tat, um das Vaterland zu retten; eine Art Wahnsinn, o ja, und nochmals o ja, denn es war, dialektisch genau, christliche Selbstverleugnung.“ Es war eine Wohltat, die „von jenen, um derentwillen ich mich solcherart ausgesetzt habe, belohnt wurde – wie man eine Liebestat in der Welt gewöhnlich belohnt, und die mit Hilfe dieses Lohnes zu einer wahren christlichen Liebestat wurde“.

So sind wir nun zur Selbstaufopferung des Horatius Cocles für den römischen Staat und zur christlichen Selbstaufopferung gekommen, um einen kleinen modernen Staat von seinem einzigen inneren Unglück zu erretten – alles aufgrund jenes Zeitungsartikels gegen den „Corsaren“. Alles das ist er, das heißt, für Kierkegaard bedeutet er alles das.

Von da an modifiziert sich seine Grundauffassung vom Wesen des Christentums allmählich. Bis dahin hatte er das Christentum stets vorwiegend von der *intellektuellen* Seite aufgefaßt; er sah darin das für den Verstand Paradoxe. Jetzt wird diese intellektuelle Seite immer mehr zugunsten der *passionellen* zurückgedrängt. Das theoretische Wesen des Christentums, welches die erste Periode seiner religiösen Schriftstellertätigkeit ausgefüllt hatte, interessiert ihn von nun an nicht so sehr wie dessen praktischer Charakter. *Das Paradoxe weicht der Passion.* Christ sein bedeutet von da an das Martyrium.

25

Der tiefe Pessimismus in der Auffassung des irdischen Lebens, der dem Christentum, wie Schopenhauer richtig empfand, seitdem es erstmals historisch in Erscheinung trat, durch seine schneidende Wahrheit so viele Anhänger gewonnen hat, nimmt sein Gemüt ganz und gar gefangen. Diesen Pessimismus, der eins der wahrsten Ele-

mente des Christentums ist, ohne deshalb selbst die ganze Wahrheit zu sein, verkündet Kierkegaard von nun an mit einer Energie und einer Hoheit, wie sie in seiner ersten Periode nicht zu finden war. In seinen Augen ist das Leben dessen, der von der Wahrheit zeugt, eine Bahn der Leiden. „Die Welt bleibt im Grunde immer gleich klug, das heißt, gleich dumm. Wenn dann ein Mann, von seinen Zeitgenossen mißverstanden, verhöhnt, verfolgt, verspottet, für eine Wahrheit gekämpft hat, so entdeckt die nächste Generation seine Größe und bewundert ihn. Und falls es dann in der nächsten Generation einen Begeisterten gibt, der jenen Verstorbenen wirklich versteht ..., so wird dieser Begeisterte abermals verfolgt, verspottet, mißachtet."
Er spürt selbst, welch eine große Bedeutung es für die Entwicklung dieser Lebensanschauung bei ihm hatte, daß seine Person karikiert wurde. „Wer von Kind auf eine polemische Vorstellung vom Dasein gehabt hat und nun in der letzten Zeit ein Weilchen in der besonderen Pflege des ‚Corsaren' gewesen ist, von dem kann man wohl annehmen, daß er gute Voraussetzungen im Verhältnis zur Zeit besitzt." Sein eigenes Martyrium bestimmt er dahin, „Genie in einer Kleinstadt zu sein", und 1848 schreibt er: „Man wird wieder Blut verlangen, doch nicht das der zu Tausenden hingemetzelten Schlachtopfer, nein, das kostbarere Blut, das der Einzelnen – der Märtyrer." („Der Gesichtspunkt für meine schriftstellerische Tätigkeit")
Es läßt sich ganz deutlich verfolgen: In derselben Weise, wie sich Kierkegaard von Anbeginn an seinen Begriff vom Zustand des Glaubens bildet, indem er von der persönlichen Krise seiner Jugend ausgeht – mit ihrer vermeintlich zwangsläufigen Verpflichtung, in weltlichem Sinne Unrecht zu tun, sich zu verstellen und zu schweigen –, so formt er jetzt noch bestimmter seinen Begriff vom Christentum und vom christlichen Martyrium – das fortan stets als darin bestehend definiert wird, verspottet, verlacht, verfolgt, angespien zu werden –, ausgehend davon, daß man ihn im „Corsaren" karikiert hat.

Wie er sich nach der Auflösung des Verhältnisses zu seiner Geliebten dem opfernden Abraham direkt gegenüber sah, so sieht er nun nach der Auflösung des Verhältnisses zum Kopenhagener Publikum den Weg des leidenden Christus vor sich und setzt seine Füße in diese Spur. Erst durch sein Verhältnis zu Kopenhagen und zum „Corsaren" kam er zu einem tiefgehenden Verständnis des Lebens Christi.

Die Erbauungsschriften, die er jetzt veröffentlicht, stehen allesamt hoch über jener frühen Serie erbaulicher Reden, die mit der ersten Reihe pseudonymer Schriften erschienen. Das Gedämpfte und Weiche lag ihm nicht; mit der kraftvolleren und strengeren Auffassung des Lebens erwachten alle seine Kräfte von neuem. In „Taten der Liebe" sprach er aus, was in seiner Seele an tiefem Mitleid mit dem gefallenen Geschlecht und an heilsamer Arznei für die Unglücklichen und die Schlaffen vorhanden war.

Dieses Buch ist die Orgel im großen Konzert seiner Werke. Hier schildert er die „Liebe zum Nächsten", die sich hinter seiner Lebensweise auf öffentlicher Straße verbarg. „Es ist viel leichter und viel bequemer, sich durchs Leben zu schleichen, indem man in vornehmer Zurückgezogenheit lebt, sofern man ein Vornehmer ist, oder in unbemerkter Stille, sofern man ein Geringer ist, ja, man kann durch diese schleichende Lebensweise dem Anschein nach mehr ausrichten, weil nämlich der Widerstand, dem man sich aussetzt, viel geringer ist." Es kommt aber nicht darauf an, sagt er, den Widerstand zu vermeiden, sondern darauf, den Nächsten zu lieben. Er gedenkt auch hier des „Corsaren": „Oh, es gibt Verbrechen, welche die Welt nicht Verbrechen nennt, welche sie belohnt und beinah noch ehrt – und doch, doch wollte ich lieber, was Gott verhüte, aber ich wollte doch lieber mit drei bereuten Morden auf meinem Gewissen in der Ewigkeit anlangen denn als ein ausgedienter Verleumder mit einer solchen entsetzlichen, unübersehbaren Last von Verbrechen, die sich Jahr für Jahr aufgehäuft haben, die nach einem schier unvorstellbaren Maßstab um sich gegriffen, die Menschen ins Grab gebracht haben können usw."* Seine Auffassung wird strenger, weil er überhaupt, wie von Høffding in seiner „Humanen Ethik" richtig bemerkt, in jeder Seelenregung des Menschen einen Willensakt erblickt und theologisch beim Egoismus als Tatsache stehenbleibt, ohne psychologisch zu untersuchen, warum und wie das Ich egoistisch wird.

Die „Erbaulichen Reden in verschiedenem Geist", die im gleichen Jahr (1847) erschienen, münden in einer Schilderung jener Verhöhnung und Verfolgung, welcher der Zeuge der Wahrheit ausgesetzt ist, den man quält, weil man Gott damit etwas Wohlgefälliges zu erweisen glaubt. Dann hebt der Autor hervor, daß dies für den Wahrheitszeugen viel besser ist, als mit dem Zuckerbrot der Bewunderung gefüttert zu werden und ein Dasein zu führen, das fade wird, weil ihm das Salz fehlt. Deshalb freuten sich die Apostel auch, daß sie gegeißelt wurden.

Der letzte Abschnitt dieser „Erbaulichen Reden" lautet „Das Evangelium der Leiden". Hieran schließen sich die im Jahre 1848 veröffentlichten „Christlichen Reden" an, von denen vorzugsweise die Rede „Es ist doch selig, für eine gute Sache Hohn zu leiden" zu beachten ist, welche den Übergang zu Kierkegaards späterer Produktion bildet. Der Verhöhnte, heißt es hier, wird wie ein Aussätziger gemieden; obgleich er ein Zeuge der Wahrheit ist, wurde er niemals im Leben geehrt und gewürdigt, er wurde verachtet, verfolgt, verspottet, solange er lebte. Und die ihn zu seinen Lebzeiten verachtet haben, das waren die Geehrten und Angesehenen, „so wie es jetzt die Geehrten und Angesehenen sind, die seinen Namen preisen". Es ist, wie Kierkegaard hervorhebt, etwas Entsetzliches, daß der Satz: Käme Christus heutzutage wieder auf die Welt, würde er abermals gekreuzigt werden, zu einem stehenden Witz geworden ist; und doch „fällt es niemandem ein, auf dieses Blendwerk, das mit der Christenheit getrieben wird, aufmerksam zu werden". Er

* In den „Nachgelassenen Papieren" wird dies auf den „Corsaren" bezogen.

betont daher die Notwendigkeit, das Christliche nicht auf Entfernung zu halten, sondern es der Mitwelt recht gegenwärtig zu machen.

In der „Einübung ins Christentum" löste er die gestellte Aufgabe selbst.

Ich halte dieses Buch für eine seiner vorzüglichsten Arbeiten, und überhaupt ist es ein Werk, das sich durch Scharfsinn und Wahrheitsliebe auszeichnet. Wem die Zeit für vieles fehlt, was Kierkegaard in seiner letzten Periode geschrieben hat, der sollte dieses Buch gründlich lesen, und er wird seinen gesamten Gedankengang, sein gesamtes Gefühlsleben finden. Als Ersatz für das ihm fehlende historische Verständnis besaß Kierkegaard eine ganz ausgeprägte, geniale Fähigkeit, sich in jede Situation hineinzuversetzen. Während ihm jeglicher Sinn für das Lokalkolorit abging, gehörte ein entwickelter Sinn für die abstrakte Situation zu seinen bewundernswerten Eigenheiten. Es war derselbe Sinn, welchen die römischen Geschichtsschreiber und die französischen Dichter der klassischen Zeit besaßen und aufgrund dessen er mit Scribe sympathisierte. Diesen Sinn bewies er in seiner Schilderung Abrahams in „Furcht und Zittern", wo das fehlende Orts- und Zeitkolorit durch jene Kraft ersetzt wird, mit der die Situation geschildert ist. Mit derselben Kraft stellte er das Leben Christi dar.

Christus, wie er ihn malt, ist nicht der verklärte, ist weder Raffaels Götterkind noch Thorvaldsens schöner Versöhner, sondern ein Christus wie auf Rembrandts Bildern, der Mensch von niederem Stand, der Freund der Mühseligen und Beladenen, im Kostüm der Gegenwart des Malers.

Jener Christus, der bei ihm sagt: „Kommet her zu mir alle, die ihr mühselig und beladen seid, ich will euch erquicken", das ist nicht der verherrlichte Gottessohn, nein, es ist der erniedrigte Jesus, „geboren von einer verachteten Jungfrau, sein Vater ein Zimmermann, verwandt mit anderen einfachen Leuten der niedrigsten Klasse". Man lese nur, wie die Zeitgenossen über ihn urteilen: daß es dumm von ihm sei, für alle zugänglich zu sein, anstatt sich die Menschen im Abstand der tiefsten

Unterwürfigkeit fernzuhalten; man höre Kierkegaard von ihm reden wie von „einer Art *mauvais sujet*, einem verlorenen Kerl", dessen „revolutionärer Hochmut alle Intelligenz und Tüchtigkeit des Bestehenden verschmäht, um ganz und gar von neuem und von vorn zu beginnen, mit Hilfe von – Fischern und Handwerkern, so daß seine uneheliche Geburt gleichsam ein Motto für seine ganze Existenz im Verhältnis zum Bestehenden ist"! Anfangs ist er eine kurze Zeit Gegenstand der Neugier, später sieht man ihn nur in Gesellschaft von „Sündern und Zöllnern, Aussätzigen, Irrsinnigen, Kranken und Elenden, Armut und Erbärmlichkeit". – Kommt nun her, alle, die ihr mühselig und beladen seid!

Es scheint darin kein Sinn zu liegen; aber, sagt Kierkegaard, „wenn man dies nun von einem geputzten Mann in Seidenkleidern mit einer angenehmen, wohlklingenden Stimme hört, so daß es lieblich von den Kirchengewölben widerhallt, von einem Seiden-Mann, den anzuhören Ehre und Ansehen bringt", dann scheint ein Sinn hineinzukommen. Gewiß, lautet die Entgegnung, aber ein Sinn, der sich vom Christentum so sehr unterscheidet wie nur möglich; denn man denke an jenen, der die Einladung ausspricht, der herangeschritten kommt „zwischen einem Maurergesellen und einem Bürstenbinderlehrling", geringgeschätzt „wie eine Art mißratenes Genie", verachtet und verhaßt als „Verführer, Betrüger, Gotteslästerer", nur umgeben „von einer jubelnden Pöbelschar". Und diese für die Beurteilung der Wahrheit so kompetenten Instanzen, diese Fischer, Schneider und Schuster, sie vergöttern ihn in des Wortes buchstäblichster Bedeutung.

Unter einem kritischen Gesichtspunkt betrachtet, ist es hierbei am interessantesten, daß Kierkegaard die Christusgestalt aus lauter idealisierten Zügen aufbaut, die er aus seiner eigenen Existenz kennt und ihr entnimmt.

Erstens: Die Unkenntlichkeit Christi. Gottes Inkognito als Mensch wird durch ein menschliches Inkognito als solches verstanden und erklärt. Selbst wenn man von der Inkarnation absieht, ist der Erhabene unkenntlich, zum einen durch zuviel Sicherheit, weil er sich täglich auf der

Straße in der zufälligsten Gesellschaft sehen läßt, zum anderen durch die scheinbare Ärmlichkeit seiner Kleidung. Sollte ein Mensch wie dieser, „ein schlecht gekleideter Mensch“, der Erwartete sein?

Zweitens: Die Unmöglichkeit der direkten Mitteilung. Freilich kann Christus geradeheraus sagen: „Ich bin Gott; der Vater und Ich sind Eins.“ Doch wenn jener, welcher solche Worte ausspricht, ein einzelner Mensch, scheinbar ganz wie andere ist, dann ist diese Mitteilung nicht eben direkt. Zwar sind die Worte direkt genug, doch der sie sagt, „ist zum Zeichen bestimmt, dem widersprochen wird“, wie es bei Lukas (2,34) heißt, und das macht die Mitteilung indirekt. Um zu erklären, daß man aus Liebe zu einem anderen eine Innerlichkeit verhehlt und als etwas anderes erscheint, als man ist, benutzt Kierkegaard zwei Beispiele. Das eine, das nur angedeutet wird, ist das Verfahren eines Mäeutikers, der nach sokratischer Methode eine dialektische Doppelheit hervorbringt, um den anderen in sich gekehrt zu machen und ihm die Freiheit zu geben – seine eigene literarische Mitteilungsform. Das zweite, weiter ausgeführte Beispiel ist dem Verhältnis zweier Liebender entnommen. Kierkegaard setzt den Fall, der Liebende käme auf die Idee, seine Braut auf die Probe zu stellen, was den Glauben an ihn betrifft. „Was tut er dann? Er stellt alle Mitteilung ab, verwandelt sich selbst in eine Doppelheit; das sieht in der Möglichkeit so täuschend aus, daß er ebensogut ein Betrüger wie der treue Liebende sein könnte.“ – Die Glaubensforderung Christi wird mit seiner eigenen Stellung zur Geliebten als ein Rätsel illustriert, das heißt als die lebendige Frage, ob sie an ihn glaubt oder nicht.

Drittens: Die Freiwilligkeit der Leiden. Das Entscheidende des christlichen Leidens ist, daß man es freiwillig „um des Wortes, um der Gerechtigkeit willen usw.“ auf sich nimmt. Und um dies zu erläutern, gebraucht Kierkegaard ein uns wohlbekanntes Beispiel. Er zeigt, wie töricht es ist, wenn der Pfarrer bei der Beerdigung einer Ehefrau eine Predigt über Abraham halten will, der seinen Sohn Isaak opfert, und den Witwer als eine Art Pendant zu Abraham porträtiert. Denn sowohl bei Abrahams wie bei den christlichen Leiden ist der Angelpunkt die unendlich potenzierte Anstrengung und Freiwilligkeit des Leidens – freiwillig hatte Kierkegaard mit der Geliebten gebrochen, freiwillig den „Corsaren“ herausgefordert.

Viertens: Die Gleichgültigkeit gegen alle weltlichen Zwecke. Das Buch „Einübung ins Christentum“ ist im Jahre 1848 geschrieben, also zu eben jener Zeit, als eine starke nationale Bewegung das Volk erfaßte. Kierkegaard fühlte sich davon vollkommen unberührt. Ihn beschäftigte nur eins: die Idee seines Lebens. Deshalb schreibt er über Christus: „Das kleine Volk, dem er angehörte ..., war unter fremder Herrschaft, und, wie natürlich, waren alle von dem Gedanken erfüllt, das verhaßte Joch abzuschütteln.“ Man zeigt Jesus den Zinsgroschen, er gibt seine ausweichende Antwort, und Kierkegaard ruft aus: „O weltliche Parteileidenschaft, und selbst wenn du heilig und national genannt wirst, nein, so weit reichst du nicht, daß du seine Gleichgültigkeit gefangennehmen kannst! Er fragt: ‚Wessen Bild ist auf die Münze geprägt?‘ Man antwortet: ‚Des Kaisers.‘ – ‚So gebt dem Kaiser, was des Kaisers ist, und Gott, was Gottes ist.‘ Unendliche Gleichgültigkeit! Ob der Kaiser Herodes oder Salmanasser heißt, ob er Römer oder Japaner ist, das ist ihm das Gleichgültigste von allem.“

Dann wird Christi Leben und Tod geschildert; Pilatus fragt: Was ist Weisheit? Und Kierkegaard antwortet treffend und konsequent: Die Wahrheit ist nicht, die Wahrheit zu *wissen*, sondern die Wahrheit zu *sein*. Christus war die Wahrheit, und für die Jetztlebenden ist sie: ihm nachzufolgen. Doch dies enthält denn auch, daß das Christentum in der Christenheit „ganz buchstäblich entthront“ ist; und wenn es das ist, dann ist es „abgeschafft“. Nur die kämpfende Kirche ist Wahrheit, nur wer Christi Leben nachfolgt, nicht wer es bewundert, ist der wahre Christ. Nur wer gewillt ist, in der Situation der Gleichzeitigkeit sich der leidenden Wahrheit anzuschließen und die Folgen auf sich zu nehmen – und diese Folgen sind zu allen Zeiten dieselben –, nur der kann ein Wahrheitszeuge heißen. „Und wenn alle Pfarrer, mögen sie in Samt, in Seide, in Tuch, in Bombasin gekleidet sein, etwas anderes sagen wollen, so werde ich sagen: Ihr lügt, ihr betrügt die Menschen mit euren Sonntagspredigten!"

26

In den religiösen Schriften dieser Periode war Kierkegaard der Geistlichkeit und ihrem Oberhaupt in Dänemark, dem Bischof Mynster, immer drohender zu Leibe gerückt. In der „Einübung ins Christentum" waren ein paar dämpfende Einleitungsworte der einzige Wandschirm, der den Angriff auf das Offizielle in der Christentumsverkündigung der dänischen Kirche verbarg. Fast zeitgleich mit diesem Buch erschien „Die Krankheit zum Tode", eins seiner tiefsten und gründlichst durchgearbeiteten Werke, hell und leicht überschaubar wie ein vorzüglich eingerichtetes Lazarett. Darin wendet er sich von neuem dem Problem der Verzweiflung zu, auf das die Abhandlung über das Ethische in „Entweder – Oder" nur so unvollständig Antwort gegeben hatte, und die Tiefsinnigkeit, mit der er es jetzt behandelt, ist selbst von seiner verstockten Orthodoxie nicht zu verhüllen. Zwar kann man am Ende des Buches nicht umhin, sich jenes Satzes zu erinnern, auf den Kierkegaard so häufig zurückkommt, daß es kein großes Genie ohne einen Funken von Wahnsinn gibt, doch muß man einräumen, daß hier selbst die Tollheit Methode hat. In diesem Buch, das 1849 erschien, wird eine Charakteristik des geistlichen Redners geliefert, die so anzüglich gegen die Geistlichkeit, so direkt gegen ihr Oberhaupt selbst, den Bischof Mynster, gerichtet ist, daß man es kaum begreift, wie sie hat ohne Erwiderung bleiben können. Hier wird geschildert, wie unendlich komisch es ist, daß jener, der eben noch auf der Kanzel „mit einem Aplomb in der Erscheinung, mit einer Keckheit im Blick, einer Korrektheit der Pas, daß es zu bewundern ist", alle Mächte der Hölle unter die Füße trat, fast im selben Augenblick, fast noch „mit dem langen Schleppengewand angetan", dem kleinsten Ungemach feige aus dem Wege rennen kann. „Oh, wenn da einer versichert, er habe vollkommen verstanden, wie Christus einherging in Gestalt eines niederen Dieners, arm, verachtet, verspottet, nach den Worten der Schrift: angespien; wenn ich dann sehe, wie derselbe Mann so vorsorglich dorthin eilt, wo es weltlich gut sein ist, um sich dort aufs behaglichste einzurichten; wenn ich sehe, wie er so ängstlich, als gelte es das Leben, jedem ungünstigen Windhauch von rechts oder links entflieht, so glückselig, so überaus glückselig, so herzensfroh ..., weil ihn alle, alle unbedingt ehren und schätzen, dann habe ich oft zu mir selbst und bei mir selbst gesagt: Sokrates, Sokrates, Sokrates, sollte es möglich sein, daß dieser Mensch verstanden hat, was verstanden zu haben er behauptet?"

Fünf Jahre vergingen. Kierkegaard hatte sein schriftstellerisches Werk bis zu dem Punkt gebracht, daß er es als eine Ganzheit überschaute. In seinen „Zwei Reden zum Abendmahl am Freitag" brachte er es sozusagen bis an den Fuß des Altars und gab dann dem Publikum seinen Rückblick auf das Ganze in einer kleinen Broschüre, „Über meine schriftstellerische Tätigkeit", worin alles auf die Idee „der Einzelne" hingeführt wird. Offen und ehrlich sagt er: „So verstehe ich das Ganze jetzt; zu Anfang habe ich nicht so überschauen können, was ja zugleich meine eigene Entwicklung gewesen ist."

Da brach er im Dezember 1854 sein jahrelanges Schweigen als Schriftsteller. Bischof Mynster war gestorben. Martensen hatte ihn in seiner Grabrede „einen Wahrheitszeugen, einen der rechten Wahrheitszeugen, ein Glied in der heiligen Kette" genannt. Im Februar schrieb Kierkegaard seinen berühmten Artikel dagegen: „War Bischof Mynster ein ‚Wahrheitszeuge', einer ‚der rechten Wahrheitszeugen' – ist *dies Wahrheit*?", und ließ ihn dann neun Monate lang ungedruckt liegen. Er, der in seiner Jugend so ungeduldig gewesen war, hatte nun gelernt, einen Entschluß langsam reifen zu lassen. Im Dezember, nach beendigter Überlegung, schleuderte er den Artikel heraus. Martensen, der kaum ahnte, was bevorstand, antwortete abweisend und bezeichnete Kierkegaard als einen Thersites, der auf dem Grab des Helden (das heißt Mynsters) tanze. Darauf gab Kierkegaard eine Erwiderung, und damit begann seine großartige Agitation gegen die ganze bestehende Staatskirche und die ganze Christenheit des Bestehenden.

27

Als die römischen Missionare die Angelsachsen in Northumberland nach ihrer Bekehrung zum Christentum dazu aufforderten, selbst die Götzenbilder umzustürzen, die sie angebetet hatten, wagte keiner Hand an jene Gestalten zu legen, die so lange Gegenstand von Glauben und Gebet gewesen waren. Da stand inmitten des allgemeinen Zögerns ein Priester auf und fällte mit einem Axthieb das Götzenbild, dessen Nichtigkeit er besser als irgend jemand kannte. Der Angriff, den der geistlich Gebildete gegen die Kirche richtet, hat stets einen besonderen Charakter von Entschlossenheit und Kälte; man spürt bei seinen Schlägen eine Sicherheit, welche die Hand des Laien nicht leicht zu erlangen vermag.
Kierkegaard hatte zu sehr in der Nähe der Geistlichkeit gelebt, als daß er Respekt bewahren konnte. Der treueste Ritter der Autorität verwandelte sich in ihren Mörder. Der Dichter, der Denker, der Prediger, der Reformator, der seinen Stolz und seine Ehre darein gesetzt hatte, in hunderttausendmeiliger Entfernung von der Endlichkeit und dem Augenblick zu wirken, verwandelte sich in einen Agitator. Doch was diese Verwandlung bewirkte, das war der zutiefst in seiner Natur liegende Hang, mit der Entrüstung der Pietät seine Verachtung auszusprechen. Zwar hatte seine Tätigkeit immer etwas Agitatorisches gehabt, insofern er nach seiner eigenen Erklärung stets für „*Unruhe* in Hinblick auf Verinnerlichung" wirkte; allein diese Definition schloß ja gleichzeitig jede Absicht aus, Unruhe nach außen zu erwecken. Doch jener Mann, der selbst mit Recht das Charakteristikum seines schriftstellerischen Werkes mit den Worten *aufmerk-*

sam machen benannte, war naturgemäß zum Agitator besonders geschaffen; denn diese Worte bezeichnen das nächstliegende Ziel einer jeden großen und vornehmen Agitation.

Und er war ein großer Agitator – er, dessen Seele von einer so lebhaften Entrüstung erfüllt war, der die Sprache so vollständig beherrschte und durch den erbaulichen Vortrag seine Fähigkeit ausgebildet hatte, zum Verständnis des gemeinen Mannes zu reden, der endlich einen solchen Köcher voll spitzer und geschärfter Pfeile der Witzigkeit besaß. Er war der Mann, um eine Agitation zu führen, wie sie nur selten in unserem Jahrhundert geführt wurde, er, der das Selbstgefühl eines Lassalle mit der Beredsamkeit eines O'Connell und dem schneidenden Hohn eines Swift vereinte.

Es ist nutzlos, seine Verfahrensweise zu beschreiben. Man muß selbst sehen, wie er die Verachtung im sprachlichen Ausdruck ziseliert, das Wort zurechthämmert, bis es sich zur größtmöglichen, zur blutigsten Injurie formt – ohne daß es einen Augenblick aufhört, Träger einer Idee zu sein. Man lese seine ersten Artikel wider die Geistlichkeit in der Gesamtausgabe seiner Zeitungsartikel, die auch die Beiträge gegen ihn von den verschiedenen Repräsentanten des Bestehenden – meist Anonymen in „Berlingske Tidende", „Fædrelandet" und „Dagbladet" – enthalten, um die Flammenschrift seiner Begeisterung auf dem Hintergrund von Schlaffheit, leerem Geschwätz und Grimassenschneiderei seiner Zeitgenossen, der die unentbehrliche Folie dafür bildet, leuchten zu sehen. Man begreift leicht, daß sofort Bewegung in die Geistlichkeit kam, als in öffentlichen Zeitungen und von einer solchen Feder geschrieben stand, der religiöse Zustand des Landes sei der: „Das Christentum gibt es gar nicht" (26.März 1855), oder, wie es zwei Tage später hieß: „Hier ist nichts zu reformieren; es kommt einzig darauf an, Licht in ein jahrhundertelang fortgesetztes … christliches Kriminalverbrechen zu bringen." Man antwortete nun, so gut man konnte, mit Überlegenheit, mit Entrüstung, mit Salbung, mit Strenge. Doch als dies auf den vermessenen Angreifer der Staatskirche nicht mehr Eindruck machte, als hätte er auf einem anderen Planeten gewohnt, da verstummte all diese Beredsamkeit nach und nach, und man hörte nur noch Søren Kierkegaards Stimme.

Was ist das für eine Sprache, welche diese Stimme führte? Sie rief: Das Christentum ist weitverbreitet. Warum? Weil der Staat hilfreich hinzutritt, falls jemand nichts mit dem Christentum zu schaffen haben will: „‚Wie! fühlst du kein Bedürfnis nach dem Christentum, so fühlst du vielleicht ein großes Bedürfnis danach, nichts zu werden; denn bist du nicht Christ, so sind dir alle Wege in der Gesellschaft versperrt.' – Ah! Das kam der Praxis des Pfarrers zustatten." ... „Habt Dank, ihr Samt- und Seiden-Pfarrer, die ihr in immer größer werdender Schar zu Diensten standet, als es sich zeigte, daß der Profit auf seiten des Christentums war, habt Dank für euren christlichen Eifer!"

Das Thema, das Kierkegaard hier wieder und wieder variiert, lautet: Solange es in Dänemark tausend königliche Ämter für Lehrer im Christentum gibt, ist alles Christentum im Land verdorben. „Nimm ein Beispiel", sagt er. „Wenn der Staat auf den Wunsch verfiele, alle wahre Poesie zu verhindern", wie sollte er das anstellen? „Er brauchte nur tausend Ämter für königliche Dichter-Beamte einzurichten, dann wird das Land bald in solchem Grade mit verdorbener Poesie überschwemmt sein, daß wahre Poesie fast zur Unmöglichkeit wird." ... „Nimm ein anderes Beispiel", sagt er. „Gesetzt, der Staat käme auf die Idee, als neue Religion einzuführen, daß der Mond aus einem grünen Käse gemacht sei, und gesetzt, er richtete zu diesem Zweck tausend Ämter für je einen Mann mit Familie ein, mit regelmäßigem Avancement", und gleichem Rang wie ein Kanzleirat – wäre dann zu bezweifeln, „daß ein Statistiker nach einigen Generationen mit Sicherheit bestätigen könnte, daß jene Religion (der Mond ist aus einem grünen Käse gemacht) die herrschende im Lande sei?"

Und er faßt seinen Angriff auf die Volkskirche in dem energischen und rücksichtslosen Satz zusammen: „Sofern du glaubst, und du glaubst es ja doch, daß Stehlen,

Rauben, Plündern, Huren, Verleumden, Schlemmen usw. Gott zuwider sei: das offizielle Christentum mit seiner Gottesverehrung ist ihm unendlich widerwärtiger."

Er behandelt die wichtigsten Momente des Gottesdienstes, eins nach dem anderen, und löst sie allesamt in einer Farce auf.

Die Taufe. Sie wird nach seiner Darstellung nur durch die Geldgier der Pfarrer aufrechterhalten. „Die Pfarrer, diese heiligen Männer, verstehen ihr Geschäft durchaus, und sie wissen genausogut, daß es um ihre Erwerbsquelle schlecht stünde, geschähe, wie es das Christentum und jeder vernünftige Mensch verlangen müssen: daß man sich erst bei Volljährigkeit und Mündigkeit entscheiden darf, welcher Religion man angehören will. Und deshalb drängen sich diese heiligen Wahrheitszeugen in die Wochenstuben ein."

Die Konfirmation. Sie wird nach seiner Darstellung deshalb beibehalten, weil die Pfarrer, die „selbst Meineidige sind", ein Interesse haben, dafür zu arbeiten, daß „die ganze Gesellschaft meineidig wird". Und es ist „gleichsam wie berechnet hierauf, daß man fünfzehnjährige Knaben" religiöse Versprechen ablegen läßt. „Man sieht also leicht", sagt er, „daß die Konfirmation ein weitaus größerer Nonsens ist als die Kindertaufe, gerade weil sie Anspruch darauf erhebt, das hinzuzufügen, was bei der Kindertaufe fehlte: eine wirkliche Persönlichkeit."

Das Abendmahl. Um darzustellen, was nach seiner Auffassung in der Art und Weise, wie das Sakrament ausgeteilt wird, anstößig ist, schildert er einen Gewerbetreibenden, dessen wirkliche Religion die ist: „Jeder ist Spitzbube in seinem Gewerbe ... Zwei- oder viermal im Jahr zieht dieser Mann sich schöne Kleider an – und geht zum Altar. Dort erscheint dann ein Pfarrer, ein Pfarrer, der springt (wie die Männchen aus einer Dose springen, wenn man auf eine entsprechende Feder drückt), sobald er einen blauen Fünftalerschein sieht. Und danach wird die heilige Handlung gefeiert, wonach der Gewerbetreibende, oder richtiger: beide Gewerbetreibende (der Pfarrer wie der Bürger) zu ihrer gewohnten Lebensweise heimkehren, nur daß man dem einen von ihnen (dem Pfarrer) nicht nachsagen kann, daß er zu seiner gewohnten Lebensweise heimkehrt, denn er hatte sie ja nicht verlassen, sondern war vielmehr als Gewerbetreibender in Tätigkeit gewesen."

Die Trauung. Kierkegaard hebt nachdrücklich den Sachverhalt hervor, daß das Neue Testament den ledigen Stand empfiehlt und die Ehe höchstens als ein notwendiges Übel betrachtet. Gegen die populäre Auffassung, die Ehe werde durch die Gegenwart des Pfarrers geheiligt, ruft er aus: „Vom christlichen Standpunkt müßte man sagen: gerade der Umstand, daß ein Pfarrer dabei mitwirkt, ist das Schlimmste an dem Ganzen. Willst du dich verheiraten, dann sieh lieber zu, daß du von einem Schmied getraut wirst." Denn „der Schmied und die beiden Liebenden haben keinen Eid auf das Neue Testament abgelegt"; doch wird die Trauung ein Spott auf das Christentum, „wenn der Pfarrer hinzukommt mit seiner – heiligen Gegenwart".

Seit den rücksichtslosesten Tagen der Französischen Revolution hat es Angriffe solcher Art, soweit ich weiß, auf den christlichen Kultus nicht gegeben. Kein freidenkender Schriftsteller dieses Jahrhunderts hat sich auf dergleichen eingelassen, zum einen weil sich die Freidenker, die sich auf die Idee der Toleranz berufen, nicht in die inneren Angelegenheiten der positiven Religion einmischen, sondern lediglich die soziale Gleichstellung mit den positiv Gläubigen verlangen, wozu ihnen die Zivilisation des Jahrhunderts ein Recht gibt; zum anderen weil die wissenschaftliche Auffassung, was das Wesen der Religionen betrifft, in den letzten siebzig Jahren die Polemik gegen losgelöste Dogmen oder gegen Einzelheiten des kirchlichen Kultus vollkommen verdrängt hat.

Und wie die Freidenker selber keine solchen Angriffe unternommen haben, so haben sie ihrer auch nicht bedurft, als sie von anderer Seite kamen; sie haben von ihnen nichts gelernt und verspüren auch kein Bedürfnis, sie wiederaufzunehmen. Dafür würde es nur dann eine Veranlassung geben, wenn die offizielle Geistlichkeit tatsächlich der Meinung wäre, Kierkegaards Auftreten sei derart in Vergessenheit geraten, daß sie ihn für die Kirche vereinnahmen könnte – ihn, für den die Geistlichen „ohne eine einzige Ausnahme" Meineidige, ja, wie er sich ausdrückte, Menschenfresser waren, insofern nämlich, als sie von den verstorbenen Märtyrern leben, ein jährliches Salär, silberne Tafelaufsätze, Ritterkreuze, bestickte Lehnstühle usw. erhalten, um die Leiden und den Opfermut dieser Menschen zu schildern.

Anstatt in die leidenschaftlichen Kriegsrufe seiner Agitation gegen die bestehende Volkskirche in Dänemark einzustimmen, will ich leidenschaftslos auf zwei entscheidende Punkte in Kierkegaards Äußerungen aus seiner letzten Lebenszeit aufmerksam machen.

Der erste Punkt ist die starke Betonung, die er auf den Umstand legt, daß die Christenheit gar nicht christlich, daß das Christentum gar nicht in die Welt gekommen sei; es sei bei dem Vorbild Christi und ein paar Aposteln geblieben. Darin stimmt Kierkegaard vollkommen mit sämtlichen Erklärungen der modernen Wissenschaft überein, die sich auf jenes Mißverständnis beziehen, das Ausdrucksweisen wie „christlicher Staat", „christliche Kunst", „christliche Gesellschaft" zugrunde liegt. In allen denkenden Ländern ist man jetzt zu der Einsicht gelangt, daß Mächte wie Staat, Recht, Gesellschaft und Kunst rein humaner Natur sind, auf einer rein humanen und nicht auf irgendeiner konfessionellen Grundlage beruhen.

Der zweite Punkt, die energische Behauptung, die sein gesamtes schriftstellerisches Werk durchzieht, selber kein Christ zu sein, wobei er bald die Wendung gebraucht: Er sei es noch nicht, oder, wie am häufigsten der Fall: Er sei nur oder fast nur ein Dichter, der wisse, was Christentum sei; bald, wie in seiner Zeitschrift „Der Augenblick", die Meinung vertritt, er könne sich selbst nicht zur christlichen Lebensanschauung erheben und behelfe sich statt dessen mit „einer viel leichteren, einer jüdischen". Sein Standpunkt in diesem Streit – und das ist es, was ihn hier so groß macht – ist weder konfessionell noch sektiererisch, sondern der Standpunkt der

Wahrheitsliebe. Das ist auch der Grund dafür, daß er auf die Frage von Gegnern, *was er wolle*, nicht antwortet, er wolle dies oder jenes, sondern: *„Ganz einfach, ich will Redlichkeit* ... Ich bin nicht eine christliche Strenge gegenüber einer ausgemachten christlichen Milde. In keiner Weise, ich bin weder Milde noch Strenge – ich bin: menschliche Redlichkeit."

Edler und humaner läßt sich sein Standpunkt unmöglich formulieren. Und mit diesem Beweggrund, der über alle konfessionellen Kämpfe erhaben ist, kann sich Kierkegaard hier so weit hinauswagen, daß er sagt:

„Ich will Redlichkeit. Wenn es dies ist, was die Generation oder die Mitwelt will, wenn sie sich ehrlich, redlich, vorbehaltlos, offen, geradezu gegen das Christentum empören, zu Gott sagen will: ‚Wir können, wir wollen uns dieser Macht nicht beugen' – doch wohlgemerkt, es muß ehrlich, redlich, vorbehaltlos, offen, geradezu geschehen –: *nun wohl, wie seltsam es auch erscheinen mag, dann bin ich dabei*, denn Redlichkeit will ich." Diese Worte (vom 31. März 1855), die eine neue Perspektive zu eröffnen scheinen, sind vielleicht nur ein auf die Spitze getriebener Ausdruck einer glühenden Wahrheitsliebe; aber sie zeigen, daß Kierkegaard, wenn alles, was zu lieben wert war, genannt wurde, ein *„magis amica veritas"* hinzuzufügen vermochte.

Die großartige Kierkegaardsche Agitation, die schon als Agitation betrachtet so gewaltige Vorzüge hatte, besaß einen großen Grundfehler, nämlich ihre Heftigkeit. Der rechte Agitator darf niemals seine ganze, vielleicht kaum seine halbe Kraft gebrauchen; man muß ihn wie eine Drohung in der Zukunft spüren. Kierkegaard dagegen setzt solcherart sein Leben ein und kämpft mit einer so extremen Anstrengung, der sich kein Mann unterziehen kann noch darf, der sich nicht unmittelbar danach aufs Sterbebett legen will.

28

Das war – leider – seine Absicht und sein Los.
Er sehnte sich fort von der Erde, fort aus dieser Welt, die, wie er fand und bezeugte, „eine jämmerliche, eine verderbte, eine böse Welt war, nur berechnet auf Buben und auf Geschwätz“. Er sehnte sich fort aus der Stadt Kopenhagen, in der man ihn nicht mehr nur beneidete und haßte, sondern es für eine Pflicht gegen Gott und alles Heilige hielt, ihn als Feind der Kirche und der Geistlichkeit zu verabscheuen. „O unschätzbare Kleinstadt, wie bist du unbezahlbar, wenn du das vornehme Gewand anlegst, heilig wirst, wenn die Hingabe an jedes widerliche Gelüst des Neides, der Roheit, der Pöbelhaftigkeit gleichzeitig als ein Ausdruck für eine Verehrung Gottes gilt!“ Er sehnte sich fort von seinem armen, gequälten, leidenden Körper, der durch Schlaflosigkeit erschöpft war und von heftigen Krankheitsanfällen gefoltert wurde. Wenn es ihm bisweilen in Gegenwart anderer nicht gelang, seine körperlichen Schmerzen zu beherrschen, so sagte er: „Erzählt es nicht; wozu brauchen die Leute zu wissen, was ich erdulde.“ Er sehnte sich „nach der Ewigkeit“.
Durch jene aufreibende, alle Schranken und Rücksichten zerbrechende Agitation beschleunigte er sein Ende selbst. Doch scheint er den nahen Tod zu eben dieser Zeit geahnt zu haben. Da war von dem Vermögen, das er von seinem Vater geerbt hatte, nichts mehr übrig. Er hatte kurz nach dem Tod des Vaters das gesamte Kapital seinem Schwager, Justizrat Lund, mit der Bitte übergeben, es für ihn aufzubewahren; doch er wollte keine Zinsen – denn Kierkegaard hielt es bei seiner alttestamentarischen Erziehung für Sünde, Zinsen zu nehmen –, sondern jährlich eine bestimmte Summe davon ausgezahlt bekommen. So geschah es, daß dieses Kapital, teils durch Kierkegaards nicht eben sparsame Lebensweise, teils durch seine großzügige Wohltätigkeit, vollständig aufgezehrt wurde. Man fand nach seinem Tod lediglich 250 Reichsbanktaler an barem Geld.

Im Oktober 1855 wurde er in das Frederikshospital eingeliefert.
Unter den Journalen des Frederikshospitals gibt es eins, in dem ein Abschnitt mit den Worten beginnt: „Dr. Søren Kierkegaard (42 Jahre), aufgenommen 2.10.1855, gestorben 11.11.55 um 9 Uhr abends."
Der junge Kandidat der Medizin, der dieses Journal führte, hat sich nicht mit rein ärztlichen Aufzeichnungen begnügt, sondern hat an einzelnen Stellen versucht, allgemeine Äußerungen des Kranken wiederzugeben, so gleich am ersten Tag die folgenden Worte: „Er hält seine Krankheit für tödlich; sein Tod sei notwendig für die Sache, auf deren Lösung er seine ganze Geisteskraft verwendet, für die allein er gewirkt habe und für die allein er nach seiner Meinung geschaffen sei; daher das scharfe Denken in Verbindung mit einem so zarten Körper. Lebe er weiter, so müsse er seinen religiösen Kampf fortsetzen, doch werde dieser dann ermatten, wohingegen er durch seinen Tod seine Stärke und, wie er meint, seinen Sieg behaupten werde." Und mit dem Datum des 12. Oktober heißt es wieder im Journal: „Er bleibt dabei, seinen nahen Tod zu behaupten."
Wie knapp und wenig inhaltsreich dieses Journal auch ist, so gibt es doch ein deutliches Bild von zwei psychologisch interessanten Charakterzügen. Erstens: die asketische Tendenz des Kranken, der sich, „aufgrund religiöser Ansichten", zuweilen Dispensation von diesem oder jenem Erfrischungs- oder Linderungsmittel erbittet. Zweitens: die jungfräuliche Verschämtheit oder Schüchternheit des Patienten, die ihm hier bei mehrfachen Gelegenheiten zur Plage wird, und nach einem Gespräch schreibt der Kandidat darüber nieder: „Er glaubt, dieser Fehler habe eine durchgreifende Wirkung auf sein Leben ausgeübt und ihn zum Sonderling gemacht."
Am Abend des elften November verschied er.
Man hat gesagt, er sei zur rechten Zeit gestorben. Wenn man so redet, dann betrachtet man sein Leben ästhetisch: sein letzter Auftritt war ein fünfter Akt, und was bleibt dem Helden der Tragödie danach anderes übrig als zu sterben? Ich kann Kierkegaards Leben und Tod

nicht wie ein Schauspiel betrachten. Ein großes Genie, das mit zweiundvierzig Jahren stirbt, stirbt für seine Mitwelt niemals zur rechten Zeit. Ich wünschte, er wäre am Leben geblieben.
Allein der Umstand, daß er am Leben geblieben wäre, hätte ihn gezwungen, neue radikale Gedanken von immer größerer Wahrheit auszusprechen. Er hätte unmöglich an jenem Punkt bleiben können, an dem er bei seinem Tod war, er hätte neue Konsequenzen ziehen müssen – und diese hätten zwangsläufig samt und sonders von der bestehenden Kirchlichkeit weggeführt; denn alle anderen Wege waren ihm versperrt.
In der Abhandlung „Der Begriff Angst" kommt beiläufig die Wendung vor: „Diese Anschauung, die man christlich, oder wie man will, nennen mag", ist sicherlich die richtige. Man könnte sich denken, daß eine solche Wendung seinen gesamten Gedankengang durchzieht. Denn wir sehen, wie er sich noch in den siegreichsten Augenblicken der Agitation davon gehemmt fühlt, daß er gezwungen ist, die Nicht-Wahrheit seiner Anschauung mit orthodoxer Korrektheit wiedergutzumachen und sich auf die ganze Misere des Bibelstellen-Zitierens einzulassen. Da es ihm natürlich nicht gelingt, etwas so Ungleichartiges wie das Alte und das Neue Testament unter das System *einer* Lebensanschauung zu bringen, findet er eine Bibelstelle dafür und der Gegner eine dagegen. Ja, aus lauter Eifer, sich auf eine Bibelstelle berufen zu können, zitiert er bisweilen willkürlich, bisweilen falsch.* Man könnte sich den Augenblick als gekommen denken, wo er dessen müde geworden wäre.
Dahin war er in den letzten Monaten seines Lebens auf dem Wege, doch der Weg war nicht gut. Wie andere große, zu Tode gehetzte Reformatoren sah er schließlich in dem verkannten Recht seiner Persönlichkeit das ein-

* In Magnus Erikssons gutem und gewissenhaftem Buch „Gott und der Reformator" sind Kierkegaards Inkonsequenzen gegenüber dem Bibelwort dargestellt. Erik Bøgh hat daran, wie Kierkegaard die Legende von Jonas benutzt, seine Willkür bei der Behandlung von Bibelstellen nachgewiesen.

zige Recht der Welt. Selbst wenn er sich auf die Bibel berief, so berief er sich in Wirklichkeit auf seine eigene Auslegung, auf sich selbst. Wie der Absolutismus gesagt hatte: „Der Staat bin ich", so dachte er jetzt: „Die Wahrheit bin ich." Die Wahrheit richtete sich nach ihm, nach seinem Leben. Damals, als er selbst zuweilen in der Kopenhagener Frauenkirche gepredigt hatte, war die Kirche noch ehrwürdig und heilig gewesen; jetzt war jede Kirche „ein zweideutiger Ort". Wenige Jahre zuvor hatte er die Gemeinde eindringlich aufgefordert, Zuflucht zur Kirche und ihren Altären zu nehmen; jetzt, da er selbst erklärte, er wolle lieber die ärgsten Verbrechen begehen, als eine Kirche betreten, jetzt sollte es plötzlich für alle einleuchtend sein, daß die Wahrheit nicht im Schoß der Kirche lag.

Und er bestimmt nicht nur die Wahrheit, sondern auch, wann die Zeit erfüllt ist. Solange es ihm selbst als passend und richtig erschienen war, Bischof Mynster bei jeder Gelegenheit zu ehren, hatte er auch allen anderen aufgetragen, Mynster tiefen Respekt zu erweisen. Nun sagt er, er habe mit seinem Angriff auf Mynster und die Geistlichkeit gewartet, bis Martensen, den er als „eine subalterne Persönlichkeit" abstempelt, Bischof von Seeland geworden war; denn er habe gedacht, daß dieser Angriff für Martensen unangenehm hätte sein können, solange „er noch Kandidat für diesen Posten" war. Aber wenn er nun selbst vorher gestorben wäre! Er, der selber sagt, daß er häufig nur von einem Tag zum anderen lebte. Und nach allgemeinem menschlichen Verständnis hätte man doch glauben sollen, daß Martensen – falls er wirklich so „subaltern" war, wie Kierkegaard meinte – besser nicht in Ruhe der oberste Bischof des Landes geworden wäre.

Aber Kierkegaard entscheidet selbst, wann der passende Augenblick gekommen ist. Er weiß, daß Gott mit ihm ist und daß das, was er schreibt, Gottes allerhöchstes Gefallen hat.

Das war die einzige Form, unter welcher dieses große, religiös erzogene Genie, wie Pascal, wie Lamennais, eine Befreiung vom Joch der Kirche realisierte. Doch er befreite sich, wie er es konnte. Jedenfalls kämpfte er sich von der Christenheit frei.

Von seiner frühesten Jugend an waren zwischen ihm und der geistigen Freiheit alle Schranken aufgetürmt, die sich nur denken lassen. Er war durch Erziehung, durch Pietät, durch Lebensschicksale in der bestehenden Kirche eingesperrt, wie jemand in einem Kerker durch einen Ring von Gefängnismauern um den anderen eingesperrt ist. Aber er kämpfte sich durch alle hindurch und gelangte hinaus ans Tageslicht. Diese Bewegung ist es, welche die Zeitungsartikel in der Wahrheitszeugen-Fehde und vor allem die Zeitschrift „Der Augenblick" bezeichnen, und deshalb wird „Der Augenblick" als das kürzeste Resümee dessen, was er dachte und wollte, als die eigentliche und entscheidende Tat seines Lebens in der Literatur stehenbleiben. Dies ist das einzige von allen seinen Werken, das tief in das dänische Volk eingedrungen ist, es ist gegenwärtig eins der bedeutsamsten Gärungselemente in der Arbeiterbewegung, es wird vielleicht einmal eins der kräftigsten Gärungselemente in einer Bewegung werden, welche das ganze Volk umfaßt; dann wird auch jene Trennung von Kirche und Staat, nach der die Entwicklung des Jahrhunderts immer gebieterischer verlangt und nach der mit größerer Energie und größeren Fähigkeiten als irgendein anderer Däne verlangt zu haben Kierkegaards unvergänglicher Ruhm ist, in Dänemark eine Wirklichkeit werden.

Kierkegaards große Bedeutung für das volkskirchliche Geistesleben in Dänemark besteht darin, daß es durch ihn auf die Probe gestellt wurde. Von außen, vom humanen Standpunkt der Wissenschaft gesehen, war der bestehende religiöse Zustand schon längst als wertlos erkannt. Er griff ihn von innen, von seinem eigenen Ideal her an, maß ihn mit seinem eigenen Maß, und durch seinen Mund beurteilte und verurteilte sich dieser Zustand selbst.

Als sich Kierkegaard auf den Weg machte, schien es, als sollte er für die freie Wissenschaft der gefährlichste aller Gegner werden. Ein Denker dieses Ranges – und gleichzeitig ein Prediger! Ein Philosoph, so groß angelegt wie bei uns keiner zuvor – und Bischof Mynsters demütiger Bewunderer! Durch ihn wurde die Probe aufs Exempel gemacht. Am Ende des Weges gab er seinem Gottesbild selbst den Axthieb. Durch ihn wurde das dänische Geistesleben bis zu jenem äußersten Punkt getrieben, wo dann ein Sprung erfolgen muß, ein Sprung in den schwarzen Abgrund des Katholizismus oder auf jene Landzunge hinüber, von der die Freiheit winkt.

In und mit Kierkegaard kulminiert und endet die dänische Literatur der ersten Hälfte des neunzehnten Jahrhunderts, und was in dessen zweiter Hälfte nach ihm kam, ist entweder zu geringfügig oder zu jung, um gegen seine Werke in irgendeiner Weise ins Gewicht zu fallen. In der Literatur gibt es keine Maßstäbe. Es gibt kein Lot, mit dem man die geistigen Tiefen ermessen kann, kein Thermometer, das die Hitze der Leidenschaft anzeigt, keinen Höhenmesser für den Flug des Geistes. Doch wenn es dergleichen gäbe, dann würde sich zeigen, daß kein Schriftsteller unserer Literatur tiefer in die Abgründe des Menschenherzens hinabgetaucht ist, daß keiner inniger gefühlt, schärfer gedacht oder sich in seiner Begeisterung für die Ideale der Reinheit und Festigkeit höher emporgeschwungen hat.

Seine Persönlichkeit ist zu reich und sein Werk zu vielseitig, als daß sie sich durch eine Formel charakterisieren ließen. Auch war er nicht, wie man dummerweise von ihm gesagt hat, von Anfang an „innerlich fertig". Im Gegenteil, er ist nur dann zu verstehen, wenn man sich die Geschichte seines Genies von den ersten Keimen der Charakterbildung und Produktion an klarzumachen sucht und wenn man so gut wie möglich die gewundenen, einander kreuzenden Linien seiner Entwicklung von den ersten Ansätzen bis zu den letzten Ergebnissen verfolgt, ohne einen Ausgangspunkt oder ein Zwischenglied zu überspringen, doch auch ohne konsequenter und geradliniger sein zu wollen, als die Natur es ist. Dazu wurde hier ein Versuch unternommen.

Anmerkungen

Folgende Werke von Søren Kierkegaard werden im Text erwähnt oder zitiert:

„Aus den Papieren eines noch Lebenden, wider seinen Willen herausgegeben von S. Kierkegaard" – „Af en endnu Levendes Papirer, udgivet mod hans Villie af S. Kierkegaard" (1838)

„Über den Begriff Ironie, mit ständiger Bezugnahme auf Sokrates" – „Om Begrebet Ironi, med stadigt Hensyn til Socrates" (1841)

„Entweder – Oder. Ein Lebensfragment herausgegeben von Victor Eremita" – „Enten – Eller. Et Livs-Fragment udgivet af Victor Eremita" (1843)

„Achtzehn erbauliche Reden" – „Atten opbyggelige Taler af S. Kierkegaard" (1845)

„Furcht und Zittern. Dialektische Lyrik von Johannes de Silentio" – „Frygt og Bæven. Dialektisk Lyrik af Johannes de Silentio" (1843)

„Die Wiederholung. Ein Versuch in der experimentierenden Psychologie von Constantin Constantius" – „Gjentagelsen. Et Forsøg i den experimenterende Psychologi af Constantin Constantius" (1843)

„Vorwort. Unterhaltungslektüre für einzelne Stände nach Zeit und Gelegenheit von Nicolaus Notabene" – „Forord. Morskabslæsning for enkelte Stænder efter Tid og Leilighed af Nicolaus Notabene" (1844)

„Philosophische Brocken oder ein Bröckchen Philosophie" – „Philosophiske Smuler eller En Smule Philosophi af Johannes Climacus, udgivet af S. A. Kierkegaard" (1844)

„Der Begriff Angst. Eine einfache psychologisch-hinweisende Überlegung in bezug auf das dogmatische Problem der Erbsünde von Vigilius Haufniensis" – „Begrebet Angest. En simpel psychologisk-paapegende Overveielse i Retning af det dogmatiske Problem om Arvesynden af Vigilius Haufniensis" (1844)

„Stadien auf dem Lebensweg. Studien von Verschiedenem, zusammengebracht, zum Druck befördert und herausgegeben von Buchbinder Hilarius" – „Stadier paa Livets Vei. Studier af Forskellige, sammenbragte, befordrede til Trykken og udgivne af Hilarius Bogbinder“ (1845)

„Abschließende unwissenschaftliche Nachschrift zu den philosophischen Brocken. Mimisch-pathetisch-dialektische Zusammenschrift, existentielles Plädoyer von Johannes Climacus“ – „Afsluttende uvidenskabelig Efterskrift til de philosophiske Smuler. Mimisk-pathetisk-dialektisk Sammenskrift, existentielt Indlæg af Johannes Climacus“ (1846)

„Erbauliche Reden in verschiedenem Geist“ – „Opbyggelige Taler i forskjellig Aand af S. Kierkegaard“ (1847)

„Taten der Liebe. Einige christliche Überlegungen in Form von Reden“ – „Kjerlighedens Gjerninger. Nogle christelige Overveielser i Talers Form af S. Kierkegaard“ (1847)

„Christliche Reden“ – „Christelige Taler af S. Kierkegaard“ (1848)

„Die Krise und eine Krise im Leben einer Schauspielerin“ – „Krisen og en Krise i en Skuespillerindes Liv“ (1848)

„Die Krankheit zum Tode. Eine christliche psychologische Darlegung zur Erbauung und Erweckung von Anti-Climacus. Herausgegeben von S. Kierkegaard“ – „Sygdommen til Døden. En christelig psychologisk Udvikling til Opbyggelse og Opvækkelse. Af Anti-Climacus. Udgivet af S. Kierkegaard“ (1849)

„Einübung ins Christentum. Von Anti-Climacus. Nr. I. II. III. Herausgegeben von S. Kierkegaard“ – „Indøvelse i Christendom af Anti-Climacus. Nr. I. II. III. Udgivet af S. Kierkegaard“ (1850)

„Zwei Reden zum Abendmahl am Freitag“ – „To Taler ved Altergangen om Fredagen af S. Kierkegaard“ (1851)

„Über meine schriftstellerische Tätigkeit“ – „Om min Forfatter-Virksomhed. Af S. Kierkegaard“ (1851)

„Der Gesichtspunkt für meine schriftstellerische Tätigkeit. Eine direkte Mitteilung, ein Rapport zur Geschichte“ – „Synspunktet for min Forfatter-Virksomhed. En ligefrem Meddelelse, Rapport til Historien. Af S. Kierkegaard“ (geschrieben 1848 – veröffentlicht 1859)

„War Bischof Mynster ein ‚Wahrheitszeuge‘, einer ‚der rechten Wahrheitszeugen‘ – ist *dies Wahrheit*?“ – „Var Biskop Mynster et ‚Sandhedsvidne‘, et af ‚de rette Sandhedsvidner‘ – er *dette Sandhed*?“ (1854)

„Der Augenblick" – „Øjeblikket" (1855)

„Nachgelassene Papiere" – „Efterladte Papirer"

S. 7 *Théophile Gautiers rote Weste:* Der französische Lyriker, Romancier und Essayist Téophile Gautier (1811–1872) ließ sich, um seinen Protest gegen den herrschenden Kunstbetrieb seiner Zeit auszudrücken, eine rote Weste („le gilet rouge") schneidern und trug sie zur Uraufführung von Victor Hugos „Hernani" 1830.

S. 8 *Østergade:* eine der belebtesten und zu dieser Zeit „vornehmsten" Straßen in Kopenhagen.

S. 11 *Charlottenlund:* nördlich von Kopenhagen am Öresund gelegenes Lustwäldchen mit einem gleichnamigen Schloß.

S. 12 *der alte, grauhaarige Wollwarenhändler:* Dies ist eine freie Phantasie von Georg Brandes, denn Michael Pedersen Kierkegaard hatte schon 1797, als vierzigjähriger Mann, sein Geschäft aufgegeben, um fortan von seinem Vermögen zu leben.

S. 13 *Mynster:* Jacob Peter Mynster (1775–1854), Bischof von Seeland und hochgeschätzter Prediger, der sich für den Absolutismus und die dänische Staatskirche einsetzte und unter anderem von Søren Kierkegaard später heftig angegriffen wurde.

hölzerner Esel: mittelalterliches Strafinstrument, auf dänischen Gutshöfen bis zum Ende des 18. Jahrhunderts in Gebrauch: ein hochkantiges Brett auf vier Böcken, auf dem der Delinquent festgebunden wurde, häufig mit Bleigewichten an den Füßen.

Jeronimus: häufig wiederkehrende Vatergestalt in den Dramen Ludvig Holbergs.

S. 14 *Schacks „Phantasten":* Hans Egede Schack (1820–1859), dänischer Schriftsteller und Politiker. Sein Entwicklungsroman „Die Phantasten" („Phantasterne", 1857) enthält eine kritische Auseinandersetzung mit der dänischen Romantik.

John Stuart Mill: 1806 bis 1873, englischer Philosoph und Nationalökonom, Vertreter eines idealistischen Empirismus und Sensualismus, übte auf Georg Brandes einen großen Einfluß aus.

Professor Brøchner: Vgl. Anm. zu S. 95.

S. 15 *Erasmus Montanus:* Titelheld der gleichnamigen Komödie von Ludvig Holberg (1731), der die „Philosophie zur Fechtkunst" gemacht hat und am Ende seinen akademischen Hochmut ablegen muß.

S. 15f. *„Lebe-du-der-Auferstehung-Jerobeam" ... „Den-Herren-preise-Pimpleton":* Zitat aus Victor Hugos Drama „Cromwell" (1827), in der Übersetzung von F. Kottenkamp.

S. 20 *Distinktion:* Kierkegaard gebraucht diesen Ausdruck häufig mit der Bedeutung: Unterscheidung, Unterscheidung der Begriffe, und mißt ihm in späteren Werken großes Gewicht bei.

S. 23 *Martensen:* Hans Lassen Martensen (1808–1884), dänischer Theologe, ab 1840 Professor an der Universität Kopenhagen, ab 1854 Bischof von Seeland. In seinem umfangreichen und zu seiner Zeit einflußreichen Werk (u. a. „Die christliche Dogmatik", 1849) vertrat er die Auffassung, Glauben und Denken ließen sich in einer Synthese vereinen, und wurde deshalb von Kierkegaard heftig bekämpft.

S. 24 *Marheineke:* Philipp Konrad Marheineke (1780–1846), protestantischer Theologe, ab 1811 Professor in Berlin und wichtigster Vertreter der rechten, orthodoxen Richtung in der Hegel-Nachfolge.

S. 30 *Gilleleje:* Fischerdorf und Badeort im Norden der dänischen Insel Seeland.

S. 31 *„Nur ein Geiger":* Hans Christian Andersens dritter Roman, „Kun en Spillemand", war 1837 erschienen und trägt deutliche autobiographische Züge.

Oehlenschläger: Adam Gottlob Oehlenschläger (1779 bis 1850), dänischer Dichter und wichtigster Vertreter der dänischen Romantik, debütierte 1803 mit einer Sammlung „Gedichte", die sich vor allem mit altnordischen Themen befaßten und ihm einen ersten großen Erfolg einbrachten.

Christian Winther: 1796 bis 1876, dänischer Lyriker, der 1828 mit einer Sammlung „Gedichte" erstes Aufsehen erregte und als einer der bedeutendsten dänischen Liebeslyriker gilt.

Heiberg: Johan Ludvig Heiberg (1791–1860), dänischer Schriftsteller und Ästhetiker, einer der namhaftesten, von Hegel beeinflußten Literaturkritiker seiner Zeit. Er hatte 1813 mit zwei Schauspielen debütiert.

Paludan-Müller: Frederik Paludan-Müller (1809–1876), dänischer Schriftsteller, hatte seinen ersten Erfolg 1833 mit dem Versroman „Die Tänzerin".

S. 31 *Andersens „Fußreise“:* Hans Christian Andersens Prosadebüt „Fußreise von Holmens Kanal zur Ostspitze von Amager in den Jahren 1828 und 1829“ erschien 1829 und erregte in Dänemark durchaus Aufsehen.

S. 32 *Frau Gyllembourg:* Thomasine Gyllembourg-Ehrensvärd (1773–1856), dänische Schriftstellerin. Ihr berühmtestes Werk, „Eine Alltagsgeschichte“, erschien 1828.

Orla Lehmann: 1810 bis 1870, dänischer Politiker und Jurist, führende Gestalt des dänischen Nationalliberalismus und Skandinavismus.

„Kjøbenhavns flyvende Post“: „Kopenhagens fliegende Post“, ästhetische Zeitschrift, 1828 von Johan Ludvig Heiberg begründet.

S. 33 *laudator temporis acti:* (lat.) Lobredner der Vergangenheit. Vgl. Horaz, „Ars poetica“, 173.

Poul Møller: Poul Martin Møller (1794–1838), dänischer Schriftsteller und Philosoph, übersetzte unter anderem Aristoteles und hielt „Vorlesungen über die Geschichte der älteren Philosophie“. Kierkegaard widmete ihm sein Werk „Der Begriff Angst“.

Sibbern: Frederik Christian Sibbern (1785–1872), dänischer Philosoph und Schriftsteller. Anfangs von Fichte und Schelling beeinflußt, beschäftigte er sich später mit Psychologie und Moralphilosophie.

S. 36 *den Pelion auf den Ossa türmen:* Nach Homer, Odyssee XI, 305–320, drohen zwei Riesen den Göttern damit, diese Berge aufeinanderzustellen, also Himmel und Erde zu bewegen.

S. 39 *„wie ein winzigkleines spanisches s“:* indirektes Zitat aus einem dänischen Abzählvers, wo um des Reimes willen von einem „kleinen spanischen Es“ die Rede ist.

S. 44 *Soldat von Potidaia:* Sokrates hatte während des Peloponnesischen Krieges unter anderem an den Kämpfen um die konrinthische Kolonie Potidaia teilgenommen, die 429 von Athen erobert wurde.

Hostrup: Jens Christian Hostrup (1818–1892), dänischer Schriftsteller, hatte in seinem Singspiel „Die Gegenüberwohnenden“ („Gjenboerne“, 1844) mit der Gestalt des Studenten Søren satirisch auf Kierkegaard angespielt.

S. 48 *Chateaubriand:* François René Vicomte de Chateaubriand (1768–1848), französischer Schriftsteller und Diplomat, der in seinem Hauptwerk „Der Geist des Christentums“ (1802) eine poetisch-ästhetische Verteidigung des Christentums unternahm.

S. 50 *Peder Erik Madsen:* Anspielung auf Ludvig Holbergs Komödie „Der Rastlose" („Den Stundesløse", 1731), in der der Sohn des Buchhalters Erich Madsen als das Muster eines Schwiegersohns dargestellt wird.

S. 51 *Symeon Stylites:* um 390 bis 460, Anachoret, der auf einer Säule lebte.

„Die Unzertrennlichen": „De Uadskillelige", Vaudeville von Johan Ludvig Heiberg (1827), das sich über die langwierigen Verlobungen dieser Zeit lustig machte.

S. 53 *Sivard Snarensvend:* Sivard „Schnellgeselle", Reckengestalt im dänischen Volkslied.

S. 54 *Beatrice:* Jugendgeliebte und Muse des italienischen Dichters Dante Alighieri (1265–1321), die als vergeistigte Leidenschaft sein gesamtes Werk inspirierte.

S. 56 *Mynsters „Betrachtungen":* Jakob Peter Mynsters vielgelesenes Andachtsbuch „Betragtninger" war 1833 erschienen.

S. 65 *Libation:* Trinkopfer.

S. 68 *Musset:* Alfred de Musset (1810–1857), französischer Schriftsteller, sein Poem „Namouna" (1832) schildert in hymnischem, von Byron beeinflußtem Stil die Gestalt des Don Juan.

Gautier: Théophile Gautier (1811–1872) veröffentlichte seinen ersten, von Sinnenfreude und Lebenslust geprägten Gedichtband „Premières poèsies" 1830.

Grabbe: Christian Dietrich Grabbe (1801–1836) veröffentlichte seine Tragödie „Don Juan und Faust" 1829.

Lenau: Nikolaus Lenau (1802–1850) konnte seine Dichtung „Don Juan" nicht vollenden.

Lermontow: Michail Jurjewitsch Lermontow (1814 bis 1841), russischer Schriftsteller der Spätromantik, sein psychologischer Roman „Ein Held unserer Zeit" erschien 1840.

Byron: George Gordon Noël Lord Byron (1788–1824), Hauptvertreter der revolutionären englischen Romantik, schrieb an seinem 1819 begonnenen satirischen Versroman „Don Juan" bis zu seinem Tode.

Heiberg: Vgl. Anm. zu S. 31. Sein Schauspiel „Don Juan" erschien 1813.

Paludan-Müller: Vgl. Anm. zu S. 31.

S. 82 *Sankt Christophorus:* nach der Legende ein riesiger Mann von ungewöhnlicher Stärke, der von Christus in Kindesgestalt überwunden und getauft wurde und später das Martyrium erlitt.

S. 86 *Sven Dufva:* Gestalt des tapferen, treuen Soldaten in dem romantischen Epos „Fähnrich Ståls Erzählungen“ („Fänrik Ståls sägner“, 1848/60) des finnlandschwedischen Dichters Johan Ludvig Runeberg (1804–1877).

S. 91 *„Achtzehn erbauliche Reden“:* Sie erschienen erst 1845.

S. 95 *Professor Brøchner:* Hans Brøchner (1820–1875), dänischer Philosoph und Junghegelianer, der unter anderem 1873/74 eine „Geschichte der Philosophie“ herausgab.

„Le temps ne fait rien à l'affaire“: (franz.) „Die Zeit tut nichts zur Sache“, Zitat aus Molières „Der Misanthrop“ (1666) in der Übersetzung von Wolf Graf Baudissin.

S. 100 *Neuholland:* alte Bezeichnung für Australien.

S. 102 *Frau Gyllembourg:* Vgl. Anm. zu S. 32. Kierkegaard schrieb zu ihrem 1845 erschienenen Werk „Zwei Zeitalter“ im Jahre 1846 „Eine literarische Rezension“.

Frau Heiberg: Johanne Luise Heiberg, geb. Pätges (1812–1890), dänische Schauspielerin und Schriftstellerin, seit 1831 mit Johan Ludvig Heiberg verheiratet.

S. 104 *Frau Nielsen:* Anna Nielsen (1803–1856), neben Johanne Luise Heiberg die führende dänische Schauspielerin ihrer Zeit.

S. 105 *Oehlenschläger:* Vgl. Anm. zu S. 31. Sein lyrisch-dramatisches „Sanct-Hansaften-Spil“ erschien 1803.

S. 111 *Grete bei Wessel:* Anspielung auf das parodistische Trauerspiel „Liebe ohne Strümpfe“ (1773) des dänisch-norwegischen Schriftstellers Johan Herman Wessel (1742–1785).

sine ira et studio: (lat.) ohne Zorn und Eifer.

S. 113 *Kenotaph:* Grabhügel oder Ehrengrabmal zur Erinnerung an einen Toten, ohne Beisetzungsspuren.

S. 117 *Littré:* Maximilian Paul Emile Littré (1801–1881), französischer Arzt, Philosoph, Philologe und Schriftsteller, der sich durch seine freigeistigen Ansichten den Zorn der Kleriker zuzog.

Symparanekromenoi: (griech.) Mit-Verstorbene. An sie hat Kierkegaard die Abhandlung „Der Reflex des antiken Tragischen im modernen Tragischen“ gerichtet.

S. 118 *Byron:* Vgl. Anm. zu S. 68.

S. 121 *Taine:* Hippolyte Taine (1828–1893), französischer Philosoph, Historiker und Literaturkritiker. Seine satirischen Sittenbilder „Notes sur Paris ou Vie et opinions de M. Frédéric-Thomas Graindorge“ erschienen 1867.

Balzac: Sein Roman „Gaudissart II“ erschien 1844.

Droz: Gustave Droz (1832–1895), französischer Schriftsteller, schrieb unter anderem eine Reihe kleiner Sittenbilder aus dem Pariser Leben.

S. 121 *Zola:* Emile Zolas Roman „La curée" („Die Beute"), Teil des Zyklus „Les Rougon-Macquart", erschien 1872.

S. 125 *Christian Winther:* Vgl. Anm. zu S. 31.

„Sein-für-Anderes": Kierkegaard jongliert in der entsprechenden Textstelle mit einer Reihe von hegelschen Begriffen; daß er sie parodiert, scheint Brandes nicht bemerkt zu haben.

S. 133 *antediluvianisch:* vorsintflutlich.

S. 136 *Aladdin:* Verweis auf das Lustspiel „Aladdin oder die Wunderlampe" (1805) von Adam Gottlob Oehlenschläger.

Wendung Hamanns: Johann Georg Hamann (1730–1788) schrieb 1785 in einem Brief an Jacobi: „Es giebt Zweifel, die mit keinen Gründen noch Antworten, sondern schlechterdings mit einem Bah! abgewiesen werden müssen."

S. 137 *Michelet:* Jules Michelet (1798–1874), französischer Geschichtsschreiber und Philosoph, veröffentlichte unter anderem Schriften über die Liebe („L'Amour", 1859) und die Frau („La Femme", 1860).

S. 140 *Baur:* Ferdinand Christian Baur (1792–1860), protestantischer Theologe. Gemeint ist seine Schrift „Das Christliche des Platonismus oder Sokrates und Christus" (1837), auf die sich Kierkegaard in seiner Dissertation bezieht.

S. 141 *„Similitudo Christum ...":* Die Gleichheit zwischen Sokrates und Christus besteht wesentlich in der Ungleichheit. Kierkegaards erste These seiner Dissertation „Über den Begriff Ironie mit ständiger Bezugnahme auf Sokrates".

S. 143 *„Die spekulative Dogmatik":* Gemeint ist die später so genannte „Christliche Dogmatik" des dänischen Theologen Hans Lassen Martensen; vgl. Anm. zu S. 23.

Grundtvigsche Hypothese: Nikolaj Frederik Severin Grundtvig (1783–1872), dänischer Schriftsteller und Pfarrer, Begründer der dänischen Volkshochschule. Die von ihm vertretene volkstümliche kirchliche Richtung (Grundtvigianismus) stellt nicht die Schriftauslegung, sondern die Sakramente in den Mittelpunkt des Gottesdienstes und wurde von Kierkegaard heftig angefeindet.

S. 146 *mediieren:* dazu im weiteren *Mediation* = vermitteln, Vermittlung. Kierkegaard gebraucht diese Ausdrücke häufig, um seine kritische Distanz zu Hegel zu betonen.

S. 146 *Küster Peer:* Anspielung auf Ludvig Holbergs Komödie „Erasmus Montanus" (1731), 3. Akt, 3. Szene, wo Küster Peer den Dekan der philosophischen Fakultät, der die Druckerlaubnis erteilt, selbst als „Imprimatur" bezeichnet.

quantum satis: (lat.) ausreichende Menge.

S. 148 *liberum arbitrium:* (lat.) freier Wille.

S. 151 *Erasmus Montanus:* Vgl. Anm. zu S. 15.

S. 154 *Joseph de Maistre:* Joseph Marie Comte de Maistre (1753–1821), französischer Diplomat und Philosoph, der sich für die Wiedereinführung des mittelalterlichen päpstlichen Christentums einsetzte.

S. 158 *Wolfgang Menzel:* 1798 bis 1873, Kritiker und Literaturhistoriker, unternahm 1828 in „Die deutsche Literatur" einen borniert-dümmlichen Angriff auf Goethe.

S. 161 *Madvig:* Johan Nicolai Madvig (1804–1886), dänischer Philologe und Politiker, Professor für klassische Philologie an der Universität Kopenhagen 1829 bis 1879.

S. 164 *„Adam Homo":* Versroman von Frederik Paludan-Müller (vgl. Anm. zu S. 31), erschienen 1841 bis 1848, enthält eine Abrechnung mit den oberflächlichen ethischen Normen seiner Zeit, die geprägt war durch die Politik König Christians VIII. (1786–1848).

„Corsaren": satirisch-politisches Wochenblatt, 1840 bis 1846 herausgegeben von Meïr Aron Goldschmidt, nach dem Vorbild des französischen „Le Corsaire", das scharfe Angriffe gegen die absolute Monarchie richtete und für seine Karikaturen berühmt war.

S. 165 *Rochefort:* Victor Henri Marquis de Rochefort (1831 bis 1913), französischer Journalist und Schriftsteller, begründete unter anderem die Wochenzeitung „La Lanterne", die das zweite Kaiserreich heftig attackierte.

S. 166 *P. L. Møller:* Peter Ludvig Møller (1814–1865), dänischer Schriftsteller und einflußreicher Literaturkritiker, redigierte unter anderem 1845 bis 1847 das Jahrbuch „Gäa".

Goldschmidt: Maïr Aron Goldschmidt (1819–1887), dänischer Schriftsteller, der 1840 bis 1846 die Zeitschrift „Corsaren" herausgab; vgl. Anm. zu. S. 164.

S. 167 *„Fædrelandet":* „Das Vaterland", 1834 begründete dänische Wochenzeitung, seit 1840 Tageszeitung mit liberaler Tendenz.

S. 168 *Giødvad:* Jens Giødvad (1811–1891), Redakteur der Zeitschrift „Fædrelandet".

Baron Rosenkrantz: Iver Holger Baron Rosenkrantz (1813–1873), dänischer Diplomat und Politiker, der selbst ein Opfer des „Corsaren" wurde.

S. 178 *Horatius Cocles:* Publius Horatius Cocles, soll sich 507 v. u. Z. allein dem Heer des Etruskerkönigs Porsenna am Tiber entgegengestellt haben.

S. 181 *Høffding:* Harald Høffding (1843–1931), dänischer Philosoph, wesentlich von Kierkegaard beeinflußt. Seine „Grundlage der humanen Ethik" erschien 1876.

S. 183 *mauvais sujet:* (franz.) übler Kerl.

S. 186 *Bombasin:* ursprünglich italienischer Seidenstoff, dann auch Bezeichnung anderer seidenähnlicher Stoffe.

Pas: (franz.) Schritt, Tanzbewegung.

S. 188 *Thersites:* in Homers „Ilias" ein häßlicher, nichtsnutziger Demagoge, der an den Führern der Griechen Kritik übte.

S. 189 *O'Connell:* Daniel O'Connell (1775–1847), irischer Politiker und berühmter Agitator, der die Union Irlands mit Großbritannien heftig bekämpfte.

Berlingske Tidende: unabhängig konservative dänische Tageszeitung, 1749 von E. H. Berling begründet.

Fædrelandet: Vgl. Anm. zu S. 167.

„Dagbladet": „Das Tageblatt", dänische konservative Tageszeitung, begründet 1851.

S. 194 *magis amica veritas:* Die Wahrheit ist mir noch lieber. Lateinische Fassung eines Ausspruchs, den Plato im „Phaedon" Sokrates in den Mund legt.

S. 198 *Pascal:* Blaise Pascal (1623–1662), französischer Mathematiker und Philosoph, der ähnlich wie Kierkegaard das Christentum als auf dem Gefühl basierend verstand.

Lamennais: Félicité Hugues Robert de Lamennais (1782–1854), französischer Theologe und Schriftsteller, der einen radikalen katholischen Liberalismus vertrat und in Widerstreit zum Papst geriet.

Reclam Bibliothek

DEUTSCHE ERSTÜBERSETZUNG

JAMES HARRINGTON

Oceana

1656

Aus dem Englischen übertragen von Klaus Udo Szudra.
Herausgegeben und mit einem Anhang von Hermann Klenner und Klaus Udo Szudra.
Mit Abbildungen. 432 Seiten. Band 1403 (Sonderreihe).
16,– DM
ISBN 3-379-00700-5

James Harringtons (1611–1677) „The Commonwealth of Oceana", 1656 veröffentlicht, war ein Staatsentwurf, den sein Autor, der Republikaner J. H., dem Lordprotektor von England, Schottland und Irland, Oliver Cromwell, gewidmet und zur Realisierung empfohlen hatte. Das Modell, zum ersten Mal in deutscher Sprache vorgelegt, verbirgt kaum seine Doppelnatur: es gehört sowohl in die Geschichte der großen Sozialutopien als auch in die der großen Sozialtheorien.
Was Harrington fordert: eine geschriebene Verfassung, Gewaltenteilung, geheime Wahlen (bei einer auch für Analphabeten sinnvollen Methode) und – als erster! – die Einführung des Rotationsprinzips, gehört bis heute zum unverzichtbaren Inventar eines Rechtsstaates.

Reclam Bibliothek

PHILOSOPHIE · GESCHICHTE · KULTURGESCHICHTE

FRIEDRICH DER GROSSE

Der Antimachiavell

oder
Untersuchung von Machiavellis „Fürst“
bearbeitet von Voltaire

Aus dem Französischen, herausgegeben und mit einem Nachwort von Helga Bergmann.
150 Seiten. Band 1404 (Sonderreihe). 10,– DM
ISBN 3-379-00701-3

Der „Antimachiavell“, eine Jugendschrift Friedrichs des Großen (1712–1786), ist ein Sonderfall der Editionsgeschichte: Ein deutscher Monarch setzt sich mit einem politischen Traktat auseinander, ein französischer Aufklärer ermutigt ihn dazu, nimmt sich auf Bitten des Autors des Manuskriptes an, überarbeitet es und sorgt für die Publikation in den Niederlanden; von dort aus findet das Buch überall in Europa Verbreitung. Voltaire firmiert als Herausgeber, Friedrich bleibt anonym, doch seine Autorschaft ist ein öffentliches Geheimnis.

Reclam Bibliothek KUNSTWISSENSCHAFTEN

LUDWIG BÖRNE UND HEINRICH HEINE, EIN DEUTSCHES ZERWÜRFNIS.

Bearbeitet von Hans Magnus Enzensberger
395 Seiten. Band 1396. 14,– DM
ISBN 3-379-00691-2

„Der vor allem leidende Kämpfer Börne, ins Aktuelle verstrickt wie Laokoon in die Schlangen, konnte sich noch nicht so weit über sich und Heine und die politische Not erheben, daß er hätte sehen können, in welchem Verhältnis Heine zu den Rollen stand, die er spielte. Börne hielt sich für den politischen Kopf und Heine für den weichmütigen, unfesten, unzuverlässigen, sybaritischen, charakterschwachen, wenn nicht charakterlosen Ästheten. Darum überzeuge Heine auch nicht, wenn er die Wahrheit spreche, da er ja an der Wahrheit nur das Schöne liebe. ‚Darum rührt er auch nicht, wenn er weint; denn man weiß, daß er mit den Thränen nur seine Nelkenbeete begießt.' Als Börnes Hauptwerk war geplant die demokratische Revolution in Deutschland. Wenn man liest, wie ihn ein paar Politik-pour-Politik-Auftritte von Studenten in Göttingen und Frankfurt hoffen machten, wie er das Fackelzug-Vivat des Hambacher Festes 1832, das er selber mitmachte, überschätzte, dann muß man sagen: Heine war der Realist." (Martin Walser)

Reclam Bibliothek

BELLETRISTIK

GIACOMO LEOPARDI

Ich bin ein Seher

Gedichte · Italienisch und deutsch
Kleine moralische Werke
Zibaldone: Gedanken zur Literatur

Aus dem Italienischen. Herausgegeben und mit einem Nachwort von Sigrid Siemund.
Mit einer Zeittafel und einem Personenregister.
533 Seiten. Band 1369 (Sonderreihe) 10,– DM
ISBN 3-379-00632-7

Giacomo Leopardi (1798–1837) wurde meist vereinfacht als Dichter des Weltschmerzes gesehen. Er begründete für die italienische Poesie den ungekünstelten Redefluß, verbunden mit einer schmiegsamen Sprache, und die Freiheit der Metrik. Damit schloß er sie der modernen europäischen Lyrikentwicklung an. Seine Prosa ist geprägt von klassischer griechischer und lateinischer Kultur, doch in seiner weitgehenden Problematisierung der zivilisatorischen Entwicklung ist Leopardi ganz aktuell. Im „Zibaldone", einer Art Tagebuch, sammelte er über fünfzehn Jahre, oft fragmentarisch, seine Gedanken zu philologischen und linguistischen Fragen sowie seine Ansichten zu Natur, Vernunft und Kunst.
